한글판
주역 점괘(占卦) 해설

한글판
주역 점괘(占卦) 해설

초판 1쇄 발행 2025년 07월 22일

편저자 정진구
펴낸이 장현수
펴낸곳 메이킹북스
출판등록 제 2019-000010호

디자인 최미영
편집 최미영
교정 안지은
마케팅 김소형

주소 서울특별시 구로구 경인로 661, 핀포인트타워 912-914호
전화 02-2135-5086
팩스 02-2135-5087
이메일 making_books@naver.com
홈페이지 www.makingbooks.co.kr

ISBN 979-11-6791-725-6(03140)
값 16,800원

ⓒ 정진구 2025 Printed in Korea

잘못된 책은 구입하신 곳에서 바꾸어 드립니다.
이 책의 전부 또는 일부 내용을 재사용하려면 사전에 저작권자와 펴낸곳의 동의를 받아야 합니다.

홈페이지 바로가기

메이킹북스는 저자님의 소중한 투고 원고를 기다립니다.
출간에 대한 관심이 있으신 분은 making_books@naver.com로 보내 주세요.

한글판
주역 점괘(占卦) 해설

편저
柳 井 정진구

**하늘의 심판을 받은 자!
주역, 그 3천 년의 비밀을 풀다**

메이킹북스

[서문(序文)]

1. 삼극(三極)은 천지와 모든 만물의 본원이다. 허무(虛無)와 적멸(寂滅)의 정사(政事)가 이루어지는 신로(神路)의 본원이다. 인간과 자연의 대법(大法)이며 동시에 기(氣)를 운용하는 신도(神道)의 대법(大法)이다. 무극(无極), 태극(太極) 그리고 황극(皇極)을 하나로 묶음으로써, 이를 삼극(三極)이라는 하나의 용어로 일컫는다.

2. 무극(无極)의 허무지기(虛無之氣)는 중허(中虛) 그 자체로 음양 강유(剛柔)와 생멸(生滅)이라는 의도와 개념조차 지니지 않는다. 그러나 태극(太極)은 이 허무지기(虛無之氣)에 근원 하되, 장차 발(發)하게 될 음양과 강유(剛柔)라는 생멸(生滅)의 이분법(二分法)을 나누지 않은 하나로 내포한다. 무극과 같은 허무지기(虛無之氣)이나 생명의 출발점임과 동시에 귀일점(歸一点)이라는 일(一)의 관점은 태극에서 성립된다. 태극의 일기(一氣)는 스스로 그 안에 이미 과거 현재 미래를 나뉨 없이 지니며, 삶과 죽음을 하나의 씨앗으로 지니며, 강효(剛爻)와 유효(柔爻)를 나눔 없이 지닌다. 모든 음양의 대립적 분별이 사라진 공화(空化)의 적멸(寂滅)함을 두고 태극이라 한다.

그런즉 태극은 현실적으로 그 기(氣)가 발(發)함이 있는 것은 아니나 그 원(元)이며 근(根)이다. 음양의 강유(剛柔)와 생멸(生滅)이 모두 여기서 일어나지만 일어나지 않은 미발(未發)의 일기(一氣)를 태극(太極)이라 한다. 나타남은 '음양'을 말하는 것이며 태극은 비롯함의 원인이 되는 비수(非數)로서의 일(一)이다. 안으로 무극(无極)을 품고 밖으로 황극(皇極)을 세우니 태극은 일기(一氣)이나 발(發)하면 나뉘어 셋이 된다. 셋은 음양과 그 사이의 중(中)이며 중(中)으로써 황극이 나와 음양을 기율한다. 태극은 만물의 본원적 자아(自我)이다. 이 일(一)은 모든 비롯함의 직접적인 연원이 된다. 음양이 있으나 태극이라는 자아(自我)에 공화(空化)되면 그 나뉨이 사라지고, 생멸(生滅)이 있으나 둘이 될 수 없는 하나에 귀장(歸藏)된다. 태극(太極)은 일기(一氣)요 근원이나 움직이면 강효(剛爻 ━)가 일어나고 머물러 그치면 고요함 속에 유효(柔爻 --)가 발하니 여기서 음양의 이기(二氣)가 발(發)하며 그 안에서 음도 아니고 양도 아닌 중(中)이 일어나 황극(皇極)이 작용(作用)하게 되는 것이다.

3. 강유(剛柔)와 음양(陰陽)은 만물의 존재 모습이 된다. 강(剛)은 크고 강하며 밝은 것이 되며 유(柔)는 작고 부드럽고 어두운 것이 된다. 그런즉 양(陽)으로서의 강(剛)과 음(陰)으로서의 유(柔)는 현상적으로 나누어져 전혀 다른 길을 따라 변화한다. 남자는 양도(陽道)를 따라 변하고 성장하며, 여자는 음도를 따라 변하고 성장하니 성장을 이루는 그 모습이 전혀 다르다. 음양이 전혀 다른 모습으로 성장하는 과정은 선천 미제(未濟)에 있고, 성장을 마치고 성숙한 강(剛)과 유(柔)로서 합가(合家)하는 것은 후천 기제(旣濟)라 한다. 그런즉 음양은 떨어져 있으나 그 뿌리에서는 분리(分離)되지 못하는 것이며 그 뿌리에는 하나로서의 태극이 작용한다. 태극은 음양이 분기(分岐)할 때에 초연하여 기울지 않으며 동시에 중허(中虛)의 일극(一極)을 세우니 황극(皇極)이다. 이처럼 허무(虛無)의 하늘이 삼변(三變)하니 제1변은 무극(无極)이며, 무량(無量)한 하늘의 순수한 허무지기(虛無之氣)가 되고 제2변은 태극(太極)으로 허정(虛精)의 일기(一氣)로써 음양과 생멸(生滅)을 잉태하며, 제3변은 황극(皇極)이니 음양과 그 만물을 양편에 올려놓은 저울과 같아 언제나 사시(四時) 변화를 함께 한다. 황극이 늘 음양과 더불어 하니 음양의 사이에서 음양이 그 중도(中道)의 허무를 상실하지 않는다. 황극은 '존재하는 모든 것들을 정복할 수 있으며 존재하는 모든 것들로부터 정복당하지 않는 자'라는 범천(梵天)의 고백에 비유할 수 있으니, 우리가 인식할 수 있는 치자(治者)로서의 하느님이라 할 수 있다.

4. 일기(一氣)가 천지의 모든 궁극(窮極)에 달하면 그것을 구(九)라 하는데, 1과 9의 중앙(中央)에는 음양의 균형을 맞추려는 오(五)가 있다. 천지가 오(五)로써 중용을 내어 경영하니 5는 1에서 9에 이르는 우주의 모든 음양의 변화를 포용하고 기율(紀律)하는 저울로 작용한다. 5는 중용의 절대적 눈금이니 이로써 오(五)를 만물의 벼리라 하고 황극(皇極)이라 한다. 음효와 양효가 이 중도(中道)를 지키면 하늘에 순(順)하는 바가 되어 미덥고, 이 중도를 어기면 하늘에 거스르는 바가 되어 위태롭게 된다. 중도(中道)는 곧 길흉(吉凶)의 근원이다. 하도(河圖)와 낙서(洛書)의 중앙에는 이 우주 문명의 중심이 되는 오(五)가 있다. 태극의 일기(一氣)는 나뉘어 음양의 이기(二氣)가 되고 음양이 사상(四象)이 되지만 사상(四象)을 오기(五氣)의 틀에 묶어 미덥게 하여 천하에 오행(五行)을 쓰는 것은 바로 이런 중용(中庸)의 도리가 있기 때

문이다. 오행이 움직이는 것은 황극(皇極)이 행(行)한 바이며, 허무공정의 본원인 태극으로부터 연원한 천명(天命)의 흐름이다. 그런즉 오행의 신살(神殺)은 곧 천지의 삼극(三極)에서 행(行)하는 정사(政事)가 된다.

5. 중허(中虛)의 허무지기(虛無之氣)는 음양이라는 자식 생명을 출현시킨 뒤에 항상 함께했으니 삼태극(三太極) 아리랑 문양은 이것을 상징한다. 삼태극(三太極) 아리랑 문양을 보면 청색은 음도를 상징하고, 홍색은 양도를 상징한다. 이 둘은 현상적으로 분기(分岐)되며 흩어져 각각 변화를 추구하지만 본래는 하나의 태극이라는 동일한 혈통을 지닌다. 삼극(三極)의 본원으로 돌이켜 보면 나눔이 없었던 한 생명이었다. 그것을 확인하며 동서(東西)의 남녀가 서로에게 다가와 결혼에 임할 때 태극의 두 가지 색인 청실과 홍실을 써서 본래의 하나로 다시 되돌아온 것임을 확인한다. 그렇다면 삼태극(三太極) 아리랑 문양의 가운데 누런 색은 무엇인가? 그것은 무극과 태극의 화신(化身)인 삼신(三神)으로서의 황극(皇極)을 상징한다. 우리가 늘 우러러 생각하는 하느님이며 천지의 모든 음양을 주재(主宰)한다. 삼신(三神) 하느님 혹은 삼신상제(三神上帝)라는 용어(用語)는 허무(虛無)의 태을천과 적멸(寂滅)의 태극 하늘인 도솔천 그리고 오행으로써 만물을 주관하는 황극(皇極)의 구천(九天) 하늘의 주재자(主宰者)를 하나의 용어로 이름한 것이다. 그런즉 '삼천주(三天主)'로서의 세 분의 하느님을 하나로 모신 언어이다. 삼태극 음양의 두 가지 색 가운데 있는 중앙의 누런 상징은 철학적으로 중(中)이며 현상적으로는 저울이며, 신격(神格)으로서는 삼위(三位)의 하느님을 상징한다.

삼태극 아리랑 문양에서 우리는 인류와 함께 하는 신(神)의 모습을 헤아릴 수 있다. '알(AL)'은 전능한 신(神)이라는 뜻이며, 히브리어에서는 '아리(EL)'라고 발음하는데, 역시 '신(神)'이라는 뜻이다. '랑'은 '함께한다.'는 뜻이다. 그런즉 삼태극 아리랑은 '성삼위(聖三位)의 하느님과 함께하길 소원한다.'는 명제(命題)를 철학적이며 시각적으로 상징화한 것이다. 우리 민족은 인류사의 원형이며 고대에 생겨났던 아리랑은 그러한 그리움을 담아낸 인류 보편의 찬가(讚歌)이다. 하늘의 한 울타리였던 음양이 세상에 나서 동서남북으로 흩어지며 서로 아득히 멀어져 만날 수 없는 눈물고개를 넘어야 하는 세월이 미제(未濟)의 선천(先天)이다. 수천 년간 이 노래를 가슴에 담아 지닌 채 후손에서 후손으로 부르며 우리가 저 하늘의 하느님의 자손임을 잊지 말 것을 가르쳐온 노래이다. 그러한 일심(一心)으로 묶인 겨레는 비록 오랑캐의 금수(禽獸)와 같은 무리들 틈에 있어도 사라지지 않았고, 험로(險路)의 먼 역사적 여정(旅程)에 빠졌을지라도 무궁화(無窮花) 꽃처럼 죽지 않았다. 양심과 도리를 존중했던 우리 민족의 맥(脈)은 늘 아리랑을 부르며 성삼위(聖三位)의 하느님과 함께 숭고한 역사를 지켜온 것이다. 성삼위(聖三位)의 하늘을 두고 세상 사람들은 각기 자기만의 이름으로 하늘을 규정하고 재단한 뒤에 전쟁을 일삼으니 그것은 신(神)을 빙자하는 큰 죄악이다. 그러므로 우리는 하늘을 헤아리며 공경할 때 보다 객관적인 철학적 도구가 필요했으니 그 핵심 명제가 바로 역경(易經)이 제시하는 태극과 팔괘이다. 태극과 팔괘는 이러한 성삼위(聖三位)의 신(神)과 인간이 소통할 수 있는 천지의 언어로 출현하였다. 태극(太極)과 팔괘를 처음으로 인문에 그린 분이 태호복희씨(太皞伏羲氏)이다.

6. 복희 팔괘에서 보면, 음양은 중도를 사이에 두고 서로 대처점에 있다. 일건천(一乾天☰)의 맞은 편에 팔곤지(八坤地☷)가 있고, 이태택(二兌澤☱)의 맞은 편에 칠간산(七艮山☶)이 있고, 삼이화(三離火☲)의 맞은 편에는 육감수(六坎水☵) 있고, 사진뢰(四震雷☳)의 맞은 편에는 오손풍(五巽風☴)이 있다. 이는 태극(太極)의 일기(一氣)가 구(九)로써 확장되려는 의지가 있음을 보여주는 것이다. 복희도에서 팔문(八門)이 서로 마주보는 수(數)가 구(九)를 이루니 이는 태극이 자신의 날개를 모두 펼치는 것이며, 그 가운데 득중(得中)하여 중오(中五)를 얻는다. 구주(九州)에 9로써 날개를 펼친 태극의 모습을 보면 왼쪽에 좌익(左翼)이 있고, 오른쪽에 우익(右翼)이 있으며 그 사이에 누런 오작교(烏鵲橋)로서의 중오(中五)가 있다. 그 모습은 신령한 셋이지만 미제(未濟)이며 미성숙(未成熟)하므로 날 수 없고 만나서 동화(同化)될 수 없어 오랜 시간 자기개혁(自己改革)에 임해야 한다. 미성숙하므로 득중(得中)을 하지 못하여 천공(天空)을 날지 못하는 음양에 대하여 아닐 비(非)라 하였다. 그러나 언젠가는 자기완성을 거친 뒤에 성숙한 모습으로 돌아와 만나야 한다. 성숙해진 음양의 두 날개가 만나 하나 되는 것은 기제(旣濟)이다. 이 기제(旣濟)의 하늘을 염원하는 도상(圖像)이 구주(九州)의 낙서(洛書)이다. 낙서(洛書)에 오작교(烏

鵲橋)의 5라는 중도(中道)가 있으니 음양이 이것에 통(通)함으로써 비로소 기제(既濟)의 때를 얻는다. 이러한 구조 속에서 중오(中五)가 황극이 되어 구주(九州)에 흩어진 음양의 만물을 기율한다. 이 여정(旅程)은 태극이 걸어가는 미제(未濟)의 길과 통하니 이를 선천(先天)이라 한다.

7. 태극이 나아감은 아홉에 이르고 아홉을 마치고 다시 자신의 자리로 돌아오면 천기이 허무(虛無)에 닿으니 바로 열이다. 일(一)에서 구(九)를 지향하는 분열과 갈등의 시대는 선천(先天)이다. 남녕이 미세(未濟)하여 시료를 끊어 놓은 가뭄을 건너지 않으며 각기 자신만의 길을 걷는 때이다. 그러나 일(一)이 돌아와 십(十)을 이루면 천지의 때가 바뀌니 이를 기제(既濟)의 후천이라 한다. 일(一)과 구(九)가 가운데 중오(中五)를 징검다리 삼아 마주 보는 질서는 미제(未濟)의 선천이지만 그 결과는 십(十)이라는 무극(无極)의 체(體)를 얻고자 하는 것이다. 이것은 낙서(洛書)의 핵심명제이다. 낙서의 중궁(中宮)인 5를 공화(空化)하고 보면 마주 보는 모든 수는 10이 된다. 10은 기위(己位)이며 태극이 쌓아 올린 자신의 또 다른 모습이다. 10은 현상적인 일(一)의 화신(化身)이다. 1과 10을 나누어 태극과 무극이라 하나 마치 한 몸과 같다. 둘이 건너서 한 몸과 같아짐을 두고 기제(既濟)라 한다. 1에서 보면 본래 10은 아득하여 없었는데, 태극이 공덕을 성취하고 보니 10인 것이다. 그 모습은 음(陰)이니 만물을 모두 포용하고 추수하는 그릇이 된다.

이는 후천이요 기제(既濟)이다. 십에서 태극이 태초(太初)의 고향을 바라보면 일(一)이 보이며 그곳으로 향하면 다섯 걸음에 이르러 육(六)에 닿는다. 그로써 육(六)이 다섯의 신원(身元)을 얻으며, 만물을 담는 그릇이 된다. 일(一)과 십(十)을 두고 1에서 다섯 걸음 하면 5가 있고, 10에서 다섯 걸음 하면 6이 있는 것이다. 현상적으로 이처럼 5와 6이 나타나 천하의 모든 운기(運氣)를 이루는 중심에는 이미 공화(空化)된 삼극(三極) 속의 황극(皇極)이 되는 중오(中五)의 다섯 걸음이 내면에서 작용하고 있었음을 알 수 있다. 한편에서 보면 태극이고 다른 편에서 보면 무극인데 그 사이에는 항상 다시 황극이라는 중오(中五)의 균형추가 작용하고 있다는 것을 알 수 있다. 그로써 우주의 모든 현상(現像)은 아무리 강렬한 음양의 변화일지라도 그 변화의 균형을 영원히 잃지 않는다. 1과 10을 대비하여 보면 1의 태극은 양(陽)이고 10

의 무극은 음이다.

　이러한 관점에서 오행에도 음양이 있으니 5는 양이 되고, 6은 음이 된다. 하늘은 양이니 다섯을 음양으로 분기(分氣)한 오운(五運)의 10 천간(天干)을 쓰고, 땅은 음(陰)이니 육기(六氣)의 오행을 나눈 12지지(地支)를 쓴다. 5와 6이 만나면 열하나가 되는데, 열하나는 십과 일이라는 무극과 태극의 일체성과 같다. 5와 6이 만나 열하나를 이루는 것은 황극이 무극과 태극에서 발원한 천명을 그대로 이행하고 있는 상태를 나타낸다. 5와 6의 분기(分氣)인 십의 천간(天干)과 12의 지지(地支)가 하나로 결합 됨은 결국 열하나라는 태극으로서의 천명의 흐름을 그대로 이행하는 황극(皇極)의 작용인 것이다. 그것이 60간지(干支)니 일부(一夫) 선생은 이를 '무무위육십(无无位六十)'[1]이라 하였다. 역경(易經)이 또한 건곤(乾坤)이라는 체(體)와 미제(未濟) 그리고 기제(旣濟)라는 변화의 범주를 제하고 나면 60이며, 그 바른 정역(正易)의 수(數)는 360이다.

　8. 그런즉 오행의 신살(神殺)을 살펴 점(占)을 본다는 것은 천지의 삼극(三極)인 삼천주(三天主)와 그 천명을 이행하는 신도(神道)에 여쭈어 그 운기(運氣)의 흐름을 알고자 하는 일이니 극히 엄숙하고 신성(神聖)한 일이다. 60간지(干支)는 삼극(三極)의 물결이며 동시에 천명에 따라 움직이는 신로(神路)이다. 점(占)으로써 어떤 불가(不可)의 상황에 대하여 여쭈는 순간 점자(占者)는 반드시 저 원원한 신문(神門)을 열어 통(通)하는 것이며 그로써 신(神)과 소통할 수밖에 없다는 사실을 반드시 숙지해야 한다. 통(通)한다는 것은 정성을 다한 점(占)으로써 신(神)과 인간(人間)의 만남이라는 기제(旣濟)의 문을 여는 것이니, 그 즉시 어떤 문제에 대하여 신(神)과 인간(人間)이 함께 영향을 미치며 한 사건에 대하여 서로 작용하는 새로운 결과를 일으킨다. 점(占)은 신로(神路)의 원원한 변화를 살피고 관(觀)하여 흉(凶)을 피하고 길(吉)함을 얻고자 하기 때문이다. 인생이 미몽(迷夢)에 가려져 있을 때 신도(神道)에 고(告)하여 등불을 얻으면 사람은 아무리 어두운 지경에 처해도 길을 얻음과 같게 된다. 그런데 산수몽괘(山水蒙卦)에서 점자(占者)에게 주의를 두었으니 순하고 착한

---

1) 천지간의 어느 곳에서도 그 작용함이 없는 곳이 없는 존재

아이의 마음(童蒙)으로 구할 것이요 단 한 번의 점(初筮)이어야 한다고 하였다.

9. 효(爻)를 반복해서 얻음으로써 성괘(成卦)에 이르는데, 괘(卦)나 효(爻)는 신(神)과 인간(人間)이 소통할 수 있는 천지의 언어적 도구라 할 수 있다. 괘(卦)를 얻으면 그 괘덕(卦德)을 헤아려 국면(局面)의 전체적인 상황을 살피고, 하나의 효(爻)를 구하면 그 효사(爻辭)와 지괘(之卦)로써 통하는 괘(卦)와 그 해당 효(爻)를 헤아려 직접 가리키는 바를 구한다. 예컨대 어떤 사람이 심란하여 점을 구하였는데, '지수사괘(地水師卦)'를 얻었다면 그 상황이 전쟁(戰爭)과 같은 국면임을 알 수 있다. 또 육삼(六三)이 동(動)하였다면 난세에 떨어져 일을 반복할수록 번번이 좌절하며 피해가 늘어남을 알 수 있고, 변효로써 승괘(升卦)를 얻으니 그 난세(亂世)의 불길이 제어할 수 없을 정도로 거셈을 알 수 있게 된다. 또 승괘(升卦)의 구삼(九三)을 보면 그 피해는 결과적으로 수습이 불가하다는 것을 알 수 있게 된다. 여기서 더 나아가 괘의 각 육효(六爻)에 임한 비신(秘神)의 동향을 세밀히 살펴 그 정황적 진실에 더욱 가깝게 접근할 수 있다. '풍지관괘(風地觀卦)'에서의 관(觀)은 '본다'는 뜻이다. 신도(神道)가 경영하는 천지의 사시(四時) 변화와 그로부터 유발되는 길흉(吉凶)의 중대한 위기를 진실로 보고 간파해내어 살길을 찾아내라는 특명이 감추어진 괘이다. 진심으로 이 일로써 신도(神道)에 여쭈는 것이라면, 깨끗이 세수만 하고 비록 제물을 올리지 못했어도 공경함이 있는 것으로 간주한다고 하였다.

10. 인류사적 위기에 등장했던 노아의 방주(方舟)는 신(神)의 인도를 받아 지어진 배라고 한다. 도덕을 버려 돌이킬 수 없이 타락한 사람들 가운데 양심과 도리를 지닌 사람들을 거두어 배에 오르게 하니 이것을 '테바'라고 하였다. 테바는 '궤(机)'를 말하는데, 네모난 상자나 궤짝이라는 뜻이 있다고 한다. 노아는 직사각형의 네모난 궤(机)의 형태로 방주(方舟)를 만들어 다가오는 환란에 대하여 미리 대비하였고 여기에는 신(神)의 계시가 있었다. 그런데 이와 동일한 내용이 주역에 나온다. '천지 시변(時變)의 때에 그 위기를 헤아려 보라는 의미를 가진 관괘(觀卦)'의 육이는 지괘(之卦)로써 '환란이 이른다는 풍수환괘(風水渙卦)'의 구이에 통하고 있다. 이 둘을 지괘(之卦)로써 묶어 하나로 해석하면 '장차 환란이 다가오는 그 시변(時變)의 일을 헤아

려 살길을 구하라.' 하는 특명이 숨어 있음을 알 수 있다.

이에 관괘(觀卦)의 육이에 '규관(窺觀)'이라 하였으니 군자가 '이 문제를 깊고 정밀하게 규명하여 보라'고 하였으며, 또 이녀정(利女貞)이라 하였으니 '구원의 길을 헤아려 보거든 아녀자가 그 부군(夫君)을 따르듯이 순종하라'는 당부를 두고 있다. 또 관괘 구이의 지괘(之卦)인 '풍수환괘(風水渙卦)는 종말과 환란이라는 뜻이 있고', 구이의 효사에서 이르기를 '환란에 그 궤(机)를 향해 달려가야 후회가 없으리라.'[2]는 문장이 있다. 환괘(渙卦)는 '나무가 물 위에 떠 있는 상(象)으로 난세라는 바다 위에 뜬 배가 되며' 이 배는 예로부터 '구원의 남조선 배'라고 전해져 왔다. 아리랑 고개는 선천 미제(未濟)의 고개를 넘어 우리가 그토록 그리워하던 세 분의 하느님을 맞이하러 가는 후천 고갯길을 넘는 것이며 기제(旣濟)의 새 하늘로 향하는 길목이다. 그 고갯길을 넘어갈 때 '나를 버리고 가시는 님은 십 리도 못가서 발병이 난다고 하였으니 그때 꼭 함께 데리고 가달라는 간절한 염원'을 담고 있는 노래가 아리랑이다. 아리랑이 세 분의 하느님을 그리워하며 그날에 이르기를 염원하는 마음을 노래한 것이라면, '아리리오'는 그 세 분의 삼천주(三天主), 하느님을 반드시 바로 알아야 한다는 염원을 반어법으로 강조하며 그 노래를 듣는 사람에게 다시 질문하는 것이다.

거대한 시변(時變)의 고개에 이르면 '구원의 남조선 배'가 해를 맞이하러 가듯 동해 바다에 둥실 떠 있다가 저 길지(吉地)를 향해 노를 저을 것이라는 비유를 담고 있는 예언의 노래가 아리랑이다. 망망대해(茫茫大海)의 바다에 뜬 배는 방위(方位)를 분간할 수 없으니 하늘의 신도(神道)에 여쭈어 그 직지(直指)의 길을 얻지 못하면 영원히 표류할 수밖에 없다. 선천 역사의 그림자가 한없이 길어지며 그 위기가 증폭되고 있다. 동시에 후천의 새 아침 해가 떠오를 그날을 소원하는 수많은 배들이 항구에 정박한 채, 각기 자신의 깃발을 펄럭이며 제 명패(名牌)를 드날리고 있다. 그러나 군자는 수천수괘(水天需卦)로써 그 배(机)의 미더움을 살필 수 있을 것이다. 괘사의 교훈으로 다시 보면, '유부(有孚)'라 하였으니 '기다림의 도리를 다함에 미더움이 있는가?'하는 문제이며, '정길(貞吉)'이라 하였으니 '오랜 기다림에도 바른 도리를 잃지 않았는가' 하는 문제이며, '이섭대천(利涉大川)'이니 '인고(忍苦)의 기다림을 다한

---

2) 풍수환괘(風水渙卦) 구이 환분기궤회망(渙奔其机悔亡)

끝에 천하를 위한 어떤 이로움과 그 결과가 명징(明徵)한가?' 하는 문제이다.

그러한 기다림의 도리에 관하여 수괘(需卦)에서 크게 통(通)하는 효사(爻辭)가 있는데, 그것은 상육이다. 상육은 소축(小畜)에 통하는데, 소축(小畜)은 공덕을 높여 구름을 조밀하게 이룬 뒤에 그로써 비를 내리고자 하는 것이다. 그러나 수많은 군자들이 나서서 조화를 부려도 비를 얻지 못하므로 천하가 극심한 갈증 속에 떨어져 있음을 괘사가 지적한다. 동시에 그때 서쪽 교외(郊外)로부터 비를 짓기 시작할 것이라 예고한다. 이에 소축괘(小畜卦)의 상구에서 수괘(需卦)의 상육과 통하더니 드디어 비가 내려 그 일대를 이미 누두 북뢰게 핀다(旣雨旣處)고 하였다. 이는 소축의 상구가 오랜 기다림의 정수(精髓)를 이룬 수괘(需卦)의 상육을 만나기 때문이며 그로써 큰 감응(感應)의 도를 이루기 때문이다. 수괘(需卦)의 상육이 동굴 속에 들어있다 함은(入于穴) 그가 오랜 시간 구한 공덕이 그때까지 세상으로부터 인정받지 못하거나 단절된 것이라는 의미이다. 그러나 그가 구한 공덕으로써 문명의 달이 새로 뜨니 역경(易經)에서 권하기를 '군자가 이를 깨닫고 아녀자의 도리로써 따를 것'을 권한다. 수괘(需卦)와 소축괘(小畜卦)를 하나로 통변(通辯)하여 판단하면, '오랜 기다림 속에서 이루어낸 큰 공덕'이라 직역할 수 있다.

수괘(需卦)의 기다림은 비를 소원하며 그 소식을 가져올 하느님에 대한 오랜 기다림도 있지만 그만큼 자기 스스로를 향한 내 손의 조각칼을 잃지 않는 명제를 제공한다. 오랜 시간 어떤 대상이나 때를 기다림은 막연한 그리움에 턱을 올리는 것이 아니다. 그리워하며 날마다 애타게 기다림은 선행적 간절함이며, 동시에 자기 자신에 대한 조각의 고통을 멈추지 않음은 기다림의 후행적 도리이다. 그 길고 오랜 기다림 끝에서 하루 하루 조각되어 쌓인 수고로움이 수십 년간 축적됨으로써 소축(小畜)의 도리와 수괘(需卦)의 도리를 다하는 것이다. 하물며 후천의 그때를 기다림은 천지 부모를 기다리는 일이다. 어찌 하루 하루 막연할 수 있겠는가? 이러한 간절함이 수괘(需卦)의 상육과 소축괘(小畜卦)의 상구(上九)에 이르러 서로 통하기에 이른 것이다. 하느님에 대한 그날의 소식을 기다리며 수많은 배들이 선천 미제의 때가 저물어 가는 항구에 정박해 있는 형세이나, 정작 때가 되어 일시(一時)에 모든 배들이 저 험한 뱃길에 오르고 나면, 그 가운데 어느 배가 난파(難破)를 면할는지 알 수 없는 일이다. 환란의 때에 구원의 남조선 배는 분명히 있고, 환괘(渙卦)에 등장하는 왕이 있어 그가 배 위에서 땀을 흘리고 부르며 외친다고 하였으니 바로 이 일을 말하는 것이다.

11. 점(占)을 친다는 것은 천지의 경영(經營) 주체인 삼천주(三天主) 하느님의 신도(神道)에 여쭈는 것이며 여쭈어 인간의 상식으로는 알 수 없는 신묘(神妙)한 답(答)을 계시(啓示)로써 받아내리는 것이다. 과거 진표율사가 제도(濟度)할 때 점찰법(占察法)을 썼는데 그 기원을 보면 다음과 같다. 신라의 고승 진표(眞表)가 구도(求道)에 임하여 자신의 몸을 일절 돌보지 않는 망신참법으로 정진(正進)하더니 드디어 미륵불의 성지(聖旨)를 받게 되었다. 미륵불로부터 일심을 가진 장한 장부로서 인정을 받았고, 동시에 천지의 법을 증험(證驗)할 만한 간자(簡字) 189개를 받았다. 그 가운데 두 개는 특히 미륵 부처님의 손가락으로 만들었다고 하였다. 진표는 이 간자(簡字)로써 설법에 임하였는데, 점을 쳐서 간자 가운데 하나를 취하고, 이에 근거하여 중생의 길흉을 가늠하며, 스스로 인과(因果)의 업장(業障)을 돌아보도록 권하여 참회에 이르게 하였다. 이러한 전례(前例)로써 보면 점찰법(占察法)은 중생이 자신의 허물을 돌아보고 참회에 이르도록 하는 어떤 중요한 동기(動機)를 제공한다고 할 수 있다.

12. 신(神)의 증과(證果)로서 간주할 수 있는 간자(簡字)는 고대로부터 전하여져 왔었는데, 주나라에는 그 이전까지 전해오던 점사(占辭)들을 관리하는 신관(神官)과 그 부서(府署)가 있었다. 주역(周易)의 진경(眞經)에는 64괘와 384효(爻)가 있는데, 이는 모두 신도(神道)의 신묘(神妙)함을 증험(證驗)하는 간자(簡字)와 같은 것이다. 주역이 위대한 것은 동양 인문학의 뿌리가 된 것도 있지만 천지의 삼극(三極)이라는 하느님의 자리로부터 육효(六爻)의 신살(神殺)에 이르기까지 모든 신도(神道)의 연원(淵源)과 맥(脈)을 밝힐 수 있기 때문이다. 이것은 정말 장엄한 진실이며 진정한 자연 생명의 비밀상자를 열어볼 수 있는 신령한 망원경을 얻음과 같다. 이에 필자가 역리(易理)로써 증험(證驗)한 이 신령한 천지의 연원과 그 신도의 동맥(動脈)에 관하여 다음 항에서 밝히고자 한다.

13. 삼극(三極)은 허무지기(虛無之氣)인데, 무극(无極), 태극(太極) 그리고 황극

(皇極)으로 삼변(三變)하여 천지 신도(神道)와 하늘의 우듬지표로서의 상제(上帝)와 그 천하(天下)의 도가 펼쳐짐을 알 수 있다. 무극(无極)도 하늘이며, 태극도 하늘이며, 황극도 하늘이다. 이것을 신격(神格)으로 환원하면 '삼천주(三天主)'가 된다. 즉 하늘은 삼원(三元)이며 우리는 그 하늘의 신격(神格)을 한 마디로 일컬어 하느님이라 하였다. 만물의 저울을 쥐신 상제(上帝)께서 이 세 하늘의 표상(標相)이므로 옛 선조들께서 '삼신상제(三神上帝)'라 호칭하였다. 모든 신도(神道)와 천지 만물의 진실은 이 '성삼위(聖三位)'에 뿌리를 두고 있다. 일(一)은 그 자체가 셋이었다. 태극(太極)을 볼 때, 안으로는 무극이며 밖으로 황극이 되어 이미 삼극(三極)임을 알 수 있다. 셋은 곧 만물의 연원이다. 일(一)은 하늘이니 본래의 하나요, 나아가 다시 셋도 하늘이니 무극(无極)은 상원(上元)의 하늘이며, 태극(太極)은 중원(中元)의 하늘이며. 황극(皇極)은 하원(下元)의 하늘이다. 하원(下元)의 하늘에서 천명(天命)이 발동(發動)하고 길흉(吉凶)이 출입하니 북두성(北斗星)이 칠성용정(七星用政)으로 28와(宿)와 천하를 다스려 그 원망함과 소원함을 살핀다. 이에 천지는 황극(皇極)의 하늘에 이르러 비로소 삼변(三變)하여 성도(成道)에 이른 것이니 그 삼천성도(三遷成道)의 존위(尊位)는 '하느님 옥황상제(玉皇上帝)'의 주재(主宰)가 되는 것이다.

14. 성삼위(聖三位)는 삼극(三極)의 삼천주(三天主)를 말하는 것이다. 무극(无極)은 허무(虛無)이니 하늘의 순수한 자아(自我)요 하늘 가운데 하늘이니 상원(上元)이다, 그 하늘의 임금을 칭송하여 '태을천(太乙天) 상원군(上元君)님'이라 하였다. 상원천(上元天)의 다른 이름을 '태을천(太乙天)'이라 하였다. 이에 인문(人文)이 그 순결(純潔)한 허무(虛無)를 본받아 선법(仙法)을 일으켰으며 그로써 선도(仙道)를 이룬 최고의 신선을 '태을원군(太乙元君)'이라 하였다. 중원(中元)은 태극이니 하늘의 가운데요 이 가운데 천지의 모든 음양의 생멸(生滅)과 윤회가 끊어지며 적멸(寂滅)하여 있어 불(佛)이 되고, 그 하늘 임금을 '미륵불 도솔천왕'이라 하였다. 천지의 모든 음양과 만물을 사랑과 자비(慈悲)로 안고 있으며 일체의 모든 번뇌가 사라지고 없으니, 불(佛)은 장엄하고 위대하고 자리이다. 적멸(寂滅)에 이르고 보면 하늘의 본심(本心)이 곧 나의 본심이다. 이것을 즉시 깨우치니 견성(見性)이요 그로써 통(通)하면 모든 번뇌와 길흉(吉凶)조차 소멸됨을 알 수 있다. 그런즉 먼저 길흉으로 인한

업장(業障)의 번뇌를 소멸시킴으로써 적멸(寂滅)의 보궁(寶宮)에 닿는 수(數)를 얻는 것이며 궁극의 하늘에 통(通)하는 징검다리를 얻는 것이다. 불법(佛法)이 이를 본받아 모든 애증(愛憎)과 그 번뇌를 끊고 나아가 무애(無碍)의 공덕(功德)을 성취함이니 인문(人文)의 큰 푯대라 아니할 수 없다.

하원(下元)은 황극(皇極)이니 삼변(三變)으로 이룬 자리요 하늘의 표상이다. 옥황상제(玉皇上帝)께서 친(親)히 허무(虛無)의 도리로써 천하에 조칙(詔勅)을 내려 중용을 세우고 쓰는 자리이다. 이에 명(命)을 내리고 발동(發動)하며 천지를 주관하니 이것이 천명(天命)이다. 천지에 팔문(八門)을 세우고 팔부(八府)를 열어 구궁(九宮)의 조정(朝庭)을 다스리니 여기서 천하의 지치(至治)가 나온다. 지치(至治)는 중용(中庸)이며 구진(九陳)의 구궁(九宮) 가운데 다섯을 얻는 득중(得中)을 전제로 한다. 그래서 5를 황극수(皇極數)라 하고 그 덕(德)은 누런 것으로 규정한다. 5로써 만물 가운데 큰 저울을 세우니 무극과 태극의 무량한 우물을 취함에 조금도 기울어지지 않는다. 이에 이 생명의 물을 천지에 보급하니 허무한 바다 위에 만물이 번성한다. 나아가 득중(得中)의 오행으로써 천간(天干)과 지지(地支)를 내어 천지를 주관하니 그 도리를 원형이정(元亨利貞)이라 하며 이는 역경(易經)의 대원칙(大原則)이 된다. 천지의 큰 수레가 오직 이 원형이정(元亨利貞)의 도로를 따라 운행하니, 건곤(乾坤)의 기틀이며, 그로써 원원한 천지의 사시(四時)가 도리(道理)에 따라 변동할 뿐이다. 천지가 시의(時義)로써 변동할 때에 역수(易數)가 달라지니 하늘을 진실로 공경한즉 인문(人文)에 하도(河圖)가 나고 낙시(洛書)가 났으며 정역도(正易圖)가 출현하였다. 인간 가운데 성인(聖人)을 가려 이 하늘의 면면한 일을 때때로 세상이 알게 하여 천지의 시변(時變)으로 인한 원망함을 적게 하였으니 모두 옥황상제(玉皇上帝)이신 천지 황극(皇極)의 일이다. 유가(儒家)에서 이 '지치(至治)'를 본받아 중용으로 법을 세워 천하에 위대한 군신(君臣)을 내고자 하였다. 수신(修身)은 나를 다스리는 것이며, 제가(齊家)는 가정을 다스리는 것이며, 치국(治國)은 나라를 다스리는 것이며, 평천하(平天下)는 천하를 다스리는 것인데, 모두 황극(皇極)의 하늘을 본받아 중용(中庸)의 지치(至治)에 이르고자 하는 것이다. 그로써 청사(靑史)가 이어지기를 거듭하고 인문(人文)이 참된 중용의 도리를 고수하고자 하였으니 금수(禽獸)와 같은 나락으로 떨어지지 않게 되었다. 이처럼 하늘의 성삼위(聖三位)께서 세상에 그 기운

(氣運)을 드리우니 그로써 선천 인문에 불선유(佛仙儒)라는 삼법(三法)의 꽃을 피웠고, 군자(君子)가 마땅히 그 도리를 익히고 깨우쳐 얻어야 할 바이다. 수지비괘(水地比卦)에서 장차 현명한 군신(君臣)이 나와 이 세 하느님의 삼법(三法)으로 목욕을 마친 뒤에 '관왕(冠旺)의 도'를 이루어 인문을 경영하므로 그 나라에서 금수를 달아나게 한다고 하였다. 이상에서 살펴본 바와 같이 신도(神道)의 근원을 이야기할 때는 마땅히 삼천주(三天主)가 바른 용어이며 나아가 삼성위(三聖位)를 단지 하느님이라 할 수도 있지만, 하나님이라는 용어는 적절하지 못함을 알 수 있다.

15. 길흉(吉凶)은 음양이다. 일상(日常)의 어느 변곡점에서 어떻게 일어날 것인지 아무도 알 수 없다. 건곤(乾坤)이 한 방위에 머물지 않고 천시(天時)에 따라 변하니 천지(天地)도 머물지 않는다. 하늘이 건곤(乾坤)을 다시 세우면 천지가 다시 열리니 이에 방위가 바뀌고 시절(時節)이 바뀐다. 역(易)은 이를 '불영방래(不寧方來)'의 때라 하였다. 천지가 그와 같은데 하물며 작은 인생이 그렇지 않을 수 있는가? 신로(神路)는 자명하고 가을 서리는 어김 없이 때와 함께 들어오는 것이 인생이다. 나는 이미 죽었을 것인데, 살아 있으니 불가사의한 일이며 신도(神道)의 음호(陰護)가 아니었다면 이미 존재하지 않았을 것이다. 내가 겪은 신로(神路)의 엄숙함에 대하여 잠시 말하고자 하니 신살(神殺)을 점(占)하는 현자(賢者)들이 점(占)을 쳐서 인생을 관(觀)하는 일의 중대성에 대하여 참고하기 바란다.

16. 후에 살면서 안 일이지만 필자는 현재(現在)의 이 세상에서 살기 불가능한 정도의 업장을 일으킨 전생을 몇 번 지니고 있다. 길흉(吉凶)으로 말한다면 이 세상에 태어나 전생으로 인한 원한의 보복(報復)이 없을 수 없는 흉(凶)이 많았다. 물론 그것은 사적(私的)인 과업(課業)을 달성하기 위한 것이 아니었다. 그러나 결단의 검기(劍氣)를 지나치게 사용한 뒤에는 분명히 상대의 패배와 그 상처로 인한 원한이 남게 되어 있었다. 이것은 이번 생애의 업장(業障)이 되어 혈연(血緣)에 녹아들고 붕우(朋友)에 녹아들고 거래(去來) 관계로 녹아들고, 질병으로 녹아들고, 풍수(風水)와 사고 등의 상해(傷害)로 녹아들었는데 나의 경우 그 규모는 상상을 초월했다. 나는 유독 사고가 많았다. '광야의 동인(同人)이 먼저 울부짖는다.'고 하였는데 마치 나를

두고 하는 말과 같았다.

17. 돌아가신 어머니께서 나를 임신하였는데, 아홉 번째였다. 그 출산이 두려워 태중(胎中)의 나를 없애고자 마음을 먹었고 직접 독초(毒草)를 구해 달여 드셨다. 그러나 도리어 당신이 고통 속에 몸부림쳤을 뿐 없애지 못했다고 하였다. 몇 번의 시도를 포기하고 산달이 찬 뒤에 어쩔 수 없이 낳았고 어머니는 실신하듯 쓰러졌다. 아이를 아랫목에 두었는데, 구들 고래에 지펴두었던 장작불 화력이 거세지며 방바닥의 장판이 녹고 깊게 타는 시경에 이르렀다. 갓난아이가 설규하며 울기에 정신을 수습하고 보니 그 등이 녹아 있었다. 태어난 다음 날부터 등창이 생겼고 점차 고름으로 변해갔다. 오지 산골에서 병원에도 가지 못하고 수개월 동안 등에 생기던 고름 짜내기를 반복하였다. 큰형이 간혹 말하기를, '갓난애 등에 생긴 고름 짜내느라 석달을 고생했다.'고 하였다. 한겨울 걸음마를 막 배울 때 윗방과 아랫 방을 왕복하며 뛰어 놀던 아이들 틈에 있다가 밀려서 화롯불에 주저앉았다. 그때 절규했던 화상(火傷)은 지금도 있다. 아홉 살에 아버지 드시던 약병 뚜껑을 열고 알약 껍질에 코팅되어있던 단 성분을 먹는다며 그 병에 든 알약을 다 먹고 혼절하였다. 성장하면서 건강이 좋지 않았다. 다리에 종기가 생겨 혹은 몇 년간 사라지지 않았다. 열세 살에 교통사고가 있었다. 현장에서 8명이 사망하고 나는 머리에 외상(外傷)을 입었는데, 두개골이 파손되었다. 세 번의 수술을 받았고 대략 9개월 정도 아무것도 하지 못했다. 병원에서 나온 뒤에 친구들은 모두 학교에 갔고 나는 홀로 마을 뒷산에 올라 우두커니 앉아 아주 긴 시간 멍하니 하늘을 보았다. 날이 어두워졌고, 가로등 하나 빛나지 않았던 밤이 되었다. 보석 같은 별들이 열네 살 아이의 가슴으로 쏟아져 내렸다. 저 하늘이 날로 궁금해졌다. 구름이 끼어 하늘의 별들을 바라볼 수 없는 날은 몹시 아쉽고 답답하기도 하였다. 누군가 별에 대하여 얘기할 때는 참으로 반가웠고 기뻤다.

18. 90년도에 일시적으로 광주 도촌동이라는 곳에서 살며 일한 적이 있었는데, 주말이면 대전에 계시던 부모님을 뵙고 일요일 저녁에 돌아오고는 했었다. 그날도 마찬가지로 일요일 저녁 9시에 1톤 화물차를 끌고 광주로 향했다. 호남 고속도로를 따라 익산을 지나면서부터 문득 졸리기 시작했는데 마치 잠이 쏟아지는 것 같았다. 차

를 세우고 잠시 눈을 붙였지만 불현듯 실신할 것처럼 쏟아지는 잠을 이기지 못하였다. 시간은 자꾸 늦어지고 밤은 깊어졌다. 정읍을 지나는데 벌써 밤 12시가 훌쩍 넘었다. 중간중간 휴식을 취해도 감당이 되지 않았다. 운전대를 잡고 있다 보면 이미 잠들어 있었다. 굉음이 일어 깨어보니 차는 흐르듯 가고 있었고 거대한 길이의 추레라가 경적을 울리며 부딪힐 듯 스쳐가고 있었다. 정신을 수습하고 또 한곳에 차를 세우고 잠을 청했다.

그리고 다시 출발했다. 한참을 갔는데 다시 잠이 쏟아지듯 밀고 들어왔다. 혼신을 다해 핸들을 잡고 징싱 고개에 있는 호남터널로 진입했다. 긴 터널을 빠져나간 순간 맞은편에서 고속버스가 보였다. 승객들이 타고 있었는데, 승객 가운데 긴 생머리를 한 젊은 여인과 눈이 마주쳤다. 그리고 달리던 내 화물차는 마주 오던 그 고속버스의 옆구리를 강타했다. 그 여인이 앉아 있던 버스의 옆구리는 일그러지고 유리창이 깨지며 동시에 그 여인의 머리가 내 차 앞으로 떨어져 데굴데굴 굴렀다. 머리카락이 바람결에 흩날리며 따라서 구르는데 경악을 하고 브레이크를 밟았다. 놀라서 눈을 비비고 전방을 살폈다. 내가 들이받았던 고속버스를 보았다. 버스는 없었다. 그곳은 안전지대로 수목(壽木)들만 서 있었다. 상행선 터널은 이 수목지대 너머에 있어서 내가 전혀 들이받을 수 없었다. '이것이 무슨 일인가?' 하며 다시 내 차 앞을 보았다. 검은 비닐봉지가 바람따라 구르고 있었다. 식은땀이 흘렀다. '뭐지?' 하는 사이 그 검정색 비닐봉지는 이미 갓길 너머로 사라졌다. 환영(幻影)은 있을 수 있는 일이라 해도 저 검은 비닐봉지가 어디서 어떻게 이 순간 날아와 내 차 앞으로 바람을 타고 지나갔을까? 하는 의문이 오랫동안 가시지 않았다.

대략 13년 전에 목수일을 했었는데, 안성 하수종말처리장 콘크리트 구조물 공사였다. 오물을 정화하기 위해 만든 그 구조물 높이가 10미터 가까이 되었다. 그 구조물에 상판 콘크리트 거푸집을 만들 때의 일이다. 거푸집 합판에 잔못을 박으며 무심코 계속 뒷걸음으로 물러났는데, 허공에 발을 디디는 순간 정신이 번뜩하며 돌이켜 추락사를 면할 수 있었다. 인천에서 11층 오피스텔 건물이 올라가고 있을 때 역시 상판 작업 중 다음 층을 올리기 위해 약 60센티 정도로 삐죽 올라온 벽체 철근에 다리가 걸려 추락할 뻔했다. 어머니 살아 생전에 늘 내게 하시던 말씀이 있었다. "네가 죽지 않고 살아 줘서 그것이 고맙다. 네가 효자다."라고 반복하였다.

19. 전생의 일을 알게 된 건 오랜 시간 무극(无極) 하늘의 기운을 받아 내리는 태을주(太乙呪)를 읽으면서 그에 따른 영적(靈的) 체험이 반복되었기 때문이다. 문득 알게 된 그 오래전의 일들을 돌이켜 생각해보면, 나는 과거 역사적인 전쟁이 반복되던 현장에 몇 번 태어났다. 생존과 재생(再生)을 위하여 주로 전쟁에 관여할 수밖에 없는 삶을 살았다. 그 전쟁들은 역사성(歷史性)있는 중요한 국면 속에 있었다. 그 업장으로 인해 내가 최후의 큰 사고를 경험한 것은 아주 최근이다. 주역의 난해한 경문(經文)들에 대한 이해의 심도(心度)가 어느 정도 해소되었을 무렵이다. 한날 밤에 옥황상제님의 조정으로 불려갔다. 상제님을 보좌하는 재상(宰相)께서 두루마리 문서를 펼치며 내게 읽어보라고 주셨다. 이것은 천상의 조정(朝庭)에서 결정된 것이며 장차 인문(人文)에 내려올 헌장(憲章)이라고 하였다. 그 헌장(憲章)의 제 1조는 다음과 같았다. "내가 결정하고 우리가 다 함께 일을 한다."는 문장이었다. 나는 이 헌장(憲章)의 1조에 의문이 생겼다. 우리가 다 같이 함께 할 일인데 결정을 혼자 내리면 뭔가 소외된 느낌이 들었기 때문이다. 이에 '우리가 다 같이 할 일인데 결정 단계에서부터도 다 같이 참여해서 상의적으로 해야 하는 거 아닌가요?' 하고 의견을 내며, 다시 재상에게 묻기를 "나를 우리라는 용어로 바꾸면 어떻겠습니까?" 하고 말했다. 재상(宰相)은 "그 헌장(憲章)은 천왕(天王)으로부터 내려온 것이라 스스로 답할 수 없다."고 하였다. 이에 내가 재차 제안을 했지만 그분은 미소만 지을 뿐 답을 하지 않았다. 그 순간 갑자기 내가 보지 못하였던 하늘의 보좌가 열렸고, 그 뒤로는 호위부장 여럿이 숙연한 표정으로 도열하여 있었다. 보좌의 상제님께서 친히 하문(下問)하시기를 "너는 어찌하여 그 문구(文句)를 고치려 하느냐?"고 하셨다. 이에 나는 좌불안석이 되어 '아닙니다.' 하며 고개를 숙였다. 상제님께서 잠시 후 헌장(憲章)의 몇 구절에 대하여 더 말씀하셨는데, 중간에 소리가 굴절되어 잘 듣지 못했다. 옥좌를 호위하는 신장(神將) 가운데 한 분은 마치 화가 난 장비 장군과 같은 눈을 하고 나를 쏘아보며 칼집에서 장검을 뽑으려는 자세를 취하고 있었다. 헌장(憲章)의 제 1조 첫머리에 적혀 있는 '나의 결정'이란 곧 하느님의 결정이라는 뜻이었구나 하는 생각이 들며 충격을 받았다. 그리고 잠에서 깬 뒤에 그 당일 밤부터 100일 기도에 들었다. 모세의 십계명(十誡命) 제 1조가 생각났다. 또한 일부(一夫) 선생이 '기위친정(己位親

政)'³⁾이라 하였는데 내가 이제 이와 같은 운명의 접점을 경험한 것인가? 하고 생각하였다.

20. 그리고 몇 달이 흘러 다시 천상 조정(朝庭)에 불려갔다. 가서 보니 이제 수천 년 동안 내가 인간으로 살면서 걸어온 삶을 두고 하늘이 심판을 마쳤으며 이에 옥황상제님께서 친히 친국(親鞫)을 여시고 그 판결을 시행하는 자리였다. 보좌에 옥황상제님께서 앉으시고 좌우에는 천상 조정(朝庭)의 신료(臣僚)들이 도열하였다. "너는 한 가지 죄가 분명하게 남아 있노라." 그리고 잠시 말씀을 멈추시고는 "그러나 내가 너에게 ○○을 내려 주겠노라."고 하셨다. 나는 고개를 숙인 채 숙연한 마음으로 돌아왔다. 그리고 일상(日常)의 삶으로 돌아와 살면서 생각하기를 무슨 죄가 남아 있기에 상제님께서 친히 심각한 용안(龍顔)으로 나를 내려보셨을까? 하는 의문에 쌓였다. 그리고 시간이 또 흘렀다. 2024년 5월 13일 오후 1시 30분경이었다. 내가 운영하는 공장의 기계는 그 내부의 대기 온도가 600도(度) 정도 되는 고온의 히터 구간이 있었는데, 폭은 1미터에 그 길이가 2.4미터이다. 작업 과정에서 원단이 그 내부를 통과하며 단 몇 초 안에 200도 가까이 열을 흡수하도록 설계되어 있다. 그런데 이송 중이었던 연성 플라스틱 원단이 물린 채 기계가 정지했고, 인화성이 높은 원단은 불과 몇 초 사이에 불이 붙었다. 정신이 없던 직원들이 나를 불렀고, 화재를 진압하면서 동시에 자동 이송 체인에 물려 있던 원단을 수동 이송 형태로 변환하고 체인에 끼었던 원단을 제거했다. 그런데 마지막 순간 체인이 급회전을 하며 순간적으로 내 왼손가락 5개를 절단했다. 엄지손가락과 검지 손가락은 사라졌고, 나머지 손가락들은 대부분 한 두 마디씩 사라졌다. 순간 멍하니 서서 지혈(止血)을 했고, 직원들은 놀라고 당황하며 119를 불렀다. 병원으로 이송되었다. 병상에 누우니 의식이 흐려졌다. 희미한 의식으로 누워 지난날 어떤 한 사건을 돌이켜 생각했다.

21. 때는 2012년도 8월 초여름인 것으로 기억된다. 김제 금산사 미륵전에서 몇 시간 동안 기도를 하였다. 신장 두 분이 나타났는데, 방송인 채시라의 양팔을 각기 잡

---

3) 건곤(乾坤)이 정위(定位)한 후에 하느님께서 강림(降臨)하시고 직접 세상을 통치하시는 것(正易).을 기위친정(己位親政)이라 한다.

아 이끌어 미륵전(彌勒展) 법당 안으로 데려와 세웠다. 영문을 모르고 이끌려 온 채시라는 고개를 두리번거리며 서 있었고 나는 의문스러운 표정으로 그녀와 신장들을 보았다. 신장들은 그 양팔을 잡은 채 놓아주지 않았으며 표정이 매우 엄숙하였다. 그 장면을 보면서도 어떤 이유가 있었던 것인지 조금도 알 수 없었다. 그리고 그날 500나한(羅漢)이 하늘 문을 열고 내려오면서 보리밥 공양을 원하였다. 모처의 할머니 보살에게 그 일을 부탁하고 수원으로 올라왔다. 그리고 당시 딸아이가 중학생이었는데, 부탁하여 채시라 관련 카페에 가입하라고 하였고 가입했다. 그런데 얼마 후에 채시라는 드라마를 통해 이름을 드날리게 되었다. 그녀가 출연한 드라마의 이름이 '다섯손가락'이었다. 나는 그때 그 드라마가 어떤 중대한 메시지를 전할지도 모른다는 생각으로 집중해서 몇 회차를 보았다. 그러나 다섯손가락이라는 제목이 뚜렷하게 기억될 뿐 그 내용의 전개에서는 특별함을 발견하지 못했었다. 병원에 누워 눈물을 흘리면서 회상해보니 그것은 결국 나의 다섯 손가락에 관한 문제의 제기였다는 생각이 들었다. 이제는 어른스러운 딸아이가 날마다 찾아와서 병간호를 했고, 아이에게 채시라 카페에서 탈퇴해도 된다고 하였다.

22. 사고가 일어난 날 밤에는 유독 기운이 없었고, 약에 취한 것 때문인지 비몽사몽(非夢似夢)이 계속되었다. 이때 문득 미륵부처님과 진표 율사가 동시에 나타나셨기에 과거 진표율사가 금산사를 창건했던 일들이 일순간 회상되었다. 망신참법으로 구도를 한 후에 진표율사가 미륵의 법을 받고 제도함이 점찰법(占察法)이었다. 점을 칠 때 사용한 간자(簡字) 가운데 특히 두 간자(簡字)는 미륵부처님의 손가락으로 만든 것이었다. 2012년 처음 이 문제가 금산사 미륵전에서부터 암시되었다는 사실과 동시에 손가락이 간자(簡字)에 사용되었다는 하나의 공통성을 생각하며, 마치 에밀레종의 아이처럼 그나마 속죄와 동시에 천지에 공양(供養)이 된 것이라 위로하였다.
그리고 익일(翌日) 밤에 나는 드디어 내게 남아 있던 의문의 죄(罪)에 대하여 알게 되었다. 그 장수는 나와 1천년 전에 전쟁터에서 얽힌 당사자였고, 내가 평정해야 할 적국(敵國)의 장수였다. 전투가 전개되었고, 그의 은빛 갑옷과 함께 드날리던 검기(劍氣)는 아무도 감당할 수 없었다. 책략(策略)이 또한 비상하여 아군(我軍)에게 심대한 피해를 주었다. 어찌하다가 그를 포로로 잡았으나 안심할 수 없었다. 막상 그를 포로로 잡고 보니 그 장수의 기예(技藝)가 비상(非常)하여 깊이 염려되었다. 만일 이 자가 변심하여 다시 군사를 일으킨다면 그때는 걷잡을 수 없을 것이라는 판단이 확고하였다. 그를 믿지 못하여 항복을 진심으로 받아들이지 못했다. 결국 나는 사령(使令)에게 명하여 검술(劍術)의 진원(眞原)인 그의 오른팔을 자르라고 명(命)했다. 그러나 그는 진심으로 거듭 항복을 하였고, 자신은 절대 배반하지 않을 것이라는 맹세를 거듭하며 눈물을 흘렸다. 그의 눈물은 범벅이 되어 얼굴에 가득했다. 그럼에도 내가 그에게 말하기를 "비록 항복했다고는 하나 너를 그대로 두면 그 오른팔의 검기(劍氣)와 재주(才主)가 신이(神異)하여 장차 세상에 어떤 문제서 일어날지 아무도 모른다. 그대로 둘 수 없다." 그리고 고개를 돌려 다시 사령(使令)에게 "잘라라." 하고 명(命)하였다. 그 장수가 하염없이 눈물을 흘리고 절규하며 절대 그럴 일이 없을 것이라고 하소연하였으나 나는 단호했고 마음 속의 염려를 누르지 못했다. 재차 명령을 내렸고 형이 집행되었다.

그러나 그것은 예단적 판결로서 죄형법정주의(罪刑法定主義)를 정면으로 어긴 것이 되었다. 결과 그도 하늘이 내린 일국(一國)의 장수였는데 내가 과도한 판단을 한 것이 되었다. 이것은 도리어 나의 죄(罪)가 되어 하늘에 선명하게 기록되었고 1천년 간 직접 속죄(贖罪)함을 기다리고 있었으며 미륵전에서부터 이 다섯 손가락의 희생 문제가 내게 제시된 것이었다. 전날 밤, 미륵부처님과 진표율사께서 동시에 화현(化現)하였을 때 그 뜻을 알고 공장에 모신 작은 2평 신단(神壇)에 새로 진표율사의 신위(神位)를 모시게 하고 공양물로 단지 수박 두 개만을 원하시므로 직원들에게 부탁하였다.

부지불식 간에 흐르는 눈물을 삼키며 병상에 누워 멍하니 내가 살아온 이 생(生)에서의 삶을 돌아보았다. 그간의 처절한 고생과 아픔들이 차라리 고마웠고 감사했다. 그것은 선천의 오랜 전생에서의 삶의 과오(過誤)들을 쇄신하는 과정이었다. 업장(業障)의 인과(因果)를 소거(消去)해 가는 수고로운 삶이었다는 생각이 들었다. 도량을 가까이 하며 대략 40년 가까이 구도(求道)에 임하면서 빌고 또 빌어서 일부는 해소(解消)가 되었으나 이 일만큼은 해소되지 못하고 인생의 한가운데 울결이 되어 내 삶을 왜곡시키고 있다가 이제 터진 것이었다.

23. 길흉(吉凶)은 인과(因果)의 물결을 따라 성쇠(盛衰)를 반복한다. 천지의 시간은 미제(未濟)와 기제(既濟)를 반복한다. 인간은 항상 어떤 변화의 교차점에서 생존한다. 영원한 양지(陽地)도 없고 영원한 음지(陰地)도 없으니 이것이 천지의 소식(消息)이다. 하늘이 가장 소중하게 생각하는 가치는 중도(中道)이다. 몸은 비록 남녀로 나뉘고 방위는 사방으로 나뉘지만 중도(中道)는 나뉨 없이 모두 하나로 통한다. 통하며 동시에 부정(不正)하지 않으니 다섯은 항상 중용(中庸)의 표상이다. 역(易)은 중용(中庸)을 위반하여 지나친 죄를 크게 다스린다. 나의 경우도 그랬다. 점(占)을 치는 것은 다만 길흉(吉凶)을 면하거나 변환시키기 위한 것만이 아니라, 그 숨어 있는 진실을 찾아 진정한 삶의 참회와 활로(活路)의 문을 다시 얻고자 하는 것이다. 또한 신도(神道)의 현시(顯示)함이 있을 때 주역의 큰 경전을 참조한다면 이것을 더욱 명확하게 설명할 수 있다. 주역은 점찰법(占察法)을 위한 천지의 큰 지침이다. 그로써 주역의 점(占)은 귀신(鬼神)의 일조차 살펴 과거에 묻혀 있었던 허물을 해소할 수 있으니 이것이 또한 나의 경험으로 잠시 소개하고자 한다.

2012년 책을 출간하고 얼마 뒤에 백제국의 왕후(王后)께서 이틀 연속 나타나 통곡하였다. 곁에 계시던 백제 왕께서 자신들은 부여 무량사라는 절에 있다고 하며 그 자리를 보여주는데, 정문에서 들어가다가 왼편에 있는 건물이었다. 그 사찰 건물의 안을 보니 문을 열자 왕이 앉아 있었고, 그 맞은편에 공주가 붉은 옷을 입고 서 있었는데 어떤 주렴 같은 것들이 가리고 있었으나 사이로 보이는 모습에서 그 표정이 어두웠음을 알 수 있었다. 이일을 신도(神道)에 고(告)한 뒤에 점(占)을 쳤다. '택풍대과괘(澤風大過卦)'의 구삼(九三)으로 '대과지곤(大過之困)'을 얻었다. 대과(大過)이니 백제(百濟)의 국운(國運)이 기울 때의 일이다. 그 구삼의 효사에서 '용마루가 부러지니 흉(凶)하리라.'고 하였다. 백제의 국운이 기울며 그 피해가 나라의 근간(根幹)에 이르니 기둥이 휘고 들보가 부러져 흉(凶)하게 된 때의 일이다. 지괘(之卦)는 택수곤괘(澤水困卦)의 육삼(六三)이다. '곤우석(困于石)에 거우질려(據于蒺藜)라 입우기궁(入于其宮)에 불견기처(不見其妻)니 흉(凶)이라.'고 하였다. '국란이 나라의 기초(基礎)나 그 중심을 위협할 정도에 이르렀음에 왕이 변방의 어느 이름없는 땅에 의거하여 있다가 잠잠해진 때를 타서 그의 궁궐로 돌아왔으나 그 아내가 보이지 않게 되었으니 흉하리라.'는 뜻이다. 정확한 연대는 알 수 없지만 대략 그때를 회상해보면, 삼국이 서로 잦은 전쟁을 벌였고, 일시에 백제국의 어느 왕이 도읍지를 점령당하거나 혹은 그에 준하는 위기를 만나자 긴급히 병사와 신하들을 데리고 피난에 올랐으며 이때 흩어졌던 왕후와 공주 등은 전란이 끝난 뒤에도 그 궁으로 돌아오지 못하게 되었던 한(恨)이 지금까지 남아 있음을 알게 되었다. 그리고 그분들께서 천년 이상 그 절에 머물러 계셨음을 알 수 있었다.

　괘효사(卦爻辭)를 보고 생각한 뒤에 그간 한 번도 가본 적이 없던 만수산 무량사(無量寺)를 찾아 주말에 방문하였다. 무량사 대웅전으로 들어가 백제왕과 왕후 그리고 공주를 위해 약간의 제물(祭物)을 준비하여 대웅전 법단에 올리고 기도하였다. 한참 기도를 마치고 나자 '가을 서리가 내려 무량사 감나무에 잎이 지고 마지막 감이 나무에 매달려 있을 때 다시 오라.'는 소식을 받았다. 그리고 몇 달이 흘러 감수확이 다 끝났으리라 생각되는 늦가을에 다시 무량사를 찾았다. 역시 대웅전으로 들어갔는데, 멀리 김천에서 올라온 청신사와 청신녀의 결혼식이 아주 간소하게 진행되고 있었다. 하객은 불과 20여 명이 되지 못했다. 그 틈에서 대웅전 한켠을 빌어 조용히 기도를 했는데, 도솔천 국사(國師)께서 본존(本尊) 불상으로 하강(下降)하여 내리시더니 혼례를 주관하였다. 대웅전 기도를 마치고 나오면서 생각하기를 그때 백제의 공주가 전쟁으로 인해 이미 정해져 있었던 인연을 맺지 못하다가 이제 그 맺혀있던 고(苦)가 해소되었는가 하고 생각되었다. 산신각(山神閣)으로 향하면서 그 오른 편에 감나무를 보니 정말로 까치밥으로 쓸 감이 하나만 남아 있었다. 이처럼 역(易)의 괘효(卦爻)가 가리키는 바로써 신명(神明)의 일을 도울 수 있으니 꿈이 심상치 않거나 나타나는 조짐이 이상할 때는 신도(神道)에 여쭈어 괘효(卦爻)를 받음으로써 그 일을 헤아려 풀어낼 수 있다.

24. 인간의 삶은 저 너머를 볼 수 없는 시간의 강물을 건너고 있는 것이다. 시간의 도(道)는 머물지 않으니 변(變)하여 미제(未濟)를 다하고 나면 다시 기제(旣濟)의 문을 연다. 그 긴 시간의 도는 때로 거대한 변고를 동반한다. 파란 물이 넘실거리는 징검다리 한가운데 서서 갈 곳을 알지 못하는 때에 나아가면 이로운 방위가 있고 불리한 방위가 있다. 불리한 방위에 갇히면 다음 징검다리를 기약하지 못하니 숨이 막히듯 괴롭고 답답한 마음을 움켜쥔 채 그 삶을 구하지 못하게 된다. 그러나 다행히 길

(吉)한 방위를 얻게 되면 순탄히 열리게 된다. 정성을 들여 점(占)을 치는 것은 막힌 가운데 활로의 길을 얻고자 하는 것이다.

25. 역(易)은 언제나 천지의 실상(實相)과 변화에 따른 소식(消息)을 그대로 거울처럼 반영하니 인문(人文)이 공경히 구함에는 항상 그때의 마땅한 도리를 일러준다. 그 옛날 천지가 변동하는 사이 인문이 가야 할 바를 얻지 못하고 있을 때 태호복희씨(太皥伏羲氏)께서 처음 하늘의 인도(引導)를 받아 황하(黃河)에서 하도(河圖)를 계시받고, 태극(太極)을 그려 천지를 상(象)함으로써 인간이 자신의 당위(當爲)와 정체성(正體性)를 알 수 있도록 하였다. 나아가 드디어 팔괘(八卦)를 완성하니 '건곤(乾坤)의 천지(天地)가 집을 마련해주었음을 알 수 있게 하였고, 진손(震巽)의 뇌풍(雷風)이 발동하여 항상 생명을 일으켜 숨 쉬도록 하고 또 생명으로 존재할 수 있도록 하였음을 알 수 있게 하였고, 감리(坎離)의 일월(日月)이 사시(四時)를 쉬지 않고 노동하며 인간을 기르고 있음을 알 수 있게 하였고, 산택(山澤)이 만물을 윤택하게 머물 수 있도록 하였음을 알 수 있게 되었다.' 이것은 인문이 천지아 신도(神道)를 공경하는 기본적인 도덕(道德)을 세우는 기틀이 되었으니 삼황(三皇)의 때에 원원한 불변의 가르침이 되었다. 염제(炎帝)의 때에 64괘가 나고 오제(五帝) 이후에 역서(易序)가 변동되기는 하였으나 팔괘(八卦)의 근본 가르침에는 큰 변화가 없었다고 판단할 것이다. 최후적으로 문왕(文王)이 384효(爻)를 완성하니 하늘의 도를 드러냄에 조금도 부족함이 없게 되었다.

26. 역(易)은 삼극(三極)의 근원으로부터 시작된 것이며 그 허무(虛無)의 미더움을 뿌리로 태극(太極)이 동(動)하여 강효(剛爻)를 내고 정(靜)하여 음효(陰爻)를 내니 음양이 섞이며 교감(交感)하여 만물을 이루었다. 이것이 천부경(天符經)의 일석삼극(一析三極)이다. 음양이 중도를 상실하면 어지럽고 분란해지니 황극(皇極)이 음양을 기율(紀律)하는 중추(中樞)가 되어 천지는 이 셋으로써 영속하는 법을 잃지 않았다. 그런즉 음양이 득중(得中)함은 원천지의 고향을 잃지 않는 길이며 역경의 64괘 384효는 하나의 강효(剛爻 ━)와 하나의 유효(柔爻 ╌)가 육효(六爻)의 여섯 단계의 변화를 거치는 동안 그 중도(中道)를 얼마나 지키며 고수하였는가 하는 문제

를 중히 여긴다. 중도에서 멀고 가까움은 곧 길흉(吉凶)의 굴곡(屈曲)과 통하게 되니 역(易)은 언제나 이것을 드러내어 밝히고 있으므로 점찰법(占察法)은 그 한 국면(局面)을 살피는 것이다. 점찰법(占察法)을 쓸 때, 먼저 '천시(天時)의 사주(四柱)를 세우고 신(神)께 공경히 그 사유를 고(告)하여 팔괘(八卦)를 얻고 64괘 가운데 하나를 성괘(成卦)한다. 성괘(成卦)한 후에 변통(變通)의 수(數)를 얻음으로써 드디어 당사자로서의 한 효(爻)를 구하니, 괘(卦)에서 괘덕(卦德)으로 가르침을 얻고, 효사(爻辭)에서 세부적이고 직접적인 가리킴을 얻는다.' 이에 공경히 구(求)하고 나면, 음양의 한 물건이 가야 할 도리를 직접 가리키고 있음을 알게 되니, 괘효(卦爻)는 때에 맞는 부처님의 즉문(即文)과 같고 생지(生地)를 가리키는 손가락으로서의 직지(直指)와 같은 것이다.

27. 태극(太極)은 안으로 무극(无極)이며 밖으로 황극(皇極)이니 성삼위(聖三位) 일체(一體)이다. 이것은 상원(上元)의 태을천(太乙天), 중원(中元)의 도솔천 그리고 하원(下元)의 구천(九天)이 모두 하나임을 상(象)하는 그림 언어이다. 우리 민족이 태극기를 세계에 드날림은 성삼위(聖三位)를 모두 모시는 천지의 제주(祭主)임을 상징하기 때문이다. 뇌성벽력(雷聲霹靂)에 천지가 진동(振動)할 때에 이르러도 천하의 제주(祭主)는 마땅히 하늘에 올릴 술과 그 수저를 잃지 않아야 할 것이라는 중뢰진괘(重雷震卦)의 가르침은 이 문제와 직결된다. 이제 하늘을 공경하며 세 분 하느님을 공경히 모시는 [시문(侍文)]을 외우고 익혀 점찰법(占察法)을 시행하여 중생 구제의 뗏목으로 삼음에 있어 보다 간략한 철학적 이해를 돕고자 한다.

28. 삼극(三極)에서 음양이 나면 강효(剛爻 —)와 유효(柔爻 --)가 일어나는데 이것이 천지의 생(生)이다. 하나의 태극이라는 강물에 유효(柔爻)의 물결과 강효의 물결이 나뉘어 흐르는 것과 같다. 그러나 시간이 흐르면 강유(剛柔)가 섞여 그 변화가 극(極)에 이르게 되니. 2*2=4라는 극수(極數)에 이르게 된다. 이것을 사상(四象)이라 한다. 이는 제2변이며 장(長)이다. 사상은 노양(老陽 ⚌), 소양(少陽 ⚍), 소음(少陰 ⚎), 노음(老陰 ⚏)이다. 강효와 유효가 다시 이 넷과 섞여서 마지막 변화를 성취하면 팔괘(八卦)가 나오니 이것이 천지의 제 3변이며 이를 소성괘(小成卦)라 한다.

29. 상(象)은 기(氣)의 변화가 드러나 국한(局限)되는 것이므로 그 변화의 마디가 2-4-8과 같이 모두 음수(陰數)로써 규정된다. 8을 극(極)하여 다시 64괘(卦)가 됨도 그와 같다. 그러나 기(氣)는 본래 일기(一氣)로서의 태극(太極)이니 안으로는 무극이며 밖으로는 황극(皇極)이다. 나타남은 음양이며 이 음양의 두 기류가 그 사이의 중(中)이라는 뿌리를 고집하므로 셋으로 나타난다. 이를 일석삼극(一析三極)이라 한다. 셋을 극(極)하면 그 변화의 수는 아홉이 되는데, 아홉은 태극(太極)의 구진(九陳)이며 황극천(黃極天)이다. 황극천(黃極天)이란 천지의 모든 음양의 중심을 세워 음양의 기울어짐을 심판하고 기율하는 하늘이니 그 쓰이는 중용의 수(數)는 5이며, 그 가운데 있는 하늘을 균천(鈞天)이라 한다. 황극천(黃極天)에 구궁팔문(九宮八門)이라는 하늘의 조정(朝庭)이 세워지니 구천(九天)이며 천지(天地)의 모든 정사(政事)가 여기서 이루어진다.

30. 만일 인문(人文)의 도덕(道德)이 하늘에 통한다면 산천대축괘(山天大畜卦)의 상구(上九)에서와 같이 '아! 하늘의 사문(四門)에 통하는 공덕이여!'라는 탄성처럼 저 구궁팔문(九宮八門)의 조정(朝庭)에 통하게 되는 것이다. 내가 경험한 헌장(憲章)의 제 1조를 생각하면 인문(人文)이 하늘에 통하는 그때 그날이 분명히 온다. 그때는 서구 종교에서 말하는 '그분이 장차 올 것'이라는 언약이 성취되는 순간이다. 5는 태극의 발걸음인 아홉 가운데 있어 저울의 추와 권력의 주체가 되니 이를 황극(皇極)이라 한다. 5가 음양 강유(剛柔)의 법을 따르니 그 정령(政令)이 곧 10간(干)이며 이를 천간(天干)이라 한다. 태극이 아홉 걸음을 마치고 다시 허무(虛無)로 돌아오면 그 수(數)는 10이며 여기서 돌이켜 일(一)을 굽어 황극수(皇極數) 5를 세고 보면, 또 다른 황극수 6을 얻게 된다. 그로써 6이 또한 황극이 되니 음양 강유의 법을 따라 땅의 도리에서 12의 지지(地支)를 얻는다. 그로써 하늘의 오행은 10간에서 통하고, 땅의 오행은 12지지에서 통한다. 천지가 합하여 그 중용의 변화를 하나로 귀일시키면 60간지(干支)가 성립된다. 이 오행의 법은 어길 수 없으니 천명(天命)의 흐름이며 인간에게 이르러서는 사주(四柱)와 그 인과(因果)의 운명이 된다. 10은 하늘이며 신(神)이니 정령(政令)을 주관하고, 12는 영물(靈物)이며 귀물(鬼物)이니 신살(神殺)을 주관한다.

일간(日干)은 점을 치려는 자에게 정령(政令)을 내리는 신(神)이며 일진(日辰)은 그 명을 이행하는 영물(靈物)이다. 일간(日干)이 갑을(甲乙)의 목(木)이면 청룡(靑龍)이 초효에 임(臨)하고, 병정(丙丁)의 화(火)이면 주작(朱雀)이 초효에 임(臨)하고, 무토(戊土)이면 초효에 구진(九陳)이 임하고, 기토(己土)이면 초효에 등사(螣蛇)가 임하고, 경신(庚辛)의 금(金)이면 백호(白虎)가 초효에 임하고, 임계(壬癸)의 수(水)이면 현무(玄武)가 초효에 임한다. 인간은 땅에 의탁하는 존재이니 방위(方位)에 구속되며 그 행(行)이 제약을 받는데, 방위를 주관하는 영물(靈物)이 신(神)이 정령(精靈)으로 나타나 인과(因果)의 법칙을 이행하면 사람이 이것을 이길 수 없다. 산신도(山神圖)에 산신령과 호랑이가 함께 있는데, 산신(山神)을 천간(天干)에 비유하면 호랑이는 지지(地支)에 비유할 수 있으니 바로 신(神)과 영물(靈物)의 차이점이다.

　본래 사람의 정신은 하늘에 연원(淵源)을 둔 신(神)의 자손이 되니 혼(魂)이라 하고, 몸은 땅 속에 연원을 둔 영물(靈物)의 자손이 되니 넋(魄)이라 하는데, 이 하늘의 혼(魂)과 땅의 넋을 매듭하여 하나의 굳건한 얼개를 이룬 것이 사람이다. 경사(經絲)는 하늘에서 내렸고, 위사(緯絲)는 땅에서 솟았으며 그로써 피륙처럼 매듭되어 새로운 천지의 문명이 된 것이 사람이다. 그런즉 모든 가르침에는 반드시 먼저 수신(修身)이 전제된다. 수신(修身)은 곧 인간의 내면에서 항상 꿈틀거리는 12의 금수(禽獸)를 발견하고 길들이는 과정이다. '발몽(發蒙)'은 자신의 내면에 있는 금수의 어리석음을 찾아내는 것이며, '회수(廻首)'는 인간의 내면에 살고 있는 금수(禽獸)가 양심과 도리를 향해 진실로 고개를 돌려 자성(自性)의 빛을 보고자 하는 것이며, '순복(馴伏)'은 인간의 내면에 살고 있는 금수(禽獸)가 수신(修身)이 반복된 끝에 스스로 양심과 도리를 준수하는 것이며, '무애(無碍)'는 혼(魂)과 백(魄)이 서로 초연하여 이미 두 존재 사이에 제재(制裁)라는 고삐를 버린 지 오래여서 서로 갈등하지 않는 것이며, '임운(任運)'은 그로써 혼백(魂魄)이 서로 생사(生死)를 초극하여 자신의 운명을 맡기는 것이다. 격몽(擊蒙)은 인간의 내면과 외면에 있는 모든 금수(禽獸)를 이겨내고 타파한 것이다. 천지의 넋은 열두 부류가 있으니 땅의 영물이며 오행(五行)에 따른다. 그 넋이 오행의 법에 순응하여 인간의 몸을 구성하니 오장(五臟)과 육부(六腑)의 속성이 되며 내외(內外)에 이르러 육친(六親)을 이룬다. 그 열두 가지 영물 가운데 으뜸은 소이며 소는 천지의 중추(中樞)에 그 고삐가 매이니 소를 기르는 것이

가장 크게 길하다. 이에 하늘이 '태을주(太乙呪)'를 내려 인문(人文)이 하늘에 가깝도록 하였으니 '백우(白牛)'의 흰 소가 천리(天理)와 함께 한다고 하였다.

　인간의 내면에 열 두 짐승의 단(丹)과 그 표(標)가 굳건히 살아 있으며 그것이 중용을 위반하고 나아가 하늘의 도리로써 이것이 제어(制御)되지 못한 자리를 역(易)에서는 '귀방(鬼方)'이라 하였으니 도리(道理)와 양심의 고삐를 쥔 목동(牧童)들이 모두 사라져 그 세상은 오직 황망(荒亡)할 뿐이다. 사람이 귀방(鬼方)에 떨어져 괴로운 나날을 보내야 하는 것을 '곤몽(困蒙)'이라 하였다. 도리를 모르고 난세를 반복함은 금수(禽獸)의 어리석음이니 몽(蒙)이며 그로써 고통에 떨어지는 것은 곤(困)이다. 이는 인간이 그 내면에 지닌 금수(禽獸)의 단(丹)을 제련(製鍊)하지 못했기 때문이니 암소를 기르고자 하는 것이 수신(修身)의 가장 큰 요체요 공덕이 된다. 인간의 내면에 있는 금수(禽獸)로서의 귀물(鬼物)은 결코 하루 아침에 그 다스림을 다할 수 없으니 반드시 점수(漸修)의 법에 따를 것이며, 그로서 '순치(順治)'에 이르고자 하면 마치 형벌을 받는 자세를 잃지 않아야 한다.

　하늘의 자손인 환웅(桓雄)이 천문(天文)을 가지고 땅에 내려와 그로써 인간의 문명을 여는데, 곰과 호랑이가 사람이 되기를 원했으므로 쑥과 마늘만 먹으며 100일을 동굴에서 견디면 금수(禽獸)를 버려 사람이 될 수 있다고 하였다. 곰이 100일을 견뎌 사람이 되었으니 웅녀(熊女)라 하였고, 호랑이는 그 호단(虎丹)을 버리지 못하고 다시 숲으로 돌아가니 금수(禽獸)에 머물렀다. 환웅(桓雄)께서 금수(禽獸)의 단(丹)을 이겨낸 웅녀(熊女)와 혼인하여 자손을 나으니 단군이며 한민족(韓民族)의 기원이다. 이것은 하늘과 땅이 천손(天孫)이라는 인간으로서의 제3의 인문(人文)을 연 사건을 신화라는 이야기로 남긴 것이다. 하늘이 천하의 여러 인류에게 동등한 기회를 주었으나 결과 웅족(熊族)은 천손(天孫)이 되었고 호족(虎族) 등은 그렇지 못했다. 하늘의 선택을 받은 천손(天孫)의 민족인 대한민국은 태극(太極)을 품었고 아리랑을 불러왔으며 수천년 간 가슴 속에 성스러운 삼위(三位)의 하느님을 모시고 우러렀다. 그 긴 고난의 여정이 오늘에 이르렀으니 추수(秋收)의 때가 임하여 반드시 원원한 축복의 결과가 있을 것이다.

　31. 한 생명으로 살지만 천지의 분별이 여하(如何)함을 알지 못하니 이를 중생(衆

生)이라 하며 알지 못하니 통(通)하지 못함은 당연한 귀결이다. 이에 인문(人文)이 각기 다른 방위와 때에 당하여서도 하늘의 도에 통하고자 함에 있어 수신과 그 정진(正進)을 멈추지 않았으니 금수(禽獸)를 버려 해탈(解脫)을 구한 뒤에 선법(仙法)으로 신선(神仙)이 나고, 불법(佛法)으로 부처가 나고, 유도(儒道)로써 천하의 성인(聖人)이 출현하여 수천년간 억조(億兆)의 중생이 의탁하고 기대는 기둥이 되었다. 그러나 과거의 여하한 법과 필자의 점찰법(占察法)은 다른 관점이라 생각하기를 바람이니 이는 필사의 관섬이 주역(周易)을 유가(儒家)의 한 가지 법과 대두리 안에 두지 않았기 때문이다. 그런즉 공자(孔子) 이전으로 돌아가 논거(論據)를 설파함이니 십익(十翼)이 훌륭한 전경(傳經)이나 그것을 거론하지 않음도 그와 같은 연고이다. 고대 성인(聖人)들의 관점을 찾아내어 오늘의 현재에 맞게 그 괘효사(卦爻辭)의 변통(變通)을 구하였으니 성괘(成卦)를 하고 변통된 효(爻)를 구하였다면 괘덕(卦德)에서 근본을 찾고, 효사가 가리키는 직지(直指)의 길에서 삶을 구하며, 신살(神殺)의 변화에서 음양의 변화가 어떠한가를 살필 것을 권한다. [주역 중통인의 진경]으로 괘효(卦爻)의 덕을 익혀 주역의 상세한 도덕을 헤아리고 꿰뚫어 진실로 세 하늘의 참된 가르침에 통(通)하기를 바라며, [주역점괘]로써 점찰법(占察法)을 일으켜 인과(因果)의 늪에 빠진 중생들에게 눈을 트게 하여 쓰러져가는 인문의 도덕(道德)을 다시 세울 수 있는 동기(動機)가 되었으면 한다.

2025년 4월 27일 문학리(文學里) 서봉산(捿鳳山)에서

차례

[서문(序文)] ··· 4

1. 중천건괘(重天乾卦) ··· 36
2. 중지곤괘(重地坤卦) ··· 40
3. 수뢰준괘(水雷屯卦) ··· 44
4. 산수몽괘(山水蒙卦) ··· 48
5. 수천수괘(水天需卦) ··· 52
6. 천수송괘(天水訟卦) ··· 56
7. 지수사괘(地水師卦) ··· 60
8. 수지비괘(水地比卦) ··· 64
9. 풍천소축괘(風天小畜卦) ··· 68
10. 천택리괘(天澤履卦) ··· 72
11. 지천태괘(地天泰卦) ··· 76
12. 천지비괘(天地否卦) ··· 80
13. 천화동인괘(天火同人卦) ··· 84
14. 화천대유괘(火天大有卦) ··· 88
15. 지산겸괘(地山謙卦) ··· 92
16. 뇌지예괘(雷地豫卦) ··· 96

17. 택뢰수괘(澤雷隨卦) · 100

18. 산풍고괘(山風蠱卦) · 104

19. 지택림괘(地澤臨卦) · 108

20. 풍지관괘(風地觀卦) · 112

21. 화뢰서합괘(火雷噬嗑卦) · 116

22. 산화비괘(山火賁卦) · 120

23. 산지박괘(山地剝卦) · 124

24. 지뢰복괘(地雷復卦) · 128

25. 천뢰무망괘(天雷无妄卦) · 132

26. 산천대축괘(山天大畜卦) · 136

27. 산뢰이괘(山雷頤卦) · 140

28. 택풍대과괘(澤風大過卦) · 144

29. 중수감괘(重水坎卦) · 148

30. 중화이괘(重火離卦) · 152

31. 택산함괘(澤山咸卦) · 156

32. 뇌풍항괘(雷風恒卦) · 160

33. 천산둔괘(天山遯卦) · 164

34. 뇌천대장괘(雷天大壯卦) · 168

35. 화지진괘(火地晉卦) · 172

36. 지화명이괘(地火明夷卦) · 176

37. 풍화가인괘(風火家人卦) · 180

38. 화택규괘(火澤睽卦) · 184

39. 수산건괘(水山蹇卦) · 188

40. 뇌수해괘(雷水解卦) · 192

41. 산택손괘(山澤損卦) · 196

42. 풍뢰익괘(風雷益卦) · 200

43. 택천쾌괘(澤天夬卦) · 204

44. 천풍구괘(天風姤卦) · 208

45. 택지췌괘(澤地萃卦) · 212

46. 지풍승괘(地風升卦) · 216

47. 택수곤괘(澤水困卦) · 220

48. 수풍정괘(水風井卦) · 224

49. 택화혁괘(澤火革卦) · 228

50. 화풍정괘(火風鼎卦) · 232

51. 중뢰진괘(重雷震卦) ··· 236

52. 중산간괘(重山艮卦) ··· 240

53. 풍산점괘(風山漸卦) ··· 243

54. 뇌택귀매괘(雷澤歸妹卦) ····································· 247

55. 뇌화풍괘(雷火豊卦) ··· 251

56. 화산려괘(火山旅卦) ··· 255

57. 중풍손괘(重風巽卦) ··· 259

58. 중택태괘(重澤兌卦) ··· 263

59. 풍수환괘(風水渙卦) ··· 267

60. 수택절괘(水澤節卦) ··· 271

61. 풍택중부괘(風澤中孚卦) ····································· 275

62. 뇌산소과괘(雷山小過卦) ····································· 279

63. 수화기제괘(水火既濟卦) ····································· 283

64. 화수미제괘(火水未濟卦) ····································· 287

[부록] ·· 291

1. 중천건괘(重天乾卦)

"乾(건)은 元亨利貞(원형이정)이니라."
-乾(건)은 元亨利貞(원형이정)의 네 가지를 덕행(德行)으로 삼느니라.

"name": "건지구(乾之姤) 초구(初九)"

"content": "깊이 은둔(隱遁)하여 아직 더 힘을 길러야 할 어린 용(龍)이니 천하를 향해 나아갈 수 없으리라. 나가면 무도(無道)한 음(陰)의 살풍(殺風)을 만나 흉하리라. 마른 돼지가 쇠말뚝에 매인 듯이 하고 또 미덥게 하여 갈 바를 얻지 못하게 하여야 흉을 면하리라."

子(孫) 寅(財) 辰(父) 午(官) 申(兄) 戌(父/世)

중천건괘 초구 乾金宮(건금궁) 六世(육세) **갑자(甲子) 수(水)**
천풍구괘 초육 乾金宮(건금궁) 初世(초세) **신축(辛丑) 토(土)**
土克水(토극수)이니 **官爻(관효)** 입궁

"name": "건지동인(乾之同人) 구이(九二)"

"content": "난세(亂世)의 광야(廣野)에 용(龍)이 나타나 밭을 개간하리니 그 대인을 만나면 이로우리라. 이때 광야의 동인(同人)이 만나야 할 사람을 찾아 만나지 않고 스스로 우두머리를 자처한다면 장차 한이 되리라."

子(孫) **寅(財)** 辰(父) 午(官) 申(兄) 戌(父/世)

종천건괘 구이 乾金宮(건금궁) **甲寅(갑인) 木(목)**
천화동인괘 육이 離火宮(이화궁) 三世(삼세) **己丑(기축) 土(토)**
木克土(목극토) 처신(妻神) **財神(재신) 入宮(입궁)**

"name" : "건지리(乾之履) 구삼(九三)"

"content" : "천지의 가을 저녁이 되니 신령한 호랑이가 추수(秋收)를 위하여 움직이리라. 이렇게 긴박한 때에 군자가 종일토록 건실(健實)하게 살았다 해도 시변(時變)의 연고(緣故)를 헤아려 두려워하면 위태롭겠으나 허물이 없으리라. 군자라 해도 천지의 연고(緣故)를 헤아림에는 대개 반쪽 혜안(慧眼)에 그치고, 행(行)에 이르러서는 신령한 호랑이의 발걸음에 미치지 못하리니, 앞서려 하고 또 능멸함에 이르면 그 사람을 물어 흉하리라."

子(孫) 寅(財) **辰(父)** 午(官) 申(兄) 戌(父/世)

중건천괘 구삼 乾金宮(건금궁) **甲辰(갑진) 土(토)**
천택리괘 육삼 艮土宮(간토궁) 五世(오세) **丁丑(정축) 土(토)**
土(토)土(토) **兄神(형신) 입궁**

"name" : "건지소축(乾之小畜) 구사(九四)"

"content" : "용(龍)이 심연(深淵)에 머물러 삼천(三千) 년간 쉬지 않고 도(道)를 익히더니 해탈(解脫)에 이르리라. 세상에 그 누구도 그 신령한 용이 하늘에 도약(跳躍)함을 모르고 심연(深淵)에서 유영(遊泳)함을 알지 못하니 그로써 허물을 면하느니라. 군자가 이렇듯 깊이 도(道)를 체득(體得)하되 천연의 미더움을 지니면 난세에 묻혀 살아도 피를 보지 않으며 두려움과 재앙을 멀리하게 되리라."

子(孫) 寅(財) 辰(父) **午(官)** 申(兄) 戌(父/世)

중천건괘 구사 乾金宮(건금궁) 육세 **壬午(임오) 火(화)**
풍천소축 육사 巽木宮(손목궁) 초세 **辛未(신미) 土(토)**
火生土(화생토) **孫神(손신) 입궁**

"name" : "건지대유(乾之大有) 구오(九五)"

"content" : "용(龍)이 날아 하늘에 오르니 풍운조화(風雲造化)와 뇌성벽력(雷聲霹靂)이 상서(祥瑞)로워서 천하가 크게 문명(文明)하고 또 원대(遠大)해지리라. 천하를 근심하는 왕이 대인을 만나 치세(治世)의 도리를 구하면 이로우리라. 왕으로서 미더움이 지극하며, 천하를 근심하여 사역(四域)에 걸쳐 두루 교분을 나누며, 그로써 참된 위엄을 드러내면 길하리라."

子(孫) 寅(財) 辰(父) 午(官) **申(兄)** 戌(父)

중건천괘 구오 乾金宮(건금궁) **壬申(임신) 金(금)**
화천대유괘 육오 乾金宮(건금궁) 三世(삼세) **己未(기미) 土(토)**
土生金(토생금)이니 **父神(부신) 입궁**

"name" : "건지쾌(乾之夬) 상구(上九)"

"content" : "높은 하늘 끝까지 오른 용이 결단(決斷)의 위기 앞에서 후회의 눈물을 흘리리라. 이미 그 과오(過誤)를 돌이킬 수 없어 호소할 바를 얻지 못하리니 마침내 흉하리라."

子(孫) 寅(財) 辰(父) 午(官) 申(兄) 戌(父)

중건천괘 상구 乾金宮(건금궁) **六世(육세) 壬戌(임술) 土(토)**
택천쾌괘 상육 坤土宮(곤토궁) 五世(오세) **정미(丁未) 토(土)**
토지토(土之土) **형신(兄神) 입궁**

2. 중지곤괘(重地坤卦)

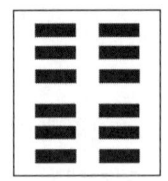

"坤(곤)은 元亨(원형)하고 利牝馬之貞(이빈마지정)이니 君子(군자)가 有攸往(유유왕)에 先(선)하면 迷(미)하고 後(후)하면 得主利(득주리)하니라. 西南得朋(서남득붕)이요 東北喪朋(동북상붕)이니 安貞(안정)하여야 吉(길)하리라."

- 坤(곤)은 크게 형통하고, 암말의 바른 자세라야 이로우니, 군자가 갈 바가 있어 앞에 나서면 어둡고 혼미하며, 뒤에 하면 주인을 얻어 이로우니라. 서남은 벗을 얻고 동북은 벗을 잃나니 安貞(안정)하여야 吉(길)하리라.

"name" : "곤지복(坤之復) 초육(初六)"

"content" : "날마다 서리를 밟아 나아가면 어느 날 굳은 얼음에 도달하여 있음을 알게 되리라. 모든 일에 마음과 정성(精誠)을 다하여 꾸준하게 수고를 드리면 머지 않아 인생이 회복되어 후회에 이르지 않으리라. 그러한 삶의 자세라야 크게 길하리라."

- 未(兄) 巳(父) 卯(官) 丑(兄) 亥(財) 酉(孫/世)

중지곤괘 초육 **坤土宮(곤토궁)** 六世(육세) **乙未(을미) 土(토)**
지뢰복괘 초구 坤土宮(곤토궁) 初世(초세) **庚子(경자) 水(수)**
土克水(토극수) **財神(재신)** 입궁

"name" : "곤지사(坤之師) 육이(六二)"

"content" : "전란(戰亂)의 위기에 당하여 그 중책(重責)을 맡은 장수의 인품(人品)이 곧고 방정하며 대범해야 익숙하지 못한 상황에 직면해도 불리하지 않으리라. 또 군대를 지휘함에는 반드시 중용(中庸)을 잃지 않아야 허물이 없으리라. 이런 장수를 각별하게 가려내어 왕이 국난(國亂)의 위기에 이르면 '세 번의 특명(特命)'을 내리게 되느니라."

未(兄) **巳(父)** 卯(官) 丑(兄) 亥(財) 酉(孫/世)

중지곤괘 육이 坤土宮(곤토궁) 六世(육세) **乙巳(을사) 火(화)**
지수사괘 구이 坎水宮(감수궁) 三世(삼세) **戊辰(무진) 土(토)**
火生土(화생토)이니 **孫神(손신)** 입궁

"name" : "곤지겸(坤之謙) 육삼(六三)"

"content" : "낮고 겸손한 군자가 훌륭한 문장(文章)을 머금고 가히 바르니 혹 왕업(王業)에 종사하겠으나 공훈(功勳)을 이루지 못한 채 마침을 두게 되리라. 겸손함을 마다하지 않고 스스로 책임을 다하며 그 고행(苦行)의 길을 포기하지 않고 다 마치면 길하리라."

未(兄) 巳(父) **卯(官)** 丑(兄) 亥(財) 酉(孫/世)

중지곤괘 육삼 坤土宮(곤토궁) 六世(육세) **乙卯(을묘) 木(목)**
지산겸괘 구삼 兌金宮(태금궁) 五世(오세) **丙申(병신) 金(금)**
金克木(금극목) 白虎(백호) **관효(官爻)** 입궁

"name" : "곤지예(坤之豫) 육사(六四)"

"content" : "군자가 섬겨야 할 주인을 만나고도 그 주머니 속에 감춰둔 기예

(技藝)를 그대로 두면 허물도 없고 영예(榮譽)도 없으리라. 천하를 향해 우레가 동(動)하면 이는 중행(中行)이요 곧 원대한 세상이 성취되리니 이 일을 의심하지 말라. 의심 없이 그 기예(技藝)를 드린 군자는 모두 관대(冠帶)를 두르리라."

未(兄) 巳(父) 卯(官) **丑(兄)** 亥(財) 酉(孫/世)

중지곤괘 육사 坤土宮(곤토궁) 六世(육세) **癸丑(계축)** 土(토)
뇌지예괘 구사 震木宮(진목궁) 初世(초세) **庚午(경오)** 火(화)
火生土(화생토)이니 **부효(父爻)** 입궁

"name" : "곤지비(坤之比) 육오(六五)"

"content" : "누런 치마와 같은 중덕(中德)으로 군신(君臣)이 하나 되어 천하를 고르고 덕화(德化)하리니 크게 길하리라. 참된 군신(君臣)의 도(道)가 천하에 드러날 때, 왕이 세 방향으로 쫓아 인문(人文)이 금수(禽獸)에 떨어짐을 막아내리라. 만일 이 인문의 이 세 가지 도리를 모두 버린 금수(禽獸)는 억지로 잡지 않고 놓치리니 그로써 읍인(邑人)이 경계하지 않아 길하리라."

未(兄) 巳(父) 卯(官) 丑(兄) **亥(財)** 酉(孫/世)

중지곤괘육오 坤土宮(곤토궁) 六世(육세) **癸亥(계해)** 水(수)
수지비괘 구오 坤土宮(곤토궁) 三世(삼세) **戊戌(무술)** 土(토)
土克水(토극수)이니 白虎(백호) **관효(官爻)** 입궁

"name" : "곤지박(坤之剝) 상육(上六)"

"content" : "운기(運氣)를 다한 천하가 난세(亂世)의 소용돌이 속으로 빠져

드니 양심과 도의(道義)가 망실(亡失)되어 세상은 거칠고 황량한 광야(廣野)와 같아지리라. 머리를 다투는 용들이 서로 전쟁을 버리며 모두 피를 흘리니 그 검고 또 누런 피가 광야에 흐르리라. 이렇듯 어지러운 때에 군자가 감히 불의(不義)하거나 그러한 큰 과실(果實)을 탐하여 먹지 않아야 하리니 이에 장차 수레에 오를 것이요 소인은 있던 오두막까지 훼손당하리라."

- 未(兄) 巳(父) 卯(官) 丑(兄) 亥(財) **酉(孫/世)**

중지곤괘 상육 坤土宮(곤토궁) **癸酉(계유) 金(금)**
산지박괘 상구 乾金宮(건금궁) 五世(오세) **壬戌(임술) 土(토)**
土生金(토생금)이니 **父母神(부모신)** 입궁

3. 수뢰준괘(水雷屯卦)

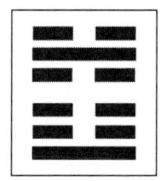

"屯(준)은 元亨利貞(원형이정)이니 勿用有攸往(물용유유왕)이요 利建候(이건후)니라."

- 屯(준)은 元亨利貞(원형이정)의 도리에 따름이니 갈 바가 있어도 쓸 수 없음이요 제후를 세우면 이로우니라.

"name" : "준지비(屯之比) 초구(初九)"

"content" : "새 터를 정하고 오래도록 그 땅을 다진 뒤에 초석(礎石)을 세우며 여기에 명패(名牌)를 새기니 바르게 머물러야 길하고 제후(諸侯)를 세우면 이로우리라. 천하의 기초(基礎)를 다지고 정(定)하는 일이니 미더워야 하고, 서로 친밀해야 허물이 없으리라. 미더움을 나눌 때는 마치 술잔에 술이 넘치듯 해야 하리니, 오랜 고생 끝에는 마침내 다른 길한 일들이 있으리라."

子(兄) 寅(孫/世) 辰(官) 申(父) 戌(官) 子(兄)
*財神 隱伏

수뢰준괘 초구 坎水宮(감수궁) 二世(이세) **庚子(경자) 水(수)**
수지비괘 초육 坤土宮(곤토궁) 三世(삼세) **乙未(을미) 土(토)**
土克水(토극수) 白虎(백호) **관효(官爻) 입궁**

"name" : "준지절(屯之節) 육이(六二)"

"content" : "새 문명의 동량목(棟樑木)이 되어야 할 사람이 징표(徵表)를 받고도 머뭇거리며 움직이지 않으며 현실에 안주(安住)하니 이는 여인이 바른 것을 고집하며 정작 혼인(婚姻)해야 할 짝을 두고 긴 세월을 낭비함과 다름이 없는 바라. 문밖에서 천하의 새살림이 들어설 터를 다지고 주춧돌을 놓으며 지주(支柱)를 세우는데, 군자가 그 머물던 문을 열고 나오지 않는다면 흉하리라."

子(兄) 寅(孫/世) 辰(官) 申(父) 戌(官) 子(兄)
*財神 隱伏

수뢰준괘육이 坎水宮(감수궁) 二世(이세) 庚寅(경인) 木(목)
수택절괘괘 구이 坎水宮(감수궁) 初世(초세) 丁卯(정묘) 木(목)
木之木(목지목)이니 兄神(형신) 입궁

"name" : "준지기제(屯之旣濟) 육삼(六三)"

"content" : "자신이 지닌 도량(度量)의 깊이와 그 한계를 정밀하게 돌아보아야 할 때라. 천하의 동량목(棟樑木)인지 아닌지 스스로 헤아려 헛된 탐욕을 징계하고 무리한 욕심을 거두는 것이 한(恨)을 면하는 길이라. 지금 사슴을 쫓으며 온통 그곳에 마음을 빼앗겨 홀로 깊은 산속으로 내달리고 있으니 멈추지 않으면 돌아오기 어려우리라. 고종(高宗)이 천하를 기제(旣濟)하여 결정하고자 멀리 건너 무도(無道)한 귀방(鬼方)을 정벌하리니 이러한 때에 소인은 쓰이지 못하리라."

子(兄) 寅(孫/世) 辰(官) 申(父) 戌(官) 子(兄)
*財神 隱伏

수뢰준괘 육삼 坎水宮(감수궁) 二世(이세) 庚辰(경진) 土(토)
수화기제 구삼 坎水宮(감수궁) 三世(삼세) 己亥(기해) 水(수)

土克水(토극수)이니 **妻神(처신)/財神(재신)** 입궁

"name" : "준지수(屯之隨) 육사(六四)"

"content" : "역사의 동량(棟樑)으로 광야를 달리는 말이 되니 아름다운 반(班)의 징표(徵表)가 있으리라. 군신(君臣)이 하나의 반(班)을 이룸은 남녀가 혼인함과 같으니 그로써 나아가면 길하여 이롭지 않음이 없으리라. 적극 따르며 도리(道理)에 머물러 분명을 밝히니 전체 무슨 허물이 있는가?"

子(兄) 寅(孫/世) 辰(官) 申(父) 戌(官) 子(兄)
*財神 隱伏

수뢰준괘 육사 감수궁 二世(이세) **戊申(무신)** 金(금)
택뢰수괘 구사 진뢰궁 三世(삼세) **丁亥(정해)** 水(수)
金生水(금생수)이니 **孫神(손신)** 입궁

"name" : "준지복(屯之復) 구오(九五)"

"content" : "개국(開國) 이래 나라의 기초(基礎)와 그 동량(棟樑)의 맥(脈)이 탄탄해지리니 조금씩 바르게 할 것이요 크게 바루고자 하면 흉하리라. 다만 그 회복을 도와 두텁게 해야 후회가 없으리라."

子(兄) 寅(孫/世) 辰(官) 申(父) 戌(官) 子(兄)
***財神**과 孫神 隱伏

수뢰준괘 구오 坎水宮(감수궁) 二世(이세) **戊戌(무술) 土(토)**
지뢰복괘 육오 坤土宮(곤토궁) 初世(초세) **癸亥(계해) 水(수)**
土克水(토극수)이니 **財神(재신)** 입궁

"name" : "준지익(屯之益) 상육(上六)"

"content" : "반(班)은 하나라는 징표를 두 사람이 나누어 미더움과 신뢰(信賴) 위에 올린 신표(信標)라. 만일 미더움과 신뢰가 무너지면 그것은 창과 무기가 되어 서로를 찌르는 도구로 전락할 것이니 흉(凶)하다 할 수밖에 없으리라. 어떤 이익이나 이로움도 천지와 더불어 한 맹약(盟約)의 도리를 넘지 못하리니 지난 과오(過誤)들을 돌아보며 깊이 참회함이 좋으리라."

子(兄) 寅(孫/世) 辰(官) 申(父) 戌(官) 子(兄)
*財神과 孫神 隱伏

수뢰준괘 육오 坎水宮(감수궁) 二世(이세) **戊子(무자) 水(수)**
풍뢰익괘 상구 巽木宮(손목궁) 三世(삼세) **辛卯(신묘) 木(목)**
水生木(수생목)이니 **孫神(손신) 입궁**

4. 산수몽괘(山水蒙卦)

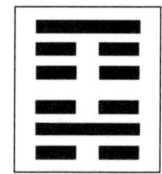

"蒙(몽)은 亨(형)하니 匪我求童蒙(비아구동몽)이요 童蒙求我(동몽구아)이니 初筮(초서)는 告(고)하고 再三(재삼)이면 瀆(독)이라. 瀆則不告(독즉불고)이니 利貞(이정)이니라."

- 몽(蒙)은 형통하니 내가 동몽을 구함이 아니요 동몽이 나를 찾아야 하리라. 초서(初筮)에는 일러주나 재삼(再三)하면 모독이라 일러주지 않으리니 바르게 해야 이로우리라.

"name" : "몽지손(蒙之損) 초육(初六)"

"content" : "흙 속에서 진귀한 원석(原石)을 캐내면 정밀한 제련(製鍊)에 들여 그 불순물을 버려야 하듯이 인생의 어리석음을 이끌어 냄과 동시에 잠재적 가치를 발굴하고 고양하기 위해서는 죄인이 형벌을 받는 자세로써 하면 이로우리라. 그러나 수갑과 형구(刑具)를 채우듯이 혹독하게 함은 도리어 해가 되리라. 자신을 깊이 성찰하여 버릴 것이면 빨리 버리고 취할 것이면 술잔에 술을 따르듯 공손하게 자아(自我)를 향해 들여야 하리라."

寅(父) 辰(孫) 午(兄) 戌(孫/世) 子(官) 寅(父)
*妻財 隱伏

산수몽괘 초육 離火宮(이화궁) 四世(사세) **戊寅(무인) 木(목)**
산택손괘 초구 艮土宮(간토궁) 三世(삼세) **丁巳(정사) 火(화)**
木生火(목생화)이니 **孫神(손신)** 입궁

"name" : "몽지박(蒙之剝) 구이(九二)"

"content" : "사리(事理)와 분별(分別)이 어지러운 난세(亂世)라. 몽매하고 어리석은 사람도 중덕(中德)을 내어 포용할 것이며 여인을 들이면 길하고, 자식이 일어나 집안을 잘 이끌게 되리라. 이때 몽매한 자들이 모여 세상일을 정(定)하고 또 설전(舌戰)을 벌이며 평상(平床)의 위아래를 분별치 못하도록 손상(損傷)시키니, 천하에 도의(道義)가 사라져 흉한 세상이 되리라."

寅(父) **辰(孫)** 午(兄) 戌(孫/世) 子(官) 寅(父)
*妻財隱伏

산수몽괘 구이 離火宮(이화궁) 四世(사세) **戊辰(무진) 土(토)**
산지박괘 육이 乾金宮(건금궁) 五世(오세) **乙巳(을사) 火(화)**
火生土(화생토)이니 **父母神(부모신)** 입궁

"name" : "몽지고(蒙之蠱) 육삼(六三)"

"content" : "삶에 대한 진지한 자각(自覺) 없이 살며 허물을 거듭 쌓아온 여인이라. 취해도 쓸 수 없으니 남자를 돈으로 간주하고 상대하여 그 몸이 온전치 못하므로 이로울 바 없으리라. 장부(丈夫)가 아비의 허물을 바로잡고자 하지만 중용(中庸)으로써 하지 못하니 조금 후회가 남는데 큰 허물은 되지 않으리라."

寅(父) 辰(孫) **午(兄)** 戌(孫/世) 子(官) 寅(父)
***妻財 隱伏**

산수몽괘 육삼 離火宮(이화궁) 四世(사세) **戊午(무오) 火(화)**
산풍고괘 구삼 巽木宮(손목궁) 三世(삼세) **辛酉(신유) 金(금)**

火克金(화극금)이니 **妻神(처신) 財神(재신)** 입궁

"name" : "몽지미제(蒙之未濟) 육사(六四)"

"content" : "귀방(鬼方)의 작은 나라 안에 갇혀 사는 형세(形勢)이니 도리(道理)는 전멸(全滅)하여 오직 안갯속의 한스러운 삶만을 연명할 뿐이라. 지독한 난세(亂世)가 따로 없으리라. 그럼에도 바르게 하려고 노력하면 길하리니 이러한 귀방(鬼方)를 내국(人國)이 방위하고 있지 않다가 그 악귀(惡鬼)의 근원을 정벌하기 때문이라. 삼 년이 걸리며 그 뒤에 공(功)이 있는 자에게 큰 상(賞)이 있으리라."

- 寅(父) 辰(孫) 午(兄) **戌(孫/世)** 子(官) 寅(父)
*妻財 隱伏

산수몽괘 육사 離火宮(이화궁) 四世(사세) **丙戌(병술) 土(토)**
화수미제괘 구사 離火宮(이화궁) 三世(삼세) **戊午(무오) 火(화)**
火生土(화생토)이니 **父母神(부모신)** 입궁

"name" : "몽지환(蒙之渙) 육오(六五)"

"content" : "난세(亂世)에 철부지 아이 같은 중생(衆生)이라도 구원의 왕을 만나면 길하리라. 환란(渙亂)이 세상을 덮칠 때 구원의 배가 나타나리니 그 위에 왕이 있어 피땀 흘리며 큰 소리로 외쳐 순박한 중생들을 부르리라. 큰 소리를 잘 듣고 그 배에 오르면 재앙을 면하리라."

寅(父) 辰(孫) 午(兄) 戌(孫/世) **子(官)** 寅(父)
***妻財 隱伏**

산수몽괘 육오 離火宮(이화궁)四世(사세) **丙子(병자) 水(수)**
풍수환괘 구오 離火宮(이화궁)五世(오세) **辛巳(신사) 火(화)**
水克火(수극화)이니 **財神(재신) 입궁**

"name" : "몽지사(蒙之師) 상구(上九)"

"content" : "극도의 난세를 깨뜨려 새 세상을 여는 때라. 난세에 무리를 이루어 도둑이 된 자들은 불리할 것이요 막고자 노력한 자들은 이로우리라. 이때 대군(大君)이 명(命)을 내려 나라를 다시 열고 가문(家門)을 잇는데, 소인을 쓰지 못하도록 하리라."

寅(父) 辰(孫) 午(兄) 戌(孫/世) 子(官) 寅(父)
*妻財隱伏

산수몽괘 상구 離火宮(이화궁) 四世(사세) **丙寅(병인) 木(목)**
지수사괘 상육 坎水宮(감수궁) 三世(삼세) **癸酉(계유) 金(금)**
金克木(금극목)이니 **白虎(백호) 관효(官爻) 입궁**

5. 수천수괘(水天需卦)

"需(수)는 有孚(유부)라야 光亨(광형)이니 貞吉(정길)하고 利涉大川(이섭대천)하니라."
- 구하며 기다림에는 미더움이 있어야 빛나고 형통하리니 바르게 해야 길하고 큰 내를 건넘이 이로우리라.

"name" : "수지정(需之井) 초구(初九)"

"content" : "간절한 마음으로 진리(眞理)를 구하는 군자라면 구읍(舊邑) 내(內)의 제도(制度)와 진열대에서 벗어나 교외(郊外)[4]에서 구해야 하리라. 장차 인문(人文)이 항구적으로 쓰며 그 이로움을 취하기에 적절한 우물이 있나니 그로써 재앙을 면하게 되리라. 구읍(舊邑)의 우물은 이미 오염되어 마실 수 없고, 그 오래된 우물은 금수(禽獸)조차 우물로 여기지 않음이라."

子(財) 寅(官) 辰(兄) 申(孫/世) 戌(兄) 子(財)
*父爻 隱伏

수천수괘 초구 坤土宮(곤토궁) 四世(사세) **甲子(갑자) 水(수)**
수풍정괘 초육 震木宮(진목궁) 五世(오세) **辛丑(신축) 土(토)**
土克水(토극수)이니 白虎(백호) **관효(官爻)** 입궁

"name" : "수지기제(需之旣濟) 구이(九二)"

---

[4] 수괘(需卦)에서 진리를 구하는 동기를 교외(郊外)의 우물에서 찾으라 하는 것이며, 그 결과는 소축괘(小畜卦)의 자아서교(自我西郊)와 통하게 된다.

"content" : "이미 얻고 다시 구하고자 함이니 모래 펄에서 집을 짓고자 함과 같아 구설이 있으리라. 중용을 잃지 않으면 마침내 길하리라. 아녀자가 수레에 올라 다시 건너려 하면 그 휘장만 잃어버리리라. 쫓지 않으면 칠 일 만에 다시 얻음이 있으리라. 어떤 간절함이 있으나 그로써 강을 건너는 일은 실로 두렵고 위험한 일이니 항상 중용(中庸)의 저울을 지니어 놓지 않아야 하리라."

子(財) 寅(官) 辰(兄) 申(孫/世) 戌(兄) 子(財)
*父爻 隱伏

수천수괘 구이 坤土宮(곤토궁) 四世(사세) 甲寅(갑인) 木(목)
수화기제괘 육이 坎水宮(감수궁) 三世(삼세) 己丑(기축) 土(토)
木克土(목극토)이니 妻神(처신) 財神(재신) 입궁

"name" : "수지질(需之節) 구삼(九三)"

"content" : "도리(道理)를 버린 세상은 마치 진흙과 같아 그 혼탁한 현장(現場)에 도둑이 들어오리라. 그 담장 둘레가 다만 형식적이며 정연하지 못하고 어지러워 제 역할을 하지 못하나 재앙에 이르지는 않으리라."

水天需卦(수천수괘) 六親(육친)

子(財) 寅(官) 辰(兄) 申(孫/世) 戌(兄) 子(財)
*父爻 隱伏

수천수괘 구삼 坤土宮(곤토궁) 四世(사세) 甲辰(갑진) 土(토)
수택절괘 육삼 坎水宮(감수궁) 初世(초세) 丁丑(정축) 土(토)
土之土(토지토)이니 兄神(형신) 입궁

"name" : "수지쾌(需之夬) 육사(六四)"

"content" : "때를 얻었으면 이제 짓눌렸던 모든 위기를 결단함으로써 벗어나야 하리니 군자가 비책(祕策)을 가지고 동굴에서 나와야 하리라. 그가 광야에 방치되어 있어 위태로운 지경에 이른 양 떼를 잘 인도하리니 따른다면 후회가 없으리라. 그러나 진정한 구원의 소식을 듣고도 그들은 믿지 않으리라. 세상에 이 새 소식이 나오거든 반드시 믿어야 하리라."

子(財) 寅(官) 辰(兄) **申(孫/世)** 戌(兄) 子(財)
*父爻 隱伏

수천수괘 육사 坤土宮(곤토궁) 四世(사세) **戊申(무신) 金(금)**
택천쾌괘 구사 坤土宮(곤토궁) 五世(오세) **丁亥(정해) 水(수)**
金生水(금생수)이니 **孫神(손신)** 입궁

"name" : "수지태(需之泰) 구오(九五)"

"content" : "새 하늘이 내려와 곧 모든 소원(訴願)이 이루어지리니 공경하고 술과 음식으로 하늘과 신도(神道)를 또 공경하며 바르게 하면 길하리라. 옛적에 제을(帝乙) 임금이 평민에게 공주를 시집보내므로 천하가 두루 복되고 크게 길하였음을 돌이켜 헤아리면 되리라."

子(財) 寅(官) 辰(兄) 申(孫/世) **戌(兄)** 子(財)
*父爻 隱伏

수천수괘 구오 坤土宮(곤토궁) 四世(사세) **戊戌(무술) 土(토)**
지천태괘 육오 坤土宮(곤토궁) 三世(삼세) **癸亥(계해) 水(수)**
土克水(토극수)이니 **妻神(처신) 財神(재신)** 입궁

"name" : "수지소축(需之小畜) 상육(上六)"

"content" : "교외(郊外)의 동굴 속으로 들어갔음이니 옥(獄)에 갇힌 듯 긴 세월을 살았으리라. 옛적에 문왕(文王)이 동굴에 갇혀 천하의 문명을 지으니 384효(爻)의 조화요 현인(賢人) 세 사람이 찾아와 이를 공경하고 천하를 위해 밝히니 마침내 길해졌다 하니라. 서쪽 숲에 가려진 주나라 영지(領地)에 그 문명이 단비처럼 내려 번성하였음은 이 덕(德)을 숭상하여 수레에 실어 널리 폈기 때문이라. 아녀자의 도리를 주장하며 백이(伯夷)나 숙제(叔齊)와 같이 고집한 이들도 있었으나 달은 이미 밝았으니 군자라도 그 문명의 말고삐를 돌리고자 지나치게 행동함은 흉하리라."

子(財) 寅(官) 辰(兄) 申(孫) 戌(兄) 子(財)
*父爻 隱伏

수천수괘 상육 坤土宮(곤토궁) 四世(사세) **戊子(무자) 水(수)**
풍천소축괘 상구 巽木宮(손목궁) 初世(초세) **辛卯(신묘) 木(목)**
水生木(수생목)이니 **孫神(손신)** 입궁

6. 천수송괘(天水訟卦)

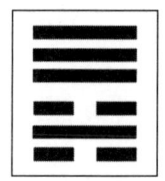

"訟(송)은 有孚(유부)라도 窒惕(질척)하니라. 中(중)은 吉(길)하나 終(종)은 凶(흉)하니 利見大人(이견대인)이요 利涉大川(이섭대천)하니라."
- 소송은 미더움이 있게 해도 통하지 못하고 두려운 것이라. 중간에는 길하다기 마침에는 흉하니 대인을 만나면 이로우며 큰 내를 건너면 이로우리라.

"name" : "송지리(訟之履) 초육(初六)"

"content" : "구설(口舌)과 다툼을 면하고자 하면 그 삶을 소박하게 꾸밀 것이라. 설령 무슨 일이 있어 쟁론(諍論)에 든다 해도 그것은 좋은 해결책이 아니니 길게 가려는 마음을 접고 대응하면 마침내 길하여 허물이 없게 되리라."

寅(父) 辰(孫) 午(兄) 午(兄/世) 申(財) 戌(孫)
*官爻 隱伏

천수송괘 초육 離火宮(이화궁) 四世(사세) **戊寅(무인) 木(목)**
천택리괘 초구 艮土宮(간토궁) 五世(오세) **丁巳(정사) 火(화)**
木生火(목생화)이니 **孫神(손신) 입궁**

"name" : "송지비(訟之否) 구이(九二)"

"content" : "다투어 이길 수 없는 상대와 분쟁이 났으니 물러나 달아나되, 그 읍인(邑人)의 호구(戶口) 수가 삼백(三百) 호 정도는 되어야 재앙을 면하리라. 외통수에 걸린 처지가 되어 상대의 요구 조건을 받아들이니, 소인은 내심으로 타협하여 길하고, 대인은 그렇지 못하여 막히나 장차 살길은 있어 형통하리라."

- 寅(父) 辰(孫) 午(兄) 午(兄/世) 申(財) 戌(孫)
*官爻 隱伏

천수송괘 구이 離火宮(이화궁)四世(사세) 戊辰(무진) 土(토)
천지비괘 육이 乾金宮(건금궁)三世(삼세) 乙巳(을사) 火(화)
土生火(토생화)이니 父母神(부모신) 입궁

"name" : "송지구(訟之姤) 육삼(六三)"

"content" : "신(新)과 구(舊)가 부딪혀 싸움에 밤낮을 구분하지 않고 있으니 저 비쩍 마른 엉덩이가 앉았나 일어났나 하며 비척거리듯 하리라. 이러한 난세에 구덕(舊德)이 좋고 구관(舊官)이 명관(名官)이라 하였으니 취할 것이요 바른 도리를 고집하면 염려가 될 것이나 마침내는 길하리라. 판이 어지러운데 정치(政治)가 공(功)을 성취하지 못하리니 정치에 종사(從仕)하는 자가 그로써 이룰 것은 없으리라."

寅(父) 辰(孫) 午(兄) 午(兄/世) 申(財) 戌(孫)
*官爻 隱伏

천수송괘 육삼 離火宮(이화궁) 四世(사세) 戊午(무오) 火(화)
천풍구괘 구삼 乾金宮(건금궁) 初世(초세) 辛酉(신유) 金(금)
火克金(화극금)이니 妻神(처신) 財神(재신) 입궁

"name" : "송지환(訟之渙) 구사(九四)"

"content" : "감히 다투려고 나아가면 위험에 빠지리니, 돌아와 명(命)을 받을 것이며, 대(對)하는 태도를 근본적으로 바꾸어야 하리라. 천하에 환란(渙亂)이 자심해지고 있는 때에, 오직 안정(安定)을 구하는 것이 제일의 원칙이며, 바르게 해야 무리가 모두 길하게 되리라. 환란에 저편의 무리가 크게 길하리니, 인덕에 올라 있기 때문이요 이것은 평이하게 생각할 바가 아니리라."

- 寅(父) 辰(孫) 午(兄) **午(兄/世)** 申(財) 戌(孫)
*官爻 隱伏

천수송괘 구사 離火宮(이화궁) **四世**(사세) **壬午**(임오) **火**(화)
풍수환괘 육사 離火宮(이화궁) 五世(오세) **辛未**(신미) **土**(토)
火生土(화생토)이니 **孫神**(손신) 입궁

"name" : "송지미제(訟之未濟) 구오(九五)"

"content" : "상대와 직접 싸우지 않고도 그 분쟁(分爭)의 국면을 해소(解消)할 수 있으리니 크게 길하리라. 분쟁의 국면에 들었다 해도 상대와 최소한의 선(線)을 넘지 않고 바른 도리를 잘 지켜내면 길(吉)하고 후회가 없으리라. 군자의 지혜가 빛을 발하리니 미더움이 있게 대처하면 길하리라."

寅(父) 辰(孫) 午(兄) 午(兄/世) **申(財)** 戌(孫)
*官爻 隱伏

천수송괘 구오 離火宮(이화궁) 四世(사세) **壬申**(임신) **金**(금)
화수미제 육오 離火宮(이화궁) 三世(삼세) **己未**(기미) **土**(토)
土生金(토생금)이니 **父母神**(부모신) 입궁

"name" : "송지곤(訟之困) 상구(上九)"

"content" : "조회(朝會)를 마치기까지 관대(冠帶)를 세 번 하사(下賜)받았다가 도로 세 번 빼앗겼다고 하니, 이는 과도한 욕심으로 자신의 공훈(功勳)만을 높이며 다투었기 때문이라. 싸움이 나면 이에 편승(便乘)하며 그 판을 더 키우는 인사(人事)가 있으니, 결국 칡넝쿨에 걸려 위태로움에 빠지게 될 뿐이라. 그렇게 움직인 뒤에는 대개 후회에 이를 뿐이니, 지난 상황을 잘 뉘우쳐 이를 속히 정리하고자 움직이면 길하리라."

- 寅(父) 辰(孫) 午(兄) 午(兄/世) 申(財) 戌(孫)
*官爻 隱伏

천수송괘 상구 離火宮(이화궁) 四世(사세) 壬戌(임술) 土(토)
택수곤 상육 兌金宮(태금궁) 初世(초세) 丁未(정미) 土(토)
土之土(토지토) 兄神(형신) 입궁

7. 지수사괘(地水師卦)

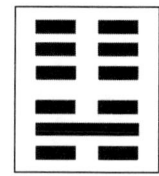

"師(사)는 貞(정)이니 丈人(장인)이라야 吉(길)코 无咎(무구)리라."
- 군병을 시휘함은 바른 도리에 따를 것이며 丈人(장인)이라야 길하여 재앙을 면하게 되리라.

"name" : "사지림(師之臨) 초육(初六)"

"content" : "전쟁의 위기 속에서 생존(生存)을 위해 다 함께 임(臨)하여 혼신(渾身)으로 전력(全力)하는 일이니 군대의 기율(紀律)이 조금이라도 해이(解弛)해지면 안 되리라. 선한 군대라도 기율(紀律)이 없으면 쉽게 무너지는 법이니 이를 주의 깊게 생각해야 하리라. 살(殺)과 독(毒)을 버린 군대는 위기 속에서 결코 생존을 보장할 수 없으리라."

寅(孫) 辰(官) 午(財/世) 丑(官) 亥(兄) 酉(父)

지수사괘 초육 坎水宮(감수궁) 三世(삼세) 戊寅(무인) 木(목)
지택림괘 초구 坤土宮(곤토궁) 二世(이세) 丁巳(정사) 火(화)
木生火(목생화)이니 孫神(손신) 입궁

"name" : "사지곤(師之坤) 구이(九二)"

"content" : "군대를 지휘할 장수(將帥)는 마땅히 중덕(中德)이 있어야 길하고 허물이 없으리라. 전란(戰亂)이 일어나면 왕은 바로 이러한 장수(將帥)를 세워 세 번의 특명(特命)을 발동(發動)해야 하리라. 중덕(中德)이 있는 장수

(將帥)가 또한 곧고 방정하며 바탕이 크다면 익숙하지 않은 불측(不測)의 전시(戰時) 상황을 마주한다 해도 그 대응함에 이롭지 않음이 없으리라."

寅(孫) 辰(官) 午(財/世) 丑(官) 亥(兄) 酉(父)

지수사괘 구이 坎水宮(감수궁) 三世(삼세) 戊辰(무진) 土(토)
중곤지괘 육이 坤土宮(곤토궁) 六世(육세) 乙巳(을사) 火(화)
火生土(화생토)이니 **父母神(부모신)** 입궁

"name" : "사지승(師之升) 육삼(六三)"

"content" : "전란(戰亂)이 무섭게 격화(激化)되어 수레에 병사들의 시체를 실어나르기 바빠지니 흉하리라. 처절한 전쟁을 겪고 나니 그 나라는 황폐해지고 옛 문명이 있던 자리에 흉(凶)한 재만 남게 되리라."

寅(孫) 辰(官) **午(財/世)** 丑(官) 亥(兄) 酉(父)

지수사괘 육삼 坎水宮(감수궁) **三世(삼세)** 戊午(무오) 火(화)
지풍승괘 구삼 震木宮(진목궁) 四世(사세) 庚辰(경진) 土(토)
火生土(화생토)이니 **孫神(손신)** 입궁

"name" : "사지해(師之解) 육사(六四)"

"content" : "전쟁이 수그러드니 병사들을 점차 자신의 기지(基地)로 돌이켜 귀환시켜도 재앙은 더 일어나지 않으리라. 수장(首將)이 다시 정상적인 지위로 복귀(復歸)하고 소실 되었던 병력이 보충되어 군제(軍制)가 완성되니 이에 나라가 다시 미더워지리라. 좌차(左次)란 군(軍)을 차서(次序)와 전례(典例)에 따라 주둔시킴이라."

- 寅(孫) 辰(官) 午(財/世) 丑(官) 亥(兄) 酉(父)

지수사괘 육사 坎水宮(감수궁) 三世(삼세) 癸丑(계축) 土(토)
뇌수해괘 구사 震木宮(진목궁) 二世(이세) 庚午(경오) 火(화)
火生土(화생토)이니 **父母神(부모신) 입궁**

"name" : "사지감(師之坎) 육오(六五)"

"content" : "니라에 전쟁이 빌빌하고 전시제제(戰時體制)가 가동된 상황이니 최고의 지휘 통솔자가 정해져 긴급히 필요한 훈령(訓令)을 발동해야 하리라. 만일 능력이 미치지 못하는 자가 그 책임을 맡는다면 패하여 수레로 시신을 옮기기에 급급하리니 바른 결정이라 해도 흉(凶)하리라. 위기가 빠르게 전개되고 있으니 속히 평정할 방도를 얻어야 무탈하리라."

寅(孫) 辰(官) 午(財/世) 丑(官) **亥(兄)** 酉(父)

지수사괘 육오 坎水宮(감수궁) 三世(삼세) 癸亥(계해) 水(수)
重坎水卦(중감수괘) 坎水宮(감수궁) 六世(육세) 戊戌(무술) 土(土)
土克水(토극수)이니 **白虎(백호) 관효(官爻) 입궁**

"name" : "사지몽(師之蒙) 상육(上六)"

"content" : "대군(大君)이 지극한 혼돈(混沌)으로 점철된 난세를 평정하고 나라를 다시 열게 되리라. 혁명을 완결한 뒤에 명(命)을 내려 개국승가(開國承家)에 소인(小人)을 들이지 못하게 하리라. 난세에 소인은 도적(盜賊)이 되고 군자는 이를 막아내는 방패가 되리니 막는 자는 이롭고 도적이 된 자는 장차 이롭지 못하리라."

寅(孫) 辰(官) 午(財/世) 丑(官) 亥(兄) **酉(父)**

지수사괘 상육 坎水宮(감수궁) 三世(삼세) **癸酉(계유) 金(금)**
산수몽괘 상구 離火宮(이화궁) 四世(사세) **丙寅(병인) 木(목)**
金克木(금극목)이니 **妻神(처신)/財神(재신) 입궁**

8. 수지비괘(水地比卦)

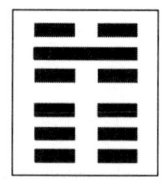

"比(비)는 吉(길)하니 原筮(원서)하여 元永貞(원영정)이면 无咎(무구)라. 不寧方來(불영방래)하니 後夫(후부)는 凶(흉)이리."
 - 君臣(군신)의 도리로써 친밀히 돕는 것은 길하니 그 근원을 점쳐서 크고 영원히 바르게 하면 허물이 없으리라. 천하에 어두운 시절이 바야흐로 노래하는 때에 뒤늦은 장부는 흉하리라.

"name" : "비지준(比之屯) 초육(初六)"

"content" : "역사의 동량(棟樑)이 출현(出現)하여 천하의 초석(楚石)을 다지니 미더움을 다하여 그를 돕는다면 허물이 없으리라. 진실된 마음으로 미더움을 더하여 그 잔을 채워라. 마침내는 어떤 길한 일들이 있으리라. 천하의 기초를 다지고 또 다지기를 마치 단단하고 넓은 바위처럼 하여 그 자리에 새 이름을 새기니 바르게 머문다면 이롭고 제후를 세우면 이로우리라."

未(兄) 巳(父) 卯(官/世) 申(孫) 戌(兄) 子(財)

수지비괘 초육 坤土宮(곤토궁) 三世(삼세) **乙未(을미) 土(토)**
수뢰준괘 초구 坎水宮(감수궁) 二世(이세) **庚子(경자) 水(수)**
土克水(토극수) **妻神(처신)/財神(재신)**

"name" : "비지감(比之坎) 육이(六二)"

"content" : "신하가 그 군(君)을 돕는 데 떳떳하지 못하여 은밀하게 함이니 바른 것이라면 길하리라. 시절(時節)은 험(險)하고, 그 군(君)이 위기에 처하여 도움을 요청하며 또 기다리지만 견제(牽制)가 극심하여 드러내지 못하므로 바라는 만큼 얻지 못하리라."

未(兄) **巳(父)** 卯(官) 申(孫) 戌(兄) 子(財)

수지비괘 육이 坤土宮(곤토궁) 三世(삼세) **乙巳(을사)** 火(화)
중감수괘 구이 坎水宮(감수궁) 六世(육세) **戊辰(무진) 土**(토)
火生土(화생토)이니 **孫神(손신)** 입궁

"name" : "비지건(比之蹇) 육삼(六三)"

"content" : "그가 어떤 겁재(劫災)를 겪고 있는데 그를 도울 수 있는 처지나 입장이 못 되어 돕지 못하리라. 겁재를 해소하려고 애를 쓰며 노력하지만 어쩌지 못하고 처음 자리로 되돌아오리라."

- 未(兄) 巳(父) **卯(官)** 申(孫) 戌(兄) 子(財)

수지비괘 육삼 坤土宮(곤토궁) 三世(삼세) **乙卯(을묘) 木**(목)
수산건괘 구삼 兌金宮(태금궁) 四世(사세) **丙申(병신) 金**(금)
金克木(금극목)이니 **官爻(관효)** 입궁

"name" : "비지췌(比之萃) 육사(六四)"

"content" : "밖에 있어도 그 신탁(神託)의 무리를 도와야 하리라. 서로 친밀히 손을 잡고 돕는 것이니 바르게 하면 길하리라. 무리가 서로 도우니 한 곳에 어려움이 있으면 다른 곳에서 도움을 들일 수 있어 크게 길하고 허물이 없으리라."

水地比卦(수지비괘) 六親(육친)

- 未(兄) 巳(父) 卯(官) **申(孫)** 戌(兄) 子(財)

수지비괘 육사 坤土宮(곤토궁) 三世(삼세) **戊申(무신)** 金(금)
택지췌괘 구사 兌金宮(태금궁) 二世(이세) **丁亥(정해)** 水(수)
金生水(금생수)이니 **孫神(손신)** 입궁

 "name" : "비지곤(比之坤) 구오(九五)"

 "content" : "군신(君臣)이 천하에 누런 중용의 도(道)를 드러내리라. 왕이 천하의 삼법(三法)으로 세 방향에서 말몰이를 하다가 앞에서 금수를 놓치니 읍인(邑人)이 경계하지 않아 길하리라. 군신이 이처럼 천하를 중용(中庸)의 도리로 경영하니 마치 모성(母性)의 넓고 누런 치마와 같아서 크게 길하리라."

水地比卦(수지비괘) 六親(육친)

- 未(兄) 巳(父) 卯(官) 申(孫) **戌(兄)** 子(財)

수지비괘 구오 坤土宮(곤토궁) 三世(삼세) **戊戌(무술)** 土(토)
중곤지괘 육오 坤土宮(곤토궁) 六世(육세) **癸亥(계해)** 水(수)
土克水(토극수)이니 妻神(처신) **財神(재신)** 입궁

 "name" : "비지관(比之觀) 상육(上六)"

 "content" : "장차 흉운(凶運)의 겁재(劫災)가 진탕(震蕩)하듯 닥칠 것인데, 그를 돕는다고는 하지만, 시변(時變)의 난세(亂世)에 머리가 될 수 없으리니 흉(凶)하리라. 이때 오직 관괘(觀卦)의 이치(理致)로써 살펴 생로(生路)를 구해

야 하리니 천지 사시(四時)와 신도(神道)에 밝은 군자라야 허물이 없으리라."

水地比卦(수지비괘) 六親(육친)

- 未(兄) 巳(父) 卯(官) 申(孫) 戌(兄) 子(財)

수지비괘 상육 坤土宮(곤토궁) 三世(삼세) **戊子(무자) 水(수)**
풍지관괘 상구 乾金宮(건금궁) 四世(사세) **辛卯(신묘) 木(목)**
水生木(수생목)이니 **孫神(손신) 입궁**

9. 풍천소축괘(風天小畜卦)

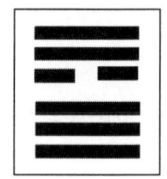

"小畜(소축)은 亨(형)하니 密雲不雨(밀운불우)에 自我西郊(자아서교)니라."
- 수고하여 조금씩 功德(공덕)을 쌓음이 형통하니, 구름 가득함에도 비를 이루지 못하는 때에 내가 서쪽 교외로부터 하리라.

"name" : "소축지손(小畜之巽) 초구(初九)"

"content" : "노력하여 인생을 복되게 하는데 날마다 바람이 도우리라. 인생이 절로 회복되어 가리니 무슨 어려움과 허물이 있겠는가? 길을 정하기까지 숙고(熟考)하여 생각하되 정해지면 그 방향이 어디든 고수하여 정진(正進)하기를 무인의 올곧은 기개와 같게 해야 하리라."

- 子(父/世) 寅(兄) 辰(財) 未(財) 巳(孫) 卯(兄)
*官爻隱伏

풍천소축괘 초구 巽木宮(손목궁) 初世(초세) 甲子(갑자) 水(수)
중손풍괘 초육 巽木宮(손목궁) 六世(육세) 辛丑(신축) 土(토)
土克水(토극수)이니 官爻(관효) 입궁

"name" : "소축지가인(小畜之家人) 구이(九二)"

"content" : "가족이 어려움에 처했을 때, 회복할 수 있도록 도움을 드림이 길하리라. 돕는 데 특별한 일을 찾아 나갈 바가 아니요 어려운 때를 당하여 그 의식주(衣食住)를 서로 견고하게 하여 흔들리지 않도록 함으로써 삶이 중도

(中道)에 머물러 기울어지지 않도록 해야 할 일이라. 힘써 바른 도리를 잃지 않도록 하면 길하리라."

- 子(父/世) **寅(兄)** 辰(財) 未(財) 巳(孫) 卯(兄)
 *官爻隱伏

풍천소축괘 구이 巽木宮(손목궁) 初世(초세) **甲寅(갑인) 木(목)**
풍화가인괘 육이 巽木宮(손목궁) 二世(이세) **己丑(기축) 土(토)**
木克土(목극토)이니 **妻神(처신)/財神(재신)** 입궁

"name" : "소축지중부(小畜之中孚) 구삼(九三)"

"content" : "마음에 상처를 남기며 서로 미더움을 저버리는 언행(言行)을 반복함은 대개 중도(中道)를 지나치기 때문이라. 수레의 중심을 굳건하게 잡아주는 복토(輹)는 눈에 잘 보이지 않는 물건이지만, 이것이 수레의 이면(裏面)에서 굴대를 잡지 못하면 수레가 멈추듯이, 중용(中庸)을 지키지 못하면 신뢰(信賴)를 잃게 되어 부처(夫妻)가 함께 있어도 서로 반목(反目)하게 되리라. 반목(反目)이 커지면 서로 원수와 다름이 없게 되어, 서로 깨트리려 하고, 또 상처 주기를 반복하여 흐느끼게 하며, 또 비웃어 노래하리라."

- 子(父/世) 寅(兄) **辰(財)** 未(財) 巳(孫) 卯(兄)
 *官爻隱伏

풍천소축괘 구삼 巽木宮(손목궁) 初世(초세) **甲辰(갑진) 土(토)**
풍택중부 육삼 艮土宮(간토궁) 四世(사세) **丁丑(정축) 土(토)**
土之土(토지토)이니 **兄神(형신)** 입궁

"name" : "소축지건(小畜之乾) 육사(六四)"

"content" : "큰 수신(修身)을 이루었으니 미덥고 장한 군자라. 그러나 때가 위태로운 고로 출사(出仕)에 임하면 자칫 피를 부르는 위기를 만날 수도 있으리라. 신비로운 연못에 한 마리 용이 살고 있는데, 떠나지 않고 늘 그곳에 머물러 있음은 구름이 가까워 안개를 부린다 해도 은밀히 오르기에 좋고, 못이 아득히 깊어 위급한 때에도 근심이 없기 때문이니라."

- 子(父/世) 寅(兄) 辰(財) **未(財)** 巳(孫) 卯(兄)
 *官爻隱伏

풍천소축 육사 巽木宮(손목궁) 初世(초세) **辛未(신미) 土(토)**
중건천괘 구사 乾金宮(건금궁) **壬午(임오) 火(화)**
火生土(화생토) **父母神(부모신) 입궁**

"name" : "소축지대축(小畜之大畜) 구오(九五)"

"content" : "매일 공(功)을 들여 그 덕(德)을 쌓아 올림이 미더워지더니 점차 사람들의 발걸음이 날로 더해져 부유함으로 넉넉히 이웃하게 되리라. 부(富)를 일구어 가며 살을 찌우는 모양을 보니 거세된 돼지가 그 어금니로 음식을 먹어 치우는 듯하여 참으로 길하리라."

- 子(父/世) 寅(兄) 辰(財) 未(財) **巳(孫)** 卯(兄)
*官爻隱伏

풍천소축 구오 巽木宮(손목궁) 初世(초세) **辛巳(신사) 火(화)**
산천대축괘 육오 艮土宮(간토궁) 二世(이세) **丙子(병자) 水(수)**
水克火(수극화)이니 **官爻(관효) 입궁**

"name" : "소축지수(小畜之需) 상구(上九)"

"content" : "암주(暗主)가 천하를 어지럽힐 때 문왕이 동굴에 갇혔으나 일심(一心)으로 384효(爻)의 밝은 도리를 구하였나니 처음에는 서쪽 교외에서 비를 지어 주나라가 먼저 그 후택(厚澤)을 얻게 되었느니라. 주나라가 역경(易經)의 큰 도리를 숭상하여 이것을 수레에 싣고 치세(治世)의 큰 덕목으로 삼아 천하를 위한 초석(楚石)을 다지니, 이때 어떤 군자들은 이를 외면한 채 난세의 주범인 암주(暗主)를 고집하였다가 도리어 위태로움에 빠지게 되었느니라. 주나라 문명의 덕이 어둠 속에서 점차 일어나 거의 보름에 이르렀음에도 마음을 돌이키지 않은 채 정벌하려 한 인사가 있었는데 흉한 결과를 맞았느니라. 처음 문왕이 동굴 속에 갇혀 있을 때 천하를 근심한 세 사람의 현자(賢者)가 찾아와 이것을 공경하였으므로 주나라의 문명이 역사의 초석(礎石)이 되었고 천하가 모두 길하게 되었으니 이 교훈을 오늘 잘 새겨야 하리라."

- 子(父) 寅(兄) 辰(財) 未(財) 巳(孫) 卯(兄)
*官爻隱伏

풍천소축괘 상구 巽木宮(손목궁) 初世(초세) 辛卯(신묘) 木(목)
수천수괘 상육 坤土宮(곤토궁) 四世(사세) 戊子(무자) 水(수)
水生木(수생목)이니 **父母神(부모신)** 입궁

10. 천택리괘(天澤履卦)

"履虎尾(이호미)라도 不咥人(부질인)하니 亨(형)이라."
- 호랑이 꼬리를 밟아도 그 사람을 물지 않으니 형통하리라.

"name" : "이지송(履之訟) 초구(初九)"

"content" : "사명(使命)을 감당하기에 우월적 입장이나 역량이 되지 못하여 잦은 충돌과 시비(是非)에 걸리니 소박하게 움직여 실행(實行)하면 허물이 없으리라. 분쟁이나 시비가 생겨도 오래 끌지 않으면 조금 말썽이 있어도 마침내 길하리라."

- 巳(父) 卯(官) 丑(兄) 午(父) 申(孫/世) 戌(兄)
*妻財 隱伏

천택리괘 초구 艮土宮(간토궁) 五世(오세) 丁巳(정사) 火(화)
천수송괘 초육 離火宮(이화궁) 四世(사세) 戊寅(무인) 木(목)
木生火(목생화)이니 父母神(부모신) 입궁

"name" : "이지무망(履之无妄) 구이(九二)"

"content" : "중행(中行)은 천하의 사명(使命)이라. 거짓 없는 마음으로 그 길에 오르면 인생이 탄탄해지리라. 신령한 호랑이의 뒤를 묵묵히 따르며 바른 도리를 잘 지키면 길하리라. 때가 오면 경작하지 않았어도 수확을 얻고, 개간하지 않았어도 새 밭을 얻게 되리니 가야 할 바를 향해 나아가면 이로우리라."

- 巳(父) **卯(官)** 丑(兄) 午(父) **申(孫/世)** 戌(兄)
*妻財隱伏

천택리괘 구이 艮土宮(간토궁) 五世(오세) **丁卯(정묘) 木**(목)
천뢰무망괘 육이 巽木宮(손목궁) 四世(사세) **庚寅(경인) 木**(목)
木之木(목지목)이니 **兄神(형신)** 입궁

"name" : "이지건(履之乾) 육삼(六三)"

"content" : "천시(天時)가 변동하며 뭇 사물(事物)을 버리고자 하는 위태로운 시기에 어찌 조심하지 않을 수 있는가? 군자라도 이치를 헤아려 시변(時變)의 일을 꿰는 것은 반쪽에 불과하리니 자칫 절름발로 망동(妄動)하여 호랑이 꼬리를 밟는다면 물리지 않을 수 없으리라. 군자가 종일(終日)토록 건실(健實)하게 종사(從事)했다 하여도 해가 사라지는 저녁의 일은 두렵고 위태로운 일이라."

- 巳(父) 卯(官) **丑(兄)** 午(父) 申(孫/世) 戌(兄)
*妻財隱伏

천택리괘 육삼 艮土宮(간토궁) 五世(오세) **丁丑(정축) 土**(토)
중건천괘 구삼 乾金宮(건금궁) **甲辰(갑진) 土**(토)
土(토)土(토) **兄神(형신)** 입궁

"name" : "이지중부(履之中孚) 구사(九四)"

"content" : "근신(近臣)에게 미더움은 곧 명줄이라. 신령한 호랑이 곁에서 사명(使命)을 이행하던 자(者)가 그 무리의 벗 가운데 불순(不純)한 자와 동조(同助)하였다가 잘못을 뉘우치고 깊이 참회하며 하소연하니 마침내는 길하리라. 달이 거의 보름에 이르러 그의 불순한 짝이 망하고 나면 허물이 없어지리라."

- 巳(父) 卯(官) 丑(兄) **午(父)** 申(孫/世) 戌(兄)
*妻財隱伏

천택리괘 구사 艮土宮(간토궁) 五世(오세) **壬午(임오) 火(화)**
풍택중부괘 육사 艮土宮(간토궁) 四世(사세) **辛未(신미) 土(토)**
火生土(화생토)이니 **자손(子孫)** 입궁

"name" : "이지규(履之睽) 구오(九五)"

"content" : "상도(常道)를 등진 채 분열과 책동(策動)을 일삼아 난세(亂世)를 주도한 그 수괴(首魁)를 결단하니 바르게 해도 위태로움이 따르리라. 그 일은 청사(靑史)에 후회를 남기지 않는 일이라. 사명을 갖고 그 수괴의 죄상을 두루 심판하여 나아감에 무슨 허물이 있겠는가?"

- 巳(父) 卯(官) 丑(兄) 午(父) **申(孫/世)** 戌(兄)
*妻財隱伏

천택리괘 구오 艮土宮(간토궁) 五世(오세) **壬申(임신) 金(금)**
화택규괘 육오 艮土宮(간토궁) 四世(사세) **己未(기미) 土(토)**
土生金(토생금)이니 **父母神(부모신)** 입궁

"name" : "이지태(履之兌) 상구(上九)"

"content" : "천하의 만인(萬人)이 다 같이 기뻐할 일을 염두에 두고 과거에 실제 이행되었던 역사적 시책들이 어떤 동기와 결과를 이끌었는지 깊이 돌아보라. 그로써 상서로운 일들을 숙고(熟考)하여 청사(靑史)에 들이면 크게 길하리라. 그러한 시책(施策)들이 오늘 다시 새롭게 이행되어 만인의 마음속에 기뻐함으로 번지면 천하의 곳곳에서 본받고자 하리라."

- 巳(父) 卯(官) 丑(兄) 午(父) 申(孫) 戌(兄)
*妻財隱伏

천택리괘 상구 艮土宮(간토궁) 五世(오세) **壬戌(임술)** 土(토)
중태택괘 상육 兌金宮(태금궁) 六世(육세) **丁未(정미)** 土(토)
土之土(토지토)이니 **兄神(형신)** 입궁

11. 지천태괘(地天泰卦)

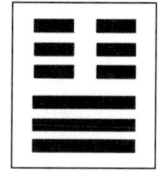

"泰(태)는 小往大來(소왕대래)하니 吉亨(길형)하니라."
- 새 하늘이 열려 작은 것은 가고 큰 氣運(기운)이 드는 때이니 吉(길)한 것이 亨通(형통)하리라.

"name" : "태지승(泰之升) 초구(初九)"

"content" : "앞으로 좋고 큰 세월이 펼쳐지게 되리라. 그 무엇을 하든 옛적에 광야(廣野)에서 띠풀을 뜯어 소먹이로 삼아 살찌우며 무리를 이루었듯이 열심히 나아가면 길하리라. 도량(度量)과 그릇이 큰 군자가 수레에 오르리니 크게 길하리라."

- 子(財) 寅(官) 辰(兄/世) 丑(兄) 亥(財) 酉(孫)
*父爻隱伏

지천태괘 초구 坤土宮(곤토궁) 三世(삼세) 甲子(갑자) 水(수)
지풍승괘 초육 震木宮(진목궁) 四世(사세) 辛丑(신축) 土(토)
土克水(토극수)이니 白虎(백호)官爻(관효)

"name" : "태지명이(泰之明夷) 구이(九二)"

"content" : "해가 중행(中行)에 올라 천하에 빛을 드리우면 거칠고 황량한 곳부터 시작하여, 큰 강물과 바다를 한달음에 건너 어둠에 공모한 무리를 모두 망하게 하리라. 이때 군자가 중행(中行)의 큰 도리를 얻게 되리라. 군자가 암주(暗主)와 그 무리에게 둘러싸였을 때 왼쪽 다리를 다쳤으므로 중행에 임하여 숭상할 바를 얻어 그로써 나아갈 때, 구원에 쓸 말이 씩씩해야 길하리라."

- 子(財) 寅(官) 辰(兄/世) 丑(兄) 亥(財) 酉(孫)
*父爻 隱伏

지천태괘 구이 坤土宮(곤토궁) 三世(삼세) 甲寅(갑인) 木(목)
지화명이괘 육이 坎水宮(감수궁) 四世(사세) 己丑(기축) 土(토)
木克土(목극토)이니 妻神(처신)/財神(재신) 입궁

"name" : "태지림(泰之臨) 구삼(九三)"

"content" : "새 하늘이 열리고 큰 세월이 올 때는 평지(平地)라도 기울어지지 않음이 없을 것이며 떠났던 존재는 반느시 놀아오게 되리라. 바른 도리를 잃지 않고 잘 견디면 허물이 없으리라. 이 일은 네가 홀로 근심할 일이 아니요, 그것은 미더운 천지의 일이니라. 그간 먹고사는 데 복(福)을 두었으니 부족함은 없으리라. 이러한 때에 세상의 좋은 자리를 탐하여 오른 자는 이로울 바가 없으리라. 그것을 깊이 근심한다면 허물을 면하리라."

- 子(財) 寅(官) 辰(兄/世) 丑(兄) 亥(財) 酉(孫)
*父爻隱伏

지천태괘 구삼 坤土宮(곤토궁) 三世(삼세) 甲辰(갑진) 土(토)
지택림괘 육삼 坤土宮(곤토궁) 二世(이세) 丁丑(정축) 土(토)
土之土(토지토)이니 兄神(형신) 입궁

"name" : "태지대장(泰之大壯) 육사(六四)"

"content" : "하늘이 장엄하게 열리며 큰 기운이 일시에 굽이치리니 부유하지 않아도 이웃하고 경계하지 않으면 미더움이 쌓이리라. 바르게 하면 길하고 후회가 없으리라. 중행(中行)의 큰 수레에 의탁한다면 설령 그 수레의 휘장이 찢어질지라도 크게 상(傷)하지는 않으리라. 그 중행(中行)의 수레는 항상 복토(輹)가 굳건하여 차여와 바퀴를 잘 보주히리라."

子(財) 寅(官) 辰(兄/世) 丑(兄) 亥(財) 酉(孫)
*父爻隱伏

지천태괘 육사 坤土宮(곤토궁) 三世(삼세) **癸丑(계축) 土(토)**
뇌천대장괘 구사 坤土宮(곤토궁) 四世(사세) **庚午(경오) 火(화)**
火生土(화생토)이니 **父母神(부모신) 입궁**

"name" : "태지수(泰之需) 육오(六五)"

"content" : "옛적에 제을(帝乙) 임금이 평민에게 공주를 시집을 보냈으니 그로써 두루 복되고 크게 길하였다고 하는데 오늘도 그와 같이 되리라. 장차 하늘이 나직해지며 천하에 큰 때가 이처럼 내려서리니 술과 음식을 올려 하늘과 그 신도(神道)을 잘 공경(恭敬)해야 하리라."

- 子(財) 寅(官) 辰(兄/世) 丑(兄) 亥(財) 酉(孫)
*父爻隱伏

지천태괘 육오 坤土宮(곤토궁) 三世(삼세) **癸亥(계해) 水(수)**
수천수괘 구오 坤土宮(곤토궁) 四世(사세) **戊戌(무술) 土(토)**
土克水(토극수)이니 **官爻(관효) 입궁**

"name" : "태지대축(泰之大畜) 상육(上六)"

"content" : "하늘은 가깝고 태평성대(太平聖代)에 사방(四方)의 천하가 잘 소통하여 군대를 쓸 일이 없건만 성벽을 높이며 해자를 깊이 파니 설령 바른 정책이라 해도 부끄러운 결과에 이르리라. 이때 성숙한 인문(人文)이 하늘에 통(通)하리니 형통하고 또 형통하리라."

- 子(財) 寅(官) 辰(兄/世) 丑(兄) 亥(財) **酉(孫)**
*父爻隱伏

지천태괘 상육 坤土宮(곤토궁) 三世(삼세) **癸酉(계유) 金(금)**
산천대축 상구 艮土宮(간토궁) 二世(이세) **丙寅(병인) 木(목)**
金克木(금극목)이니 **妻神(처신)/財神(재신)** 입궁

12. 천지비괘(天地否卦)

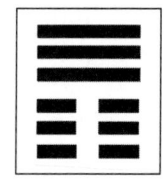

"否之匪人(비지비인)이니 不利君子貞(불리군자정)이요 大往小來(대왕소래)하나니라."
 - 막힘은 인력으로 인함이 아니니 군자가 바른 것을 고집하면 이롭지 못하고, 大人(대인)은 물러나고 小人(소인)들이 천하를 차지하리라.

　"name" : "비지무망(否之无妄) 초육(初六)"

　"content" : "동서남북이 온통 막힌 세월이니 이것을 인력(人力)으로 깨뜨릴 수 없으리라. 출세(出世)에 대한 뜻을 접고 광야에 널린 띠풀을 벗하며 바른 도리로 살면 길하리라. 인생이 허망(虛妄)함에 빠져들지 않을 것이라면 적극 나아가도 길하리라."

- 未(父) 巳(官) 卯(財/世) 午(官) 申(兄) 戌(父)
*손효(孫爻) 은복(隱伏)

천지비괘 초육 乾金宮(건금궁) 三世(삼세) 乙未(을미) 土(토)
천뢰무망괘 초구 巽木宮(손목궁) 四世(사세) 庚子(경자) 水(수)
土克水(토극수)이니 妻神(처신) 財神(재신) 입궁

　"name" : "비지송(否之訟) 육이(六二)"

　"content" : "마음으로 품으며 이것을 받아들이기 어려운 조건일지라도 그것을 포용해야 하리라. 세상이 기울고 막혀 이것과 타협하는 소인은 길(吉)하게 되고 대인은 타협하지 못하므로 막히게 되지만 나름 형통함은 있으리라. 세(勢)가 약하면 다투어도 이기지 못하니 강(剛)과 충돌하면 도망해야 하고 그 읍인(邑人)이 삼백호라면 숨어서 재앙을 면하게 되리라."

- 未(父) 巳(官) 卯(財/世) 午(官) 申(兄) 戌(父)
*손효(孫爻) 은복(隱伏)

천지비괘 육이 乾金宮(건금궁) 三世(삼세) 乙巳(을사) 火(화)
천수송괘 구이 離火宮(이화궁) 四世(사세) 戊辰(무진) 土(토)
土生火(토생화)이니 자손(子孫) 입궁

"name" : "비지둔(否之遯) 육삼(六三)"

"contcnt" : "세월이 막히다 못해 피난길마저 막혀버리니 그 수치스러운 처지를 어찌 말로 다 하겠는가? 수치를 받으며 질병을 얻게 되니 삶이 몹시 위태로울 뿐이라. 그 와중에 신첩(臣妾)을 기르면 그로써 길하리라."

- 未(父) 巳(官) 卯(財/世) 午(官) 申(兄) 戌(父)
*손효(孫爻) 은복(隱伏)

천지비괘 육삼 乾金宮(건금궁) 三世(삼세) 乙卯(을묘) 木(목)
천산둔괘 구삼 乾金宮(건금궁) 二世(이세) 丙申(병신) 金(금)
金克木(금극목)이니 白虎(백호) 官爻(관효) 입궁

"name" : "비지관(否之觀) 구사(九四)"

"content" : "사활(死活)이 걸린 시변(時變)의 일을 깊이 헤아림은 이미 하늘의 명(命)이 있었기 때문이요 그로써 재앙을 면하게 되니, 그 문명의 밭 두

둑에 복(福)이 붙으리라. 그 나라의 문물이 빛나리니 왕이 그를 손님으로 청하여 쓰면 이로우리라."

- 未(父) 巳(官) 卯(財/世) 午(官) 申(兄) 戌(父)
*손효(孫爻) 은복(隱伏)

천지비괘 구사 乾金宮(건금궁) 二世(삼세) 壬午(임오) 火(화)
풍지관괘 육사 乾金宮(건금궁) 四世(사세) 辛未(신미) 土(토)
火生土(화생토)이니 **孫神(손신) 입궁**

"name" : "비지진(否之晉) 구오(九五)"

"content" : "막힌 그 문에 걸쇠가 없으니 대인의 도(道)가 세상에 드러나 길하리라. 망하고 또 망하는 세상이라도 언제나 무성한 뽕나무에 매여 있으리라. 천하를 향해 나아가는 길에 후회가 없으리니 얻고 잃음을 두려워할 필요가 없으리라. 멈추지 않고 나아감이 길하며 이롭지 않음이 없으리라."

- 未(父) 巳(官) 卯(財/世) 午(官) **申(兄)** 戌(父)
*손효(孫爻) 은복(隱伏)

천지비괘 구오 乾金宮(건금궁) 三世(삼세) 壬申(임신) 金(금)
화지진괘 육오 乾金宮(건금궁) 四世(사세) 己未(기미) 土(토)
土生金(토생금)이니 **父母神(부모신) 입궁**

"name" : "비지췌(否之萃) 상구(上九)"

"content" : "진실된 믿음의 길이 먼저 막혀 있었으나 이제 그 막힌 것이 기울며 길이 열리는 기쁨이 있으리라. 이때 믿음의 길에 거짓됨이 있었던 자가

　　　　탄식하며 참회의 눈물을 흘리니 그로써 재앙을 면하리라."

- 未(父) 巳(官) 卯(財/世) 午(官) 申(兄) **戌(父)**
*손효(孫爻) 은복(隱伏)

천지비괘 상구 乾金宮(건금궁) 三世(삼세) **壬戌(임술) 土(토)**
택지췌괘 상육 兌金宮(태금궁) 二世(이세) **丁未(정미) 土(토)**
土之土(토지토)이니 **兄神(형신) 입궁**

13. 천화동인괘(天火同人卦)

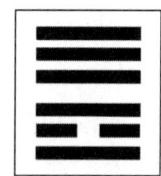

"同人于野(동인우야)이니 亨(형)이요 利涉大川(이섭대천)이라. 利君子貞(이군자정)하니라."
 - 동인이 광야에서 화합하니 형통하고 큰 내를 건너면 이로우리라. 군자가 바른 도리에 있으면 이로우리라.

"name" : "동인지둔(同人之遯) 초구(初九)"

"content" : "야(野)에서 불온(不穩)한 무리를 피해야 할 때이니, 문(門)을 세우고, 그 꼬리를 감추어 위태로운 상황을 잘 넘겨야 하리라. 난세이니 갈 바가 있어도 이에 응하지 않아야 하고 안에 머물러 허물을 면해야 하리라."

- **卯(父)** 丑(孫) 亥(官/世) 午(兄) 申(財) 戌(孫)

천화동인괘 초구 離火宮(이화궁) 三世(삼세) **己卯(기묘) 木(목)**
천산둔괘 초육 乾金宮(건금궁) 二世(이세) **丙辰(병진) 土(토)**
木克土(목극토)이니 **妻神(처신) 財神(재신) 입궁**

"name" : "동인지건(同人之乾) 육이(六二)"

"content" : "현룡(見龍)이 문명을 경작(耕作)하는데, 어린 군자가 머리를 자처하면 부끄러운 일이라. 대인을 만나면 이로우리라."

- 卯(父) **丑(孫)** 亥(官/世) 午(兄) 申(財) 戌(孫)

천화동인 육이 離火宮(이화궁) 三世(삼세) 己丑(기축) 土(토)
중건천괘 구이 乾金宮(건금궁) 甲寅(갑인) 木(목) 動(동)
木克土(목극토)로 白虎(백호) 官爻(관효) 入宮(입궁)

"name" : "동인지무망(同人之无妄) 구삼(九三)"

"content" : "사람들을 선동(煽動)하여 망령된 일을 도모하니 재앙을 얻으리라. 망령된 무리에 휩쓸려 소를 매어두니 지나던 행인이 그 소를 얻어 나가므로 그 읍인(邑人)이 재앙에 직면하리라. 병기를 들고 숲에 엎드리기도 하고, 언덕을 따라 높이 오르기도 하며 허망한 일로 삼 년을 허송하지만 흥(興)하지 못하리라."

- 卯(父) 丑(孫) **亥(官/世)** 午(兄) 申(財) 戌(孫)

천화동인 구삼 離火宮(이화궁) 三世(삼세) 己亥(기해) 水(수)
천뢰무망 육삼 巽木宮(손목궁) 四世(사세) 庚辰(경진) 土(토)
土克水(토극수)이니 **官爻(관효)** 입궁

"name" : "동인지가인(同人之家人) 구사(九四)"

"content" : "무리를 이끄는 지사(志士)가 되어 무고한 부가(富家)의 담장을 넘어 그 재물을 취하고자 한다면 불의(不義)가 되리니 만일 올랐다 해도 공격을 멈추며 그 담장에서 내려오면 길하리라. 가인(家人)이 서로 합심(合心)하여 부(富)를 일구고 담장을 둘러 이를 보호하여 두고자 함은 마땅하고도 크게 길한 일이라."

- 卯(父) 丑(孫) 亥(官/世) **午(兄)** 申(財) 戌(孫)

천화동인 구사 離火宮(이화궁) 三世(삼세) **壬午(임오) 火(화)**
풍화가인괘 육사 巽木宮(손목궁) 二世(이세) **辛未(신미) 土(토)**
火生土(화생토)이니 **孫神(손신) 입궁**

"name" : "동인지리(同人之離) 구오(九五)"

"content" : "난세(亂世)에 대동(大同)의 큰 횃불 아래 사람들이 결속하리니 먼저는 괴롭게 외치며 울부짖다가 뒤에는 웃으리라. 새로운 태양 아래에서는 큰 군대라도 잘 융화(融化)되어 서로 만나 하나가 되리라. 군자가 지난 세월의 과오(過誤)를 뉘우치고 눈물을 흘리며 슬퍼한다면 길하리라."

- 卯(父) 丑(孫) 亥(官/世) 午(兄) **申(財)** 戌(孫)

천화동인 구오 離火宮(이화궁) 三世(삼세) **壬申(임신) 金(금)**
중리화괘 육오 離火宮(이화궁) 六世(육세) **己未(기미) 土(토)**
土生金(토생금)이니 **父母神(부모신) 입궁**

"name" : "동인지혁(同人之革) 상구(上九)"

"content" : "거대한 변화의 물결이 대중(大衆)의 삶 속으로 이미 다가왔으니 깨우쳐 이를 받아들이며 함께 한다면 장차 후회할 일이 없으리라. 새로운 문명의 변화를 수용(受容)하고 받아들임에 군자는 표범과 같이 혼신(渾身)을 다하고, 소인(小人)은 낯빛만을 바꾸리라. 그러한 변화를 강제하고자 하면 흉하고 살면서 바른 도리를 잘 지니면 길하리라."

- 卯(父) 丑(孫) 亥(官/世) 午(兄) 申(財) **戌(孫)**

천화동인 상구 離火宮(이화궁) 三世(삼세) **壬戌(임술) 土(토)**

택화혁괘 상육 坎水宮(감수궁) 四世(사세) **丁未(정미) 土(토)**
土之土(토지토)이니 **兄神(형신) 입궁**

14. 화천대유괘(火天大有卦)

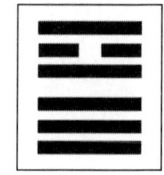

"大有(대유)는 元亨(원형)하나라."
- 원대하게 성취힘이니 그게 형통하리라.

"name" : "대유지정(大有之鼎) 초구(初九)"

"content" : "솥에 감추어진 음모가 크고 해로운데도 그것을 익히니 이는 위험을 초래하리라. 그 해악(害惡) 아래 사귀지 않는다면, 죄(罪)가 없겠으나 연루된 관계라면, 몹시 고통스러우리라. 그러나 그 솥의 다리가 부러지며 엎어지되, 그 해악의 전모가 감추어진 채 음식물이 쏟아지면 이로우리라. 첩을 들이면 그 아들로 인하여 허물을 면하리라."

- 子(孫) 寅(財) 辰(父/世) 酉(兄) 未(父) 巳(官)

화천대육괘 초구 乾金宮(건금궁) 三世(삼세) **甲子(갑자) 水(수)**
화풍정괘 초육 離火宮(이화궁) 二世(이세) **辛丑(신축) 土(토)**
土克水(토극수)이니 **官爻(관효)**

"name" : "대유지리(大有之離)"

"content" : "원대한 태양이라. 수레에 많은 살림을 싣고 경영에 임해도 허물이 없으리라. 천하의 어디에든 누런 빛이 고르게 퍼져 사방(四方)이 번성하리니 문물(文物)이 융성해지며 크게 길하리라."

- 子(孫) 寅(財) 辰(父/世) 酉(兄) 未(父) 巳(官)

화천대유괘 구이 乾金宮(건금궁) 三世(삼세) **甲寅(갑인) 木(목)**
중리화괘 육이 離火宮(이화궁) 六世(육세) **己丑(기축) 土(토)**
木克土(목극토)이니 **財神(재신)** 입궁

"name" : "대유지규(大有之睽) 구삼(九三)"

"content" : "공(公)이 직접 큰 수레를 경영하여 천자에게 나아가 그 물건을 사용처에 쓸 수 있도록 해야 할 사안(事案)이니 소인은 할 수 없으리라. 무모한 소인이 그 수레를 감당하고자 하면 도리어 끌려가서 길을 잃게 되리라. 결국 천형(天刑)에 이어 의형(劓刑)까지 받으리니, 시작에 임하여 장담할 수는 있어도 반드시 그 끝매듭에 공과(功過)라는 분명하고 준엄한 결과(結果)의 특정(特定)이 있음을 알아야 하리라."

- 子(孫) 寅(財) **辰(父/世)** 酉(兄) 未(父) 巳(官)

화천대육괘 구삼 乾金宮(건금궁) 三世(삼세) **甲辰(갑진) 土(토)**
화택규괘 육삼 艮土宮(간토궁) 四世(사세) **丁丑(정축) 土(토)**
土之土(토지토)이니 **兄神(형신)** 입궁

"name" : "대유지대축(大有之大畜) 구사(九四)"

"content" : "큰 종자는 반드시 크게 자라는 법인데, 자라남에 아무런 내실(內實)도 없이 어지럽고 잡스러운 가지만 번잡(煩雜)하여 늘 바람에 나부끼듯 한다면, 큰 물건이 되어도 소용이 없으리니, 이를 잘 방비해야 허물이 없으리라. 송아지가 다 자라 큰 소가 되면 그 힘을 사람이 감당하지 못하리니, 제때에 미리 코뚜레를 심어 다스림에 들여 인문(人文)이 길함을 얻는 것과 같음이라."

- 子(孫) 寅(財) 辰(父/世) **酉(兄)** 未(父) 巳(官)

화천대유괘 구사 乾金宮(건금궁) 三世(삼세) **己酉(기유)** 金(금)
산천대축괘 육사 艮土宮(간토궁) 二世(이세) **丙戌(병술)** 土(토)
土生金(토생금)이니 **父母神(부모신)** 입궁

"name" : "대유지건(大有之乾) 육오(六五)"

"content" : "비룡(飛龍)이 재상(在上)하여 천하의 문명과 공덕(功德)이 성대하리라. 지위에 오른 군자에게 중용(中庸)의 미덕이 있고, 그 언행(言行)이 미더워 두루 교분을 나눔에 조금도 어김이 없으리라. 나는 용(龍)이 하늘에 있어 그 조화가 무궁하리니 대인을 만나면 이롭고 축복이 있으리라."

- 子(孫) 寅(財) 辰(父/世) 酉(兄) **未(父)** 巳(官)

화천대유괘 육오 乾金宮(건금궁) 三世(삼세) **己未(기미)** 土(토)
중천건괘 구오 乾金宮(건금궁) **壬申(임신)** 金(금)
土生金(토생금)이니 **孫神(손신)** 입궁

"name" : "대유지대장(大有之大壯) 상육(上六)"

"content" : "천하의 큰일이라면 반드시 하늘이 도와 길하고 성대해져 이롭지 않음이 없게 되리라. 그러나 그 능력이 아님에도 억지로 큰일을 지어 숫양처럼 나아가면 가시울타리에 그 뿔이 끼어 오도 가도 못하는 신세가 되리니 이로울 바가 없으리라."

- 子(孫) 寅(財) 辰(父/世) 酉(兄) 未(父) **巳(官)**

화천대유괘 상구 乾金宮(건금궁) 三世(삼세) **己巳(기사) 火(화)**
뇌천대장괘 상육 坤土宮(곤토궁) 四世(사세) **庚戌(경술) 土(토)**
火生土(화생토)이니 **孫神(손신)** 입궁

15. 지산겸괘(地山謙卦)

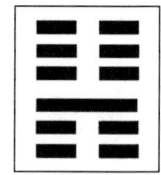

"謙(겸)은 亨(형)하니 君子有終(군자유종)이니라."
- 겸손함으로 형통하니 군자라야 마침이 있으리라.

'name" : "겸지명이(謙之明夷) 초육(初六)"

"content" : "밤에 큰 내를 건너는 바와 같으니 매사 겸손한 도리를 잃지 않으면 길(吉)하리라. 새가 위용(威容)을 내며 감히 날개를 펼치면 그 명(命)을 보전하기 어렵고 군자가 그 행(行)을 하고자 하면 밥을 굶게 되리니, 뜻이 있어 갈 바가 생겨도 날개를 접고 걸음을 멈추어야 하리라."

- 辰(父) 午(官) 申(兄) 丑(父) 亥(孫/世) 酉(兄)
*財爻 隱伏

지산겸괘 초육 兌金宮(태금궁) 五世(오세) **丙辰(병진) 土(토)**
지화명이괘 초구 坎水宮(감수궁) 四世(사세) **己卯(기묘) 木(목)**
木克土(목극토)이니 白虎(백호) **官爻(관효) 입궁**

"name" : "겸지승(謙之升) 육이(六二)"

"content" : "밖에서 요란하게 군자의 이름을 거론(擧論)해도 겸손하게 물러나 바른 도리를 굳게 지키면 길하리라. 반드시 그 부름에 응해야 한다면 미더움을 더하되 제향(祭享)에 임하는 제관(祭官)과 같이 정성(精誠)을 다하며 조심해야 허물을 면하게 되리라."

- 辰(父) **午(官)** 申(兄) 丑(父) 亥(孫/世) 酉(兄)
*財爻隱伏

지산겸괘 육이 兌金宮(태금궁) 五世(오세) **丙午(병오)** 火(화)
지풍승괘 구이 震木宮(진목궁) 四世(사세) **辛亥(신해)** 水(수)
水克火(수극화)이니 **官爻(관효)** 입궁

"name" : "겸지곤(謙之坤) 구삼(九三)"

"content" : "홀로 큰 짐을 떠안은 채 고생하며 수고로운 군자이니 그 오랜 인고(忍苦)의 세월을 겸손(謙遜)함의 도리로 일관(一貫)하여 마침이 있으면 길하리라. 총명(聰明)하고 영특(英特)함에도 가히 바른 도리를 잃지 않는 군자가 오래도록 겸손(謙遜)하더니, 혹 왕업(王業)을 위해 종사(從仕)하지만 공훈(功勳)을 이루지는 못하고 마침을 두어야 하리라."

- 辰(父) 午(官) **申(兄)** 丑(父) 亥(孫/世) 酉(兄)
***財爻 隱伏**

지산겸괘 구삼 兌金宮(태금궁) 五世(오세) **丙申(병신) 金(금)**
중곤지괘 육삼 土宮(토궁) 六世(육세) **乙卯(을묘) 木(목)**
金克木(금극목) **財神(재신)** 입궁

"name" : "겸지소과(謙之小過) 육사(六四)"

"content" : "조금 지나치다 할 만큼 겸손하게 손사래를 들어 물러나면 이롭지 않음이 없으리라. 때가 조금 지나친 시절에 겸손함을 더욱 드러내는 것은 허물이 아니리라. 이때 부득이 조금 과(過)한 인사(人事)를 만나러 가야 하는 상황에 다다름이면 반드시 경계할 것이며 그를 상대함에는 꼭 바른 도리만을 쓸 수 없으리라."

- 辰(父) 午(官) 申(兄) **丑(父)** 亥(孫/世) 酉(兄)
*財爻隱伏

지산겸괘 육사 兌金宮(태금궁) 五世(오세) **癸丑(계축) 土(토)**
뇌산소과괘 구사 兌金宮(태금궁) 四世(사세) **庚午(경오) 火(화)**
火生土(화생토)이니 **父母神(부모신) 입궁**

　"name" : "겸지건(謙之蹇) 육오(六五)"

　"content" : "세상에 큰 재난이 덮치게 되리니 겸손한 군자로서 부유하지 않아도 이웃하여 손잡아야 하리라. 그로써 불시(不時)의 침벌(侵伐)에 대비할 수 있으리니 이롭지 않음이 없으리라. 거대한 재난에 이르면 중행(中行)의 무리가 구원을 위하여 나오리라."

地山謙卦(지산겸괘) 六親(육친)

- 辰(父) 午(官) 申(兄) 丑(父) **亥(孫)** 酉(兄)
*財爻隱伏

지산겸괘 육오 兌金宮(태금궁) **五世(오세) 癸亥(계해) 水(수)**
수산건괘 구오 兌金宮(태금궁) 四世(사세) **戊申(무신) 金(금)**
金生水(금생수)이니 **父母神(부모신) 입궁**

　"name" : "겸지간 상육(上六)"

　"content" : "겸손한 군자의 덕(德)이 천하에 울리니 그 군대를 들여 재겁

(災劫) 속에서 벗어나지 못하는 읍국(邑國)을 정벌(征伐)하는 데 쓰면 이로우리라. 겸손하게 머무른다 함은 머물러 두텁게 하는 것이니 그로써 길하리라."

地山謙卦(지산겸괘) 六親(육친)

- 辰(父) 午(官) 申(兄) 丑(父) 亥(孫) 酉(兄)
*財爻隱伏

지산겸괘 상육 兌金宮(태금궁) 五世(오세) **癸酉(계유) 金(금)**
중산간괘 상구 艮土宮(간토궁) 六世(육세) **丙寅(병인) 木(목)**
金克木(금극목)이니 **財神(재신) 입궁**

16. 뇌지예괘(雷地豫卦)

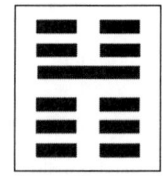

"豫(예)는 利建候行師(이건후행사)니라."
- 우레가 動(동)함에 제후를 세우고 군대를 行(행)하면 이로우리라.

"name" : "예지진(豫之震) 초육(初六)"

"content" : "제후의 울림이 자신의 영지(領地) 밖으로 나가면 흉하리라. 천하에 널리 울림은 마땅히 우레의 직분(職分)이라. 우레가 발동(發動)하여 천하에 나아가 울리면 사방이 일시에 두려워하다가 뒤에 미소를 지으며 안도하리니 길하리라."

- **未(財/世)** 巳(孫) 卯(兄) 午(孫) 申(官) 戌(財)
*父爻隱伏

뇌지예괘 초육 震木宮(진목궁) **初世(초세) 乙未(을미) 土(토)**
중진뢰괘 초구 震木宮(진목궁) **六世(육세) 庚子(경자) 水(수)**
土克水(토극수)이니 **財神(재신) 입궁**

"name" : "예지해(豫之解) 육이(六二)"

"content" : "그 제후가 큰 바위틈에 끼어 있어 움직이지 못하지만, 하루가 다 가기 전에 풀리게 되리니, 바른 줄기를 고수하면 길하리라. 풀리는 때에 이르러 사냥에 나아가 여우 세 마리를 포획하고, 세상이 모두 수긍하는 누런 화살을 얻게 되리니, 바르게 하면 길하리라."

- 未(財/世) 巳(孫) 卯(兄) 午(孫) 申(官) 戌(財)
*父爻隱伏

뇌지예괘 육이 震木宮(진목궁) 初世(초세) 乙巳(을사) 火(화)
뇌수해괘 구이 震木宮(진목궁) 二世(이세) 戊辰(무진) 土(토)
火生土(화생토)이니 孫神(손신) 입궁

"name": "예지소과(豫之小過) 육삼(六三)"

"content": "조금 지나친 자신감으로 군대를 부려 나아가다가 곧 뉘우쳐 멈추지만 이미 후회를 돌이키기에는 역부족이 되리라. 어느 선(線)에서 행군(行軍)이 조금 지나치게 됨을 막지 못하면 거꾸로 따라 들어와 아군(我軍)이 큰 상해(傷害)를 입게 되리니 흉하리라."

- 未(財/世) 巳(孫) 卯(兄) 午(孫) 申(官) 戌(財)
*父爻隱伏

뇌지예괘 육삼 震木宮(진목궁) 初世(초세) 乙卯(을묘) 木(목)
뇌산소과 구삼 兌金宮(태금궁) 四世(사세) 丙申(병신) 金(금)
金克木(금극목)이니 官爻(관효) 입궁

"name": "예지곤(豫之坤) 구사(九四)"

"content": "우레가 동(動)하여 등대와 같은 인재(人才)를 두루 곳곳에 세우리니 중행(中行)이요 천하의 원대한 세상을 얻게 되리라. 이 일에 의심을 두지 말라. 그 따르는 무리가 모두 상투에 비녀를 꽂으리라. 이때 만일 군자가 따르지 않으며 자신의 기예(技藝)를 내어 쓰지 않은 채, 다만 그 주머니에 묶어 둔다면, 허물도 없고 명예도 없게 되리라."

- 未(財/世) 巳(孫) 卯(兄) **午(孫)** 申(官) 戌(財)
*父爻隱伏

뇌지예괘 구사 震木宮(진목궁) 初世(초세) **庚午(경오) 火(화)**
중곤지괘 육사 土宮(토궁) **癸丑(계축) 土(토)**
火生土(화생토)이니 **孫神(손신) 입궁**

　"name" : "예지췌(豫之萃) 육오(六五)"

　"content" : "신탁(神託)의 군대가 출사(出師)를 하여 굳건히 바르게 하면 병이 들어도 항상 죽지 않으리라. 왕이 신단(神壇) 아래에서 장수의 직책(職責)을 정하고 이를 신도(神道)에 고(告)하니 허물이 없으리라. 혹 직임(職任)을 받은 자가 미덥지 못하면 크고 영원히 바른 도리로 행하도록 하면 후회가 남지 않으리라."

雷之豫卦(뇌지예괘) 六親(육친)

- 未(財/世) 巳(孫) 卯(兄) 午(孫) **申(官)** 戌(財)
*父爻隱伏

뇌지예괘 육오 震木宮(진목궁) 初世(초세) **庚申(경신) 金(금)**
택지췌괘 구오 兌金宮(태금궁) 二世(이세) **정유(丁酉) 金(금)**
金之金(금지금)이니 **兄神(형신) 입궁**

　"name" : "예지진(豫之晉) 상육(上六)"

　"content" : "제후(諸侯)에게 군대를 부려 출정(出征)토록 하면 세상이 어둠에 떨어지리니, 거둘 것이며, 적절한 변화를 구하여 천하의 안정을 위한 노력에 힘을 쏟아야 하리라. 군대를 부려 출정(出征)토록 함은 오직 읍국(邑國)을 정벌하고자 하는 경우에만 한정해야 하리라."

- 未(財/世) 巳(孫) 卯(兄) 午(孫) 申(官) 戌(財)
*父爻隱伏

뇌지예괘 상육 震木宮(진목궁) 初世(초세) **庚戌(경술) 土(토)**
화지진괘 상구 乾金宮(건금궁) 四世(사세) **乙巳(을사) 火(화)**
火生土(화생토)이니 **父母神(부모신)** 입궁

17. 택뢰수괘(澤雷隨卦)

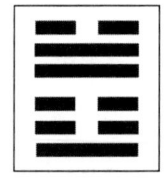

"隨(수)는 元亨利貞(원형이정)이라야 无咎(무구)니라."
따르는 것은 元亨利貞(원형이정)의 도리가 있어야 허물이 없으리라.

"name" : "수지췌(隨之萃) 초구(初九)"

"content" : "구천지(舊天地)의 구관(舊官)이 무너지거나 버려지리니 신탁(神託)이 있는 모임을 찾아서 따라야 하리라. 바르게 함이 길하고 옛 문파(門派)를 나와 다시 교류하면 공(功)이 있으리라. 진실로 미더움이 있는 사람이라면 옛 문파(門派)가 타락하고 변질되었다 해도 그 믿음을 버리지 못하였으리라. 이에 난세가 찾아왔을 때, 이 사당(祠堂)에 다시 모여 같은 믿음과 마음으로 서로를 부르며 하나로 손을 잡으면, 웃을 일이 있으리라. 두려워하지 말고 나아가라. 허물이 없으리라."

- 子(父) 寅(兄) 辰(財/世) 亥(父) 酉(官) 未(財)
*孫爻 隱伏

택뢰수괘 초구 震木宮(진목궁) 三世(삼세) **庚子(경자) 水(수)**
택지췌괘 초육 兌金宮(태금궁) 二世(이세) **乙未(을미) 土(토)**
土克水(토극수)이니 **白虎(백호) 官爻(관효)** 입궁

"name" : "수지태(隨之兌) 육이(六二)"

"content" : "사람을 따르는 데 단지 기뻐함에 매이면 소자(小子)에 걸리고

장부(丈夫)를 잃게 되나니 따라감에 미더움과 기쁨이 함께 있음으로써 길한 것임을 명심해야 하리라. 기뻐함에 취하여 미더움을 도외시하면 삶에 불안한 그림자가 길어지게 되는 법이라."

- 子(父) **寅(兄)** 辰(財/世) 亥(父) 酉(官) 未(財)
*孫爻 隱伏

택뢰수괘 육이 震木宮(진목궁) 三世(삼세) **庚寅(경인) 木(목)**
중태택괘 구이 兌金宮(태금궁) 六世(육세) **丁卯(정묘) 木(목)**
木之木(목지목)이니 **兄神(형신) 입궁**

'name' : "수지혁(隨之革) 육삼(六三)"

"content" : "대의(大義)를 따르면 장부(丈夫)에 매어 소소힌 인연(因緣)으로부터 멀어지리라. 따르는 가운데 소원(訴願)하는 바가 있어 구하고자 하나, 혁명의 과정을 통해 얻고자 하는 바에 대하여는 반드시 바르거나 그렇지 못함이 문제가 될 수 있으리니 주의해야 하리라. 혁명(革命)의 파도는 민심으로부터 크게 세 번 나와야 비로소 미더움이 생기리라."

- 子(父) 寅(兄) **辰(財/世)** 亥(父) 酉(官) 未(財)
*孫爻 隱伏

택뢰수괘 육삼 震木宮(진목궁) 三世(삼세) **庚辰(경진) 土(토)**
택화혁괘 구삼 坎水宮(감수궁) 四世(사세) **己亥(기해) 水(수)**
土克水(토극수)이니 **財神(재신) 입궁**

17. 택뢰수괘(澤雷隨卦)

"name" : "수지준(隨之屯) 구사(九四)"

"content" : "천하의 동량목(棟樑木)을 세우는 데 어찌 강압(强壓)함이 있을 수 있겠는가? 그러한 처사라면 바른 도리라 해도 흉(凶)하리라. 미더움이 있어야 하고 또한 도리(道理)에 따를 일이니 그로써 천하를 밝히면 무슨 허물이 겠는가? 미더움이 있어야 하고 그 도리(道理)가 분명해야 천하의 징표를 나누이도 께지기 않으며 혼인을 구해도 하나가 될 수 있음이니, 그로써 나아감에 이롭지 않음이 없으리라."

- 子(父) 寅(兄) 辰(財/世) 亥(父) 酉(官) 未(財)
*孫爻隱伏

택뢰수괘 九四(구사) 震木宮(진목궁) 三世(삼세) **丁亥(정해) 水(수)**
수뢰준괘 육사 坎水宮(감수궁) 二世(이세) **戊申(무신) 金(금)**
金生水(금생수)이니 **父母神(부모신)** 입궁

"name" : "수지진(隨之震) 구오(九五)"

"content" : "군자가 진실로 거짓 없이 그 군(君)을 따르는 것은 미덥고 아름다운 일이니 길하리라. 우레가 오고 또 가며 그 성직(聖職)에 변동이 있을 때 나라에 위태로움이 있을 것이나 잘 헤아려 대응한다면 큰 손상(損傷)이나 위기는 없으리라."

- 子(父) 寅(兄) 辰(財/世) 亥(父) **酉(官)** 未(財)
*孫爻隱伏

택뢰수괘 구오 震木宮(진목궁) 三世(삼세) **丁酉(정유) 金(금)**
중진뢰괘 육오 震木宮(진목궁) 六世(육세) **庚申(경신) 金(금)**

金之金(금지금)이니 **兄神(형신) 입궁**

"name" : "수지무망(隨之无妄) 상육(上六)"

"content" : "따르는 인사(人事)가 망령되이 동(動)하면 재앙이 되나니 규율(規律)함에 강령(綱領)을 요목(要目)하여 반드시 준수하도록 해야 하리라. 왕이 서산(西山)에서 제향을 올려 하늘에 다짐을 두도록 한 뒤에 써야 하리라. 큰 인물이 망령된 행동을 하면 일파만파(一波萬波) 번져나가 세상에는 재앙이 되나니 이로울 바가 전혀 없느니라."

- 子(父) 寅(兄) 辰(財/世) 亥(父) 酉(官) **未(財)**
*孫爻 隱伏

택뢰수괘 상육 震木宮(진목궁) 三世(삼세) **丁未(정미)** 土(**토**)
천뢰무망괘 상구 巽木宮(손목궁) 四世(사세) **壬戌(임술) 土(토)**
土之土(토지토)이니 **兄神(형신) 입궁**

18. 산풍고괘(山風蠱卦)

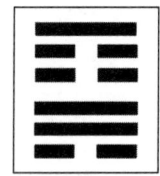

"蠱(고)는 元亨(원형)하니 利涉大川(이섭대천)이라. 先甲三日(선갑삼일)하며 後甲三日(후갑삼일)이니라."
- 허물을 바로잡음은, 크게 형통한 일이니 큰 강을 건너면 이롭고, 甲(갑)보다 앞선 삼 일이거나 甲(갑)보다 뒤에 있는 삼 일이라야 하리라.

"name" : "고지대축(蠱之大畜) 초육(初六)"

"content" : "아비의 허물이 쌓여 있다가 그 아들에 이르러 바로잡을 일이니 염려스럽지만 잘 마친다면 길하리라. 혹여 허물을 바로잡지 못하고 도리어 쌓는다면 위태로움만 가중되리니 그만 멈추는 것이 옳으리라."

- **丑(財)** 亥(父) 酉(官/世) 戌(財) 子(父) 寅(兄)
*孫爻隱伏

산풍고괘 초육 巽木宮(손목궁) 三世(삼세) **辛丑(신축) 土(토)**
산천대축 초구 艮土宮(간토궁) 二世(이세) **甲子(갑자) 水(수)**
土克水(토극수)이니 **財神(재신)** 입궁

"name" : "고지간(蠱之艮) 구이(九二)"

"content" : "모계(母系)로부터 허물이 유전(遺傳)되어 군자의 종아리에 맺혔으나 그 연고(緣故)를 헤아리기 어려우리라. 군자가 궁리(窮理)하고 통(通)한 뒤에도 이를 해소(解消)할 수 없으리라. 종아리의 허물이 군자의 발걸음 따라 들어오는데 이를 구제할 수 없어 그 마음이 몹시 불쾌하리라."

- 丑(財) 亥(父) 酉(官/世) 戌(財) 子(父) 寅(兄)
*孫爻隱伏

산풍고괘 구이 巽木宮(손목궁) 三世(삼세) **辛亥(신해) 水(수)**
중간산괘 육이 艮土宮(간토궁) 六世(육세) **丙午(병오) 火(화)**
水克火(수극화)이니 **財神(재신)** 입궁

"name" : "고지몽(蠱之蒙) 구삼(九三)"

"content" : "아들이 그 아비의 허물을 바로잡으려 하나 매우 어지럽고 혼미하여 다 해소하지 못하리라. 조금 후회가 되겠으나 큰 허물은 되지 않으리라. 어지럽고 혼미한 여자를 취하지 말아야 하리니, 남자를 돈으로 판단한 뒤에 만나기 때문이라. 그 정해진 몸이 없어 이로울 바가 없으리라."

- 丑(財) 亥(父) **酉(官/世)** 戌(財) 子(父) 寅(兄)
*孫爻隱伏

산풍고괘 구삼 巽木宮(손목궁) 三世(삼세) **辛酉(신유) 金(금)**
산수몽괘 육삼 離火宮(이화궁) 四世(사세) **戊午(무오) 火(화)**
火克金(화극금)이니 **白虎(백호) 官爻(관효)** 입궁

"name" : "고지정(蠱之鼎) 육사(六四)"

"content" : "아비의 허물을 바로잡지 않은 채 너그럽게 감싸서 한솥에 그대로 익히니, 솥의 다리가 부러지며 다 익지 못한 것이 죽이 되어 공(公)의 얼굴에 두껍게 붙어 흉(凶)하게 되리라."

- 丑(財) 亥(父) 酉(官/世) 戌(財) 子(父) 寅(兄)

산풍고괘 육사 巽木宮(손목궁) 三世(삼세) 丙戌(병술) 土(토)
화풍정괘 구사 離火宮(이화궁) 二世(이세) 己酉(기유) 金(금)
土生金(토생금)이니 孫神(손신) 입궁

"name" : "고지손(蠱之巽) 육오(六五)"

"content" : "쉼 없이 바람이 부는 것처럼 오랜 생애(生涯)를 지나면서도 그 아비의 허물을 바로잡고자 항상 노력하고 힘쓰니, 그 아들이 영예(榮譽)를 얻으리라. 늘 바른 것을 고집함이 길하며 후회할 일이 없으리라. 사물의 처음 도리는 무론(毋論)할 것이나 그 마침은 분명하게 확정(確定)되며 마무리되는 법이니, 천지가 인문(人文)의 결실(結實)을 구하는 경일(庚日)보다 앞서는 삼일과 그 뒤의 삼일에 길하리라."

- 丑(財) 亥(父) 酉(官/世) 戌(財) 子(父) 寅(兄)
*孫爻隱伏

산풍고괘 육오 巽木宮(손목궁) 三世(삼세) 丙子(병자) 水(수)
중손풍괘 구오 巽木宮(손목궁) 六世(육세) 辛巳(신사) 火(화)
水克火(수극화)이니 妻神(처신)/財神(재신) 입궁

"name" : "고지승(蠱之升) 상구(上九)"

"content" : "난세(亂世)에 명리(名利)를 쫓아 살다 보면 그 이름이 높아진 만큼 그림자처럼 허물도 따라 들며 산(山)을 이루나니, 이러한 때에 왕후(王侯)를 섬기지 않으며, 오직 덕(德)을 닦고 허물 바로잡는 일을 숭상해야 할 뿐이라. 이미 높아진 허물이 저 어두운 하늘 깊숙이 올라가 있으니 명승(冥升)

이요 그런즉 숨을 쉬듯 늘 허물을 닦아 바로잡음이 이로우리라."

- 丑(財) 亥(父) 酉(官) 戌(財) 子(父) **寅(兄)**
*孫爻隱伏

산풍고괘 상구 巽木宮(손목궁) 三世(삼세) **丙寅(병인) 木(목)**
지풍승괘 상육 震木宮(진목궁) 四世(사세) **癸酉(계유) 金(금)**
金克木(금극목)이니 **白虎(백호) 官爻(관효)** 입궁

19. 지택림괘(地澤臨卦)

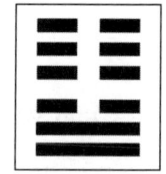

"臨(임)은 元亨利貞(원형이정)하니 至于八月(지우팔월)에 有凶(유흉)이니라."

乾陽(선양)의 깊힌 運氣(오기)가 모여듦은 元亨利貞(원형이정)이라야 함이니 팔월에 이르면 凶事(흉사)가 있느니라.

"name" : "임지사(臨之師) 초구(初九)"

"content" : "전란(戰亂)의 위기를 만나니 다 같이 마음을 하나로 모아야 길하리라. 군제(軍制)를 세워 출병(出兵)에 임할 때는 반드시 엄한 규율로써 다스려야 하나니 그렇지 않으면 선량한 군대라도 흉한 결과에 이르리라."

- 巳(父) 卯(官/世) 丑(兄) 丑(兄) 亥(財) 酉(孫)

지택림괘 초구 坤土宮(곤토궁) 二世(이세) **丁巳(정사) 火(화)**
지수사괘 초육 坎水宮(감수궁) 三世(삼세) **戊寅(무인) 木(목)**
木生火(목생화)이니 **父母神(부모신)** 입궁

"name" : "임지복(臨之復) 구이(九二)"

"content" : "전방위에 걸쳐 상서로운 기운(氣運)이 속속 자리를 틀며 들어오니 길하며 이롭지 않음이 없으리라. 혹여 아직 회복되지 못한 곳이라도 곧 생기를 얻어 회복되니 그 아름다운 모양이 번지며 길하게 되리라."

- 巳(父) **卯(官/世)** 丑(兄) 丑(兄) 亥(財) 酉(孫)

지택림괘 구이 坤土宮(곤토궁) 二世(이세) 丁卯(정묘) 木(목)
지뢰복괘 육이 坤土宮(곤토궁) 初世(초세) 庚寅(경인) 木(목)
木之木(목지목)이니 **兄神(형신) 입궁**

"name" : "임지태(臨之泰) 육삼(六三)"

"content" : "좋고 탐나는 자리를 따라 안주(安住)하였으나 그것이 근심으로 바뀜이니 이는 시절에 큰 변화가 있기 때문이라. 새 하늘이 열리며 큰 세월이 찾아오면 일시에 평지도 기울어져 비탈길이 되고, 사라졌던 존재들도 다시 되돌아오게 되나니 바른 자세로 어려움을 잘 견디는 것만큼 중요한 것은 없으리라. 어렵다 하나 절록(節錄)에 이르지 않음을 복으로 알면 되리라."

- 巳(父) 卯(官/世) 丑(兄) 丑(兄) 亥(財) 酉(孫)

지택림괘 육삼 坤土宮(곤토궁) 二世(이세) 丁丑(정축) 土(토)
지천태괘 구삼 坤土宮(곤토궁) 三世(삼세) 甲辰(갑진) 土(토)
土之土(토지토)이니 **兄神(형신) 입궁**

"name" : "임지귀매(臨之歸妹) 육사(六四)"

"content" : "결혼은 상서로운 인연들이 서로 한 결을 세워 맺는 것이니 지극히 정성스러운 마음가짐이라야 허물이 없으리라. 혹여 기일이 지체됨은 다 그만한 사연이 있음이니, 세월에는 흉운(凶運)이 드는 날도 반이요 길운(吉運)이 드는 날도 반이니 지극한 때가 있어 지체됨은 그와 같은 연고가 있기 때문이라."

- 巳(父) 卯(官/世) 丑(兄) 丑(兄) 亥(財) 酉(孫)
지택림괘 육사 坤土宮(곤토궁) 二世(이세) 癸丑(계축) 土(토)

뇌택귀매괘 구사 兌金宮(태금궁) 三世(삼세) 庚午(경오) 火(화)
火生土(화생토)이니 父母神(부모신) 입궁

"name" : "임지절(臨之節) 육오(六五)"

"content" : "서기(瑞氣)가 동(動)하여 문 안에 이르면 군자가 그 기미(幾微)를 잘 헤아려 이것을 오래 부존토록 해야 함과 같이, 대군(大君)은 마땅히 이러한 지혜가 있어야 하리라. 상서로운 사업을 끼며 국가의 제도(制度) 가운데 잘 안착(安着)시키면 천하에 단맛이 절로 돌게 되어 길하리니, 이렇게 나아가야 장차 숭상을 받게 되리라."

- 巳(父) 卯(官/世) 丑(兄) 丑(兄) 亥(財) 酉(孫)

지택림괘 육오 坤土宮(곤토궁) 二世(이세) 癸亥(계해) 水(수)
수택절괘 구오 坎水宮(감수궁) 初世(초세) 戊戌(무술) 土(토)
土克水(토극수)이니 白虎(백호) 官爻(관효) 입궁

"name" : "임지손(臨之損) 상육(上六)"

"content" : "이제는 예전처럼 상서로운 일들이 문 안으로 거듭 들어서지 않게 되리니 혹여 막바지에 이르러 상서로움이 들거든 이것을 두텁고 돈독하게 더하여 손상되지 않게 하며 밖으로 누수되지 않도록 잘 지키면 그로써 길하고 허물을 면하리라. 혹여 상서로운 것을 찾아 더 보태되 바르게 하면 길하고 그로써 갈 바가 있으면 이로우리라. 그러므로 신하를 얻어도 직책을 두지 못하리니 이는 그 상서로운 날이 다하였기 때문이라."

地澤臨卦(지택림괘) 六親(육친)

- 巳(父) 卯(官/世) 丑(兄) 丑(兄) 亥(財) **酉(孫)**

지택림괘 상육 坤土宮(곤토궁) 二世(이세) **癸酉(계유) 金(금)**
산택손괘 상구 艮土宮(간토궁) 三世(삼세) **丙寅(병인) 木(목)**
金克木(금극목)이니 **妻神(처신)/財神(재신) 입궁**

20. 풍지관괘(風地觀卦)

"觀(관)은 盥而不薦(관이불천)하고 有孚(유부)면 顒若(옹약)이니라."
- 천지(天地)와 신도(神道)의 변화를 헤아림에 단지 세수하고 올리지 못했어도 미더움이 지극하면 공경함이 있다고 할 수 있으리라.

"name" : "관지익(觀之益) 초육(初六)"

"content" : "하늘과 그 신도(神道)를 우러러 천시(天時)의 큰 변화를 헤아리는데, 어린아이의 시각(視覺)으로 대하면 소인은 허물이 아니나 군자에게는 부끄러운 일이 되리라. 천지 시변(時變)의 큰 변고(變故)를 헤아리는데, 대작(大作)을 지어 쓰면 이롭고 크게 길하며 허물이 될 수 없으리라."

- 未(父) 巳(官) 卯(財) 未(父/世) 巳(官) 卯(財)
*孫爻/兄爻隱伏

풍지관괘 초육 乾金宮(건금궁) 四世(사세) 乙未(을미) 土(토)
풍뢰익괘 초구 巽木宮(손목궁) 三世(삼세) 庚子(경자) 水(수)
土克水(토극수)이니 妻神(처신)/財神(재신) 입궁

"name" : "관지환(觀之渙) 육이(六二)"

"content" : "하늘과 신도(神道)의 사시(四時) 변화로 인한 큰 시변(時變)의 일은 곧 환란(渙亂)이 되니, 이것을 꿰뚫어 깊이 헤아렸다면 길지(吉地)를 찾아가되, 여인의 바른 도리를 내어 따름이 이로우리라. 환란과 그 시변(時

變)에 당하여 천지 신도(神道)의 구원의 궤(机)가 있는 곳으로 내달리듯 향하면 후회가 없으리라."

- 未(父) 巳(官) 卯(財) 未(父/世) 巳(官) 卯(財)
*孫爻/兄爻 隱伏

풍지관괘 육이 乾金宮(건금궁) 四世(사세) 乙巳(을사) 火(화)
풍수환괘 구이 離火宮(이화궁) 五世(오세) 戊辰(무진) 土(토)
土之土(토지토)이니 **손신(孫神) 입궁**

"name" : "관지점(觀之漸) 육삼(六三)"

"content" : "모든 상황이 불리한 지금, 이제 자신의 무리가 살길을 직접 도모해야 하리니, 나아가는 것이 좋은지 물러나는 것이 좋은지 숙고하여 결성해야 하리라. 만일 나아간다면 절대 정복하듯 할 일이 아니요 오직 방어(防禦)에 치중해야 하리라. 만일 정복하듯 하면 돌아오지 못하리라."

- 未(父) 巳(官) **卯(財)** 未(父/世) 巳(官) 卯(財)
*孫爻/兄爻隱伏

풍지관괘 육삼 乾金宮(건금궁) 四世(사세) 乙卯(을묘) 木(목)
풍산점괘 구삼 艮土宮(간토궁) 三世(삼세) 丙申(병신) 金(금)
金克木(금극목)이니 白虎(백호) **官爻(관효) 입궁**

"name" : "관지비(觀之否) 육사(六四)"

"content" : "군자의 성숙한 혜안(慧眼)이 나라에 빛나리니 왕이 그를 손님으로 들여 쓴다면 이로우리라. 이러한 명(命)이 있으면 나라가 재앙을 면하리니, 밭두둑에 복(福)이 붙어 그 밭이 복되듯이, 사해(四海)로부터 나라에 복이 들게 되리라."

- 未(父) 巳(官) 卯(財) 未(父/世) 巳(官) 卯(財)
*孫爻/兄爻隱伏

풍지관괘 육사 乾金宮(건금궁) 四世(사세) 辛未(신미) 土(토)
천지비괘 구사 乾金宮(건금궁) 三世(삼세) 壬午(임오) 火(화)
火生土(화생토)이니 父母神(부모신) 입궁

"name" : "관지박(觀之剝) 구오(九五)"

"content" : "난세가 깊어지니 천하의 중심부(中心部)조차 썩어가리라. 스스로 살길을 찾아야 하리니 군자(君子)라면 재앙을 마주하지 않으리라. 천하의 중심부(中心部)조차 훼손당하는 때이니 물고기를 한 꾸러미에 꿰듯이 한솥밥을 나누던 궁인(宮人)들을 잘 단속하여 지켜내면 이롭지 않음이 없으리라."

- 未(父) 巳(官) 卯(財) 未(父/世) 巳(官) 卯(財)
*孫爻/兄爻隱伏

풍지관괘 구오 乾金宮(건금궁) 四世(사세) 辛巳(신사) 火(화)
산지박괘 육오 乾金宮(건금궁) 五世(오세) 癸亥(계해) 水(수)
水克火(수극화)이니 白虎(백호) 官爻(관효) 입궁

"name" : "관지비(觀之比) 상구(上九)"

"content" : "점차 활로(活路)가 희미해지리니 과연 그 머리 되려는 자에게 살아날 방도가 있는지를 잘 헤아려 보아야 하리라. 사활(死活)의 근본(根本)

을 헤아릴 줄 아는 군자라면 시변(時變)에 화(禍)를 면하리라. 만일 그를 돕는 데 머리가 될 수 없는 자라면 흉하리라."

- 未(父) 巳(官) 卯(財) 未(父/世) 巳(官) **卯(財)**
*孫爻/兄爻隱伏

풍지관괘 상구 乾金宮(건금궁) 四世(사세) **辛卯(신묘) 木(목)**
수지비괘 상육 坤土宮(곤토궁) 三世(삼세) **戊子(무자) 水(수)**
水生木(수생목)이니 **父母神(부모신)** 입궁

21. 화뢰서합괘(火雷噬嗑卦)

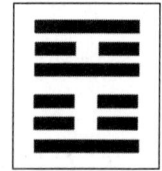

"噬嗑(서합)은 亨(형)하니 利用獄(이용옥)하니라."
- 이물(異物)을 해소(解消)함은 형통하니 獄(옥)을 쓰면 이로우니라.

"name" : "서합지진(噬嗑之晉) 초구(初九)"

"content" : "등불을 밝혀도 걸을 수 없으리니 그 발에 형구(刑具)가 신겨져 있어 걷지 못하기 때문이라. 감히 걷고자 하지 않으면 허물을 면하리라. 만일 나아가면 반드시 치이며 꺾이리니 바르게 해야 길하고, 그 맡은 일을 너그럽게 해야 허물을 면하리라."

- 子(父) 寅(兄) 辰(財) 酉(官) 未(財/世) 巳(孫)

화뢰서합괘 초구 巽木宮(손목궁) 五世(오세) **庚子(경자) 水(수)**
화지진괘 초육 乾金宮(건금궁) 四世(사세) **乙未(을미) 土(토)**
土克水(토극수)이니 **白虎(백호) 官爻(관효)** 입궁

"name" : "서합지규(噬嗑之睽) 육이(六二)"

"content" : "등지다가 심판에 의탁함이라. 아직 해소되지 않고 남은 잔재물 같은 것이 있으리니 그것을 없애면 허물이 없으리라. 큰일은 아니니 애써 법정(法庭)으로 갈 일이 아니요, 당사자 간에 거리의 찻집에서 만나 합의하면 되리라."

- 子(父) **寅(兄)** 辰(財) 酉(官) 未(財/世) 巳(孫)

화뢰서합괘 육이 巽木宮(손목궁) 五世(오세) **庚寅(경인)** 木(목)
화택규괘 구이 艮土宮(간토궁) 四世(사세) **丁卯(정묘)** 木(목)
木之木(목지목)이니 **兄神(형신)** 입궁

"name" : "서합지이(噬嗑之離) 육삼(六三)"

"content" : "해가 저물어 어두워지면 포(脯)를 더 말리지 못하므로 음지(陰地) 속에 두었던 자리에 독(毒)이 따라 드니, 선천(先天) 하늘이 기울 때 이것이 심판(審判)에 걸리게 되리라. 인문(人文)의 오랜 혈맥(血脈) 속에 숨어 있던 부정(不正)한 과거를 살펴 그 음지(陰地) 속의 독(毒)을 징계(懲戒)하리니 만일 조금 부끄러운 사안(事案)이면 죄(罪)를 면하게 되리라. 인문의 선천해가 다 저물기 전에 신도(神道)를 공경(恭敬)하고, 북을 울리며, 술을 올리며, 노래를 부르지 않으면 큰 노인이 탄식하리니 흉하리라."

- 子(父) 寅(兄) **辰(財)** 酉(官) 未(財/世) 巳(孫)

화뢰서합괘 육삼 巽木宮(손목궁) 五世(오세) **庚辰(경진)** 土(토)
중리화괘 구삼 離火宮(이화궁) 六世(육세) **己亥(기해)** 水(수)
土克水(토극수)이니 妻神(처신) **財神(재신)** 입궁

"name" : "서합지이(噬嗑之頤) 구사(九四)"

"content" : "포(胞)를 씹어 쇠화살을 얻으리니 매사 강건(剛健)함을 잃지 않아야 하리라. 허물을 징계하기 위해 바른 도리를 고집함에 어려움이 있겠으나 잘 견디면 이로우리라. 바른 도리를 지키는 일이라면 호랑이가 먹이를 탐하듯 해야 하리니, 그로써 허물이 없으리라."

- 子(父) 寅(兄) 辰(財) 酉(官) 未(財/世) 巳(孫)

화뢰서합괘 구사 巽木宮(손목궁) 五世(오세) **己酉(기유)** 金(금)
산뢰이괘 육사 巽木宮(손목궁) 四世(사세) **丙戌(병술)** 土(토)
土生金(토생금)이니 **父母神(부모신)** 입궁

"name" : "서합지무망(噬嗑之无妄) 육오(六五)"

"content" : "볕에 말린 포(脯)를 씹는데 황금을 읻으니 바드세 해도 위태로움이 있으리라. 볕에 말리는 것은 탕과 수독(水毒)을 제(除)하는 혁(革)이요 그로써 다시 진정한 생명을 얻는 것이니, 황금을 얻으므로 망령됨에 사로잡힐 위험이 있으리라. 헛된 생각과 행동이 자주 침범하여 바른 도리를 지키고 살기 어렵겠으나, 망동(妄動)이나 망념(妄念)으로 탈이 나고 병이 났을 때, 만일 약(藥)을 쓰지 않고 잘 이겨낸다면 기쁨이 있고 허물이 없으리라."

- 子(父) 寅(兄) 辰(財) 酉(官) **未(財/世)** 巳(孫)

화뢰서합괘 육오 巽木宮(손목궁) 五世(오세) **己未(기미)** 土(토)
천뢰무망괘 구오 巽木宮(손목궁) 四世(사세) **壬申(임신)** 金(금)
土生金(토생금)이니 **孫神(손신)** 입궁

"name" : "서합지진(噬嗑之震) 상구(上九)"

"content" : "우레가 직접 벼락을 내리며 징계(懲戒)에 임하니 죄가 드러나면 형틀을 받아 흉(凶)하리라. 우레가 그 진실을 파악하기 위해 새끼줄 내리듯 하며 번갯불이 수시로 번쩍이는데 대항하려 하면 흉하리라. 만일 우레가 방향을 돌려 이웃으로 내리면 모함과 허물을 면하게 되리니, 그 우레에 대적(對敵)해도 안 되고 혼인(婚姻)을 구해도 안 되리라."

火雷噬嗑卦(화뢰서합괘) 六親(육친)
- 子(父) 寅(兄) 辰(財) 酉(官) 未(財/世) 巳(孫)

화뢰서합괘 상구 巽木宮(손목궁) 五世(오세) **己巳(기사) 火(화)**
중진뢰괘 상육 震木宮(진목궁) 六世(육세) **庚戌(경술) 土(토)**
火生土(화생토)이니 **孫神(손신) 입궁**

22. 산화비괘(山火賁卦)

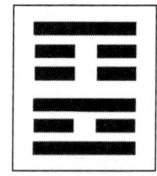

"賁(비)는 亨(형)하니 小利有攸往[5] (소리유유왕)하니라."
- 賁(비)는 형통하니 갈 바가 있으면 조금 이로우리라.

"name" : "비지간(賁之艮) 초구(初九)"

"content" : "저 산도 이 산도 넘을 수 없는 벽과 같으리라. 오직 이 터에 머물러 열심히 발품을 팔며 걸어서 공덕(功德)을 성취해야 하리니, 수레와 여타의 장식들을 모두 버려야 그로써 이롭고 허물이 없으리라."

- 卯(官/世) 丑(兄) 亥(財) 戌(兄) 子(財) 寅(官)
*父爻/孫爻隱伏

산화비괘 초구 艮土宮(간토궁) **初世(초세) 己卯(기묘) 木(목)**
중산간괘 초육 艮土宮(간토궁) **六世(육세) 丙辰(병진) 土(토)**
木克土(목극토)이니 **妻神(처신) 財神(재신)** 입궁

"name" : "비지대축(賁之大畜) 육이(六二)"

"content" : "청년(靑年)이 건강하게 자라나서 어른이 되는 길목에 당도하였으니 예(禮)와 의(義)와 인(仁)을 한 몸에 지녀야 하리라. 수레를 붙잡아 그 평형을 유지하는 데 복토가 제일인 것처럼 인의예(仁義禮)를 꿰뚫는 데는 중용

---

5) 賁(비)는 본질이 아니라 그 겉을 꾸미는 것이니 과정적으로 형통한 것이다. 이로움은 갈 바가 있을 때 조금 있다.

(中庸)을 잘 갖추는 일보다 중요한 것은 없으리라."

- 卯(官/世) **丑(兄)** 亥(財) 戌(兄) 子(財) 寅(官)
*父爻/孫爻隱伏

산화비괘 육이 艮土宮(간토궁) 初世(초세) **己丑(기축) 土(토)**
산천대축괘 구이 艮土宮(간토궁) 二世(이세) **甲寅(갑인) 木(목)**
木克土(목극토)이니 白虎(백호) **官爻(관효)** 입궁

"name" : "비지이(賁之頤) 구삼(九三)"

"content" : "본질에 통(通)하지 못하고 겉으로만 키우며 장식하기에 몰두하니 영원히 바른 도리라야 길하리라. 장식은 지엽(枝葉)일 뿐이니 이에 치중하면 필여적으로 그 기르는 본래의 도리를 이기므로 바르나 해노 흉하리라. 사회나 인생의 본질적 요소들을 외면하고 그 겉만을 중히 여기니 십 년을 노력하며 고치고 길러도 이롭지 못하리라."

- 卯(官/世) 丑(兄) **亥(財)** 戌(兄) 子(財) 寅(官)
*父爻/孫爻隱伏

산화비괘 구삼 艮土宮(간토궁) 初世(초세) **乙亥(을해) 水(수)**
산뢰이괘 육삼 巽木宮(손목궁) 四世(사세) **庚辰(경진) 土(토)**
土克水(토극수)이니 **官爻(관효)** 입궁

"name" : "비지이(賁之離) 육사(六四)"

"content" : "불의 문명(文明)이 찬란하게 세상을 덮게 될지라도 삶을 병들게 하는 가식적(假飾的)인 것들을 멀리하고 소박한 것으로써 인생을 꾸며라.

인문이 이러한 문명적 요소들을 잘 취하여 버리지 않음이 생존을 구하는 첩경이니, 화마(火魔)가 돌연 엄습하여 가식(假飾)과 헛된 위용으로 만들어진 모든 껍질들을 불사르며, 버리고 죽이는 날이 있으리라."

- 卯(官/世) 丑(兄) 亥(財) 戌(兄) 子(財) 寅(官)
*父爻/孫爻隱伏

산화비괘 육사 艮土宮(간토궁) 初世(초세) **丙戌(병술) 上(토)**
중리화괘 구사 離火宮(이화궁) 六世(육세) **己酉(기유) 金(금)**
土生金(토생금)이니 **孫神(손신) 입궁**

"name" : "비지가인(賁之家人) 육오(六五)"

"content" : "군자(君子)가 가도(家道)를 근심하여 홀로 동산에서 비단을 구하듯 하지만 그 결과는 그리 만족하지 못하리라. 가도(家道)가 빛남은 국가의 성쇠(盛衰)에 따르는 법이니 왕이 이르러 이 문제를 근심하여야 그로써 길(吉)하게 되리라."

- 卯(官/世) 丑(兄) 亥(財) 戌(兄) **子(財)** 寅(官)
*父爻/孫爻隱伏

산화비괘 육오 艮土宮(간토궁) 初世(초세) **丙子(병자) 水(수)**
풍화가인 구오 巽木宮(손목궁) 二世(이세) **辛巳(신사) 火(화)**
水克火(수극화)이니 **妻神(처신) 財神(재신) 입궁**

"name" : "비지명이(賁之明夷) 상구(上九)"

"content" : "난세의 어둠이 깊어지니 부디 그 삶을 소박하게 하고 희게 꾸며야 허물이 없으리라. 세상이 조금도 밝지 못하여 그믐과 같아지리니 이때 暗主(암주)가 하늘 높은 줄 모르고 오르지만, 곧 떨어져 땅으로 곤두박질치리라."

- 卯(官/世) 丑(兄) 亥(財) 戌(兄) 子(財) **寅(官)**
*父爻/孫爻隱伏

산화비괘 상구 艮土宮(간토궁) 初世(초세) **丙寅(병인) 木(목)**
지화명이괘 상육 坎水宮(감수궁) 四世(사세) **癸酉(계유) 金(금)**
金克木(금극목)이니 **官爻(관효) 입궁**

23. 산지박괘(山地剝卦)

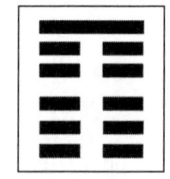

"剝(박)은 不利有攸往(불리유유왕)하니라."
- 침탈이 있을 때 나아갈 바가 있음은 이롭지 못하리라.

"name" : "박지이(剝之頤) 초육(初六)"

"content" : "노력과 수고를 버리면 인생을 기르는 것이 아니라 깎아 내고 훼손하는 것과 다름이 없으리라. 그 발이 온전치 못하면 상판(牀板)이 기울어짐과 같이 사람이 스스로 수고를 들이지 않으면 결국 바른 도리가 모두 사라져 흉하게 되리라. 무릇 인간의 몸은 신령한 거북이와 같이 무궁한 조화를 담아내는 그릇이며 모든 가능성의 상판(上板)과 같은 것인데, 스스로 진실을 구하려는 노력을 버린 채 고개를 들어 나를 보며 그 턱을 늘어뜨리니, 그 모양이 흉하다 하는 것이라."

- 未(父) 巳(官) 卯(財) 戌(父) 子(孫/世) 寅(財)
*兄爻隱伏

산지박괘 초육 乾金宮(건금궁) 五世(오세) 乙未(을미) 土(토)
산뢰이괘 초구 巽木宮(손목궁) 四世(사세) 庚子(경자) 水(수)
土克水(토극수)이니 妻神(처신) 財神(재신) 입궁

"name" : "박지몽(剝之蒙) 육이(六二)"

"content" : "상(牀)의 접합부가 훼손되어 상하(上下)의 분별과 도의(道義)

가 무너지며 바른 도리가 사라져, 흉한 세상이라. 난세에 그래도 포용할 만한 사람을 들이면 길하며 그 아들이 집안을 잘 일으키리라."

- 未(父) 巳(官) 卯(財) 戌(父) 子(孫/世) 寅(財)
*兄爻隱伏

산지박괘 육이 乾金宮(건금궁) 五世(오세) 乙巳(을사) 火(화)
산수몽괘 구이 離火宮(이화궁) 世(사세) 戊辰(무진) 土(토)
火生土(화생토)이니 孫神(손신) 입궁

"name" : "박지간산(剝之艮山) 육삼(六三)"

"content" : "서로 긴장하고 대립하며 배타적(排他的)인 영역을 주장하니 조금이라도 더 차지하고자 상대의 영역에 침범하는 것을 허물하기 어려우리라. 서로 한발 물러나 그 배타적인 경계를 한정(限定)하며 나란히 순열(順列)하려고 노력한다면 위태롭지만 좋은 마음이라 하리라."

- 未(父) 巳(官) 卯(財) 戌(父) 子(孫/世) 寅(財)
*兄爻隱伏

산지박괘 육삼 乾金宮(건금궁) 五世(오세) 乙卯(을묘) 木(목)
중간산괘 구삼 艮土宮(간토궁) 六世(육세) 丙申(병신) 金(금)
金克木(금극목)이니 官爻(관효) 입궁

"name" : "박지진(剝之晉) 육사(六四)"

"content" : "상판(牀板) 위를 돌아다니며 그 면(面)을 훼손하니 천하가 어지러워져 그 모양이 흉하리라. 그 정치(政治)하는 행태를 보면 마치 큰 쥐가 잘

차려진 상판(牀板) 위의 음식을 향해 돌진하여 탐식하는 것과 같아 바른 것이라 해도 위태로우리라."

- 未(父) 巳(官) 卯(財) 戌(父) 子(孫/世) 寅(財)
*兄爻隱伏

산지박괘 육사 乾金宮(건금궁) 五世(오세) 丙戌(병술) 土(토)
화지진괘 구사 乾金宮(건금궁) 四世(사세) 己酉(기유) 金(금)
土生金(토생금)이니 孫神(손신) 입궁

"name" : "박지관(剝之觀) 육오(六五)"

"content" : "훼손되고 침탈됨이 판(板)의 중심에 이르리니 물고기 떼를 잘 건져내어 하나로 꿰듯이 궁인(宮人)들을 아끼고 살피면 이롭지 않음이 없으리라. 시변(時變)의 해악(害惡)이 사회 깊숙이 침투되었으니 이때는 스스로 살길을 도모해야 하리라. 군자는 시변(時變)의 해악(害惡)을 잘 헤아려 허물을 면하리라."

- 未(父) 巳(官) 卯(財) 戌(父) 子(孫/世) 寅(財)
*兄爻隱伏

산지박괘 육오 乾金宮(건금궁) 五世(오세) 병자(丙子) 수(水)
풍지관괘 구오 乾金宮(건금궁) 四世(사세) 경신(庚申) 금(金)
水克火(수극화)이니 손신(孫神) 입궁

"name" : "박지곤(剝之坤) 상구(上九)"

"content" : "천하의 도리가 크게 훼손되니 세상은 마치 잡풀이 우거진 광야와 같으리라. 군자는 아무리 큰 과실이라도 도리가 아니면 취하지 않았으므로 장차 수레를 얻을 것이며 소인은 오두막을 훼손당하리라. 이때 천지가 서로 요동치는 가운데 용들이 이 광야에서 전쟁을 벌이니 그 피가 누렇고 또 검으리라."

- 未(父) 巳(官) 卯(財) 戌(父) 子(孫/世) **寅(財)**
*兄爻隱伏

산지박괘 상구 乾金宮(건금궁) 五世(오세) **병인(丙寅) 목(木)**
중곤지괘 상육 坤土宮(곤토궁) **癸酉(계유) 金(금)**
土生金(토생금)이니 **孫神(손신) 입궁**

24. 지뢰복괘(地雷復卦)

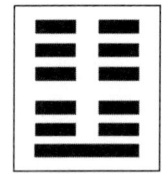

"復(복)은 亨(형)하니 出入无疾(출입무질)하야 朋來无咎(붕래무구)라. 反復其道(반복기도)하야 七日來復(칠일래복)하니 利有攸往(이유유왕)이니라."
- 회복함은 형통하니 들고남에 질병이 없어 벗이 찾아와도 허물이 없느니라. 그 도가 反復(반복)하여 칠일이면 그 회복이 돌아오니 갈 바가 있으면 이로우리라.

"name" : "복지곤(復之坤) 초구(初九)"

"content" : "건양(乾陽)이 시생(始生)하여 사물(事物)이 동(動)하니 회복될 날도 멀지 않으리라. 이렇게 움직여 나아가면 후회에 이르지 않으리니 크게 길하리라. 서리를 밟다 보면 어느 날 그 디딤발이 견고한 얼음 위에 올라 있음과 같이 그 회복의 도리(道理)는 점차(漸次) 노력을 거듭함에 있으리라."

- 子(財/世) 寅(官) 辰(兄) 丑(兄) 亥(財) 酉(孫)
*父爻隱伏

지뢰복괘 초구 坤土宮(곤토궁) 初世(초세) 庚子(경자) 水(수)
중곤지괘 초육 土宮(토궁) 乙未(을미) 土(토)
土克水(토극수) 白虎(백호) 官爻(관효) 입궁

"name" : "복지임(復之臨) 육이(六二)"

"content" : "생기(生氣)가 모여들어 자리를 틀게 되니 물물(物物)이 모두 아

름답게 회복되리라. 회복되어 생기(生氣)가 넘치는 모양이 물결치듯 번져나
니 길하며 이롭지 않음이 없으리라."

- 子(財/世) 寅(官) 辰(兄) 丑(兄) 亥(財) 酉(孫)
*父爻隱伏

지뢰복괘 육이 坤土宮(곤토궁) 初世(초세) 庚寅(경인) 木(목)
지택림괘 구이 坤土宮(곤토궁) 二世(이세) 丁卯(정묘) 木(목)
木之木(목지목)이니 兄神(형신) 입궁

"name" : "복지명이(復之明夷) 육삼(六三)"

"content" : "회복이 잘 되려 하다가도 불현듯 어떤 큰 벽에 간간이 부딪히니 그 모양이 위태롭지만 재앙은 아니라. 밝은 남쪽 땅으로 가면 어두운 그림자를 짙게 드리운 암주(暗主)가 숨어 있는데, 사냥에 임하면 그 머리를 취할 수 있으리라. 이 사람이 지닌 오랜 업장과 기질을 제(除)하자면 긴 시간을 두고 순치(順治)에 임할 수밖에 없으리라."

- 子(財/世) 寅(官) 辰(兄) 丑(兄) 亥(財) 酉(孫)
*父爻隱伏

지뢰복괘 육삼 坤土宮(곤토궁) 初世(초세) 庚辰(경진) 土(토)
지화명이괘 구삼 坎水宮(감수궁) 四世(사세) 己亥(기해) 水(수)
土克水(토극수)이니 妻神(처신) 財神(재신) 입궁

"name" : "복지진(復之震) 육사(六四)"

"content" : "우레가 치며 내리는 뜻은 만물을 소생(蘇生)시키려는 중행(中

行)의 공덕(功德)이니 천하사(天下事)요 외로운 길이라. 천하가 깊은 수렁에 빠져 진흙 범벅이 되었으므로 저 스스로 헤어나지 못하리라. 이렇게 어지럽고 혼탁할 때 구원의 길을 내기 위해 친히 어두운 세상의 밑바닥으로 우레가 잠장(潛藏)하나니, 이는 모두 천하 회복을 위한 독행(獨行)이며 사명(使命)이니라."

- 子(財/世) 寅(官) 辰(兄) 丑(兄) 亥(財) 酉(孫)
*父爻隱伏

지뢰복괘 육사 坤土宮(곤토궁) 初世(초세) 癸丑(계축) 土(토)
중진뢰괘 구사 震木宮(진목궁) 六世(육세) 庚午(경오) 火(화)
火生土(화생토)이니 父母神(부모신) 입궁

"name" : "복지준(復之屯) 육오(六五)"

"content" : "국가의 기틀이 굳건하고 산업 기반이 강건(剛健)하니 이를 더욱 두텁게 다지는 것이 장차의 후회를 막는 길이 되리라. 그 나라의 강역(疆域)이 기름질 것이며 풍족해지리니 어떤 모순이 생기면 이것을 조금씩 바로잡을 일이요 그 문제를 확대하면서 크게 바로잡고자 그 판을 뒤집는 결정은 흉(凶)이니 금(禁)해야 하리라."

- 子(財/世) 寅(官) 辰(兄) 丑(兄) 亥(財) 酉(孫)
*父爻隱伏

지뢰복괘 육오 坤土宮(곤토궁) 初世(초세) 癸亥(계해) 水(수)
수뢰준괘 구오 감수궁 二世(이세) 戊戌(무술) 土(토)
土克水(토극수)이니 官爻(관효) 입궁

"name" : "복지이(復之頤) 상육(上六)"

"content" : "이미 그 노선(路線)이나 가지들이 너무 어지럽고 혼탁하게 얽혀 있어 회복이 불가(不可)한 상태라. 나라에 흉(凶)이 들어 만일 겁재(劫災)나 재앙이 생겼을 때, 이것을 해소하기 위해 군대를 쓰면, 마침내는 크게 패하게 되어 그 나라의 임금도 위험해지리라. 다만 회복을 위해 다음 세대를 잘 기르고자 큰 내를 건너는 고통을 감내한다면 이로우리라."

地雷復卦(지뢰복괘) 六親(육친)

- 子(財/世) 寅(官) 辰(兄) 丑(兄) 亥(財) 酉(孫)
*父爻隱伏

지뢰복괘 상육 坤土宮(곤토궁) 初世(초세) **癸酉(계유) 金(금)**
산뢰이괘 상구 巽木宮(손목궁) 四世(사세) **丙寅(병인) 木(목)**
金克木(금극목)이니 **財神(재신)** 입궁

25. 천뢰무망괘(天雷无妄卦)

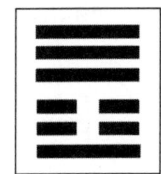

"无妄(무망)은 元亨利貞(원형이정)하니 其匪正(기비정)이면 有眚(유생)하여 不利有攸往(불리유유왕)하나라."
- 망령됨을 방비함은 원형이정(元亨利貞)이라야 하며 그 바른 것이 아니면 재앙이 있어 갈 바가 있어도 이롭지 못하리라.

"name" : "무망지비(无妄之否) 초구(初九)"

"content" : "외부로부터 아무런 도움 없이 스스로 살아가야 할 인생(人生)이지만, 삶이 허망(虛妄)해지지 않도록 단속하여 적극 노력하면 길하리라. 들녘에 널린 띠풀을 뽑아 그것으로 소의 여물을 삼고 또 그로써 무성하게 이룰 수 있음과 같이 어려운 가운데에서도 바른 도리를 지켜 잃지 않으면 길하고 형통하리라."

- 子(父) 寅(兄) 辰(財) 午(孫/世) 申(官) 戌(財)

천뢰무망괘 초구 巽木宮(손목궁) 四世(사세) **庚子(경자) 水(수)**
천지비괘 초육 乾金宮(건금궁) 三世(삼세) **乙未(을미) 土(토)**
土克水(토극수)이니 **官爻(관효) 입궁**

"name" : "무망지리(无妄之履) 육이(六二)"

"content" : "신령한 호랑이를 따라가는 이 중행(中行)의 사명에 임하면 일체의 허망(虛妄)함이 없어지나니 장차 밭을 일구지 않아도 수확이 나고 개간하지 않아도 새 밭을 얻게 되리라. 그 따르는 길이 탄탄하리니 마음가짐과 언행에 신중하여 음덕(陰德)을 중히 여길 것이며, 있는 듯 없는 듯하되 늘 바른 자세를 견지함이 좋으리라."

- 子(父) **寅(兄)** 辰(財) 午(孫/世) 申(官) 戌(財)

천뢰무망괘 육이 巽木宮(손목궁) 四世(사세) **庚寅(경인) 木(목)**
천택리괘 구이 艮土宮(간토궁) 五世(오세) **丁卯(정묘) 木(목)**
木之木(목지목)이니 **兄神(형신)** 입궁

"name" : "무망지동인(无妄之同人) 육삼(六三)"

"content" : "사람들이 합세하여 모두 망령 된 마음으로 하나가 되더니 소를 매어둔 채 밭을 버리므로 길 가던 행인이 소를 몰고 떠남으로써 훗날 그 나라 사람들이 모두 재앙에 이르게 되었다 하였느니라. 이처럼 사람들이 뜻을 모아 서로 어울려 망령됨을 키우고 허망한 마음을 내어 단결하며 기회를 탐하고자 유리한 농단(壟斷)에 엎드려서 획책(劃策)하였으나 삼 년이 흘러도 재앙 이외에 얻는 것은 없으리니 이것을 무망지재(无妄之災)라 하느니라."

- 子(父) 寅(兄) **辰(財)** 午(孫/世) 申(官) 戌(財)

천뢰무망 육삼 巽木宮(손목궁) 四世(사세) **庚辰(경진) 土(토)**
천화동인 구삼 離火宮(이화궁) 三世(삼세) **己亥(기해) 水(수)**
土克水(토극수)이니 妻神(처신) **財神(재신)** 입궁

"name" : "무망지익(无妄之益) 구사(九四)"

"content" : "바람과 우레가 서로 도움은 천하를 이롭게 하고자 함이요 근신

(近臣)으로서 마땅히 익도(益道)를 행(行)함에는 바르게 할 수 있어야 허물을 면하리라. 대중(大衆)이 연루된 일은 비록 그 규모가 큰 것이든 작은 것이든 사사로움이 없는 中行(중행)으로 모든 일을 公(공)에게 아뢴 뒤에 그 命(명)에 따라야 하리라. 만일 나라를 옮기거나 그 도읍을 옮기는 일이라면 더욱 공(公)에게 의지하여 따라야 이로우리라."

- 子(父) 寅(兄) 辰(財) 午(孫/世) 申(官) 戌(財)

천뢰무망 구사 巽木宮(손목궁) 四世(사세) **壬午(임오) 火(화)**
풍뢰익괘 육사 巽木宮(손목궁) 三世(삼세) **辛未(신미) 土(토)**
火生土(화생토)이니 **子孫(자손)** 입궁

   "name" : "무망지서합(无妄之噬嗑) 구오(九五)"

   "content" : "수독(水毒)이 있는 포(胞)를 볕에 잘 말린다 해도 탕과 습(濕)이 숨어 있을 수 있듯이 사람이 망령됨을 멀리하고 건강(健康)하게 살려고 해도 재물이 풍족해지면 절로 망념이 생기게 됨이라. 이때 耐性(내성)을 내어 치유함으로써 약을 쓰지 않을 수 있으면 삶의 기쁨이 있으리라. 황금을 얻고 바른 도리를 지켜내기 어려웠을 것이나 중덕(中德)에 따랐으니 큰 허물이 없으리라."

- 子(父) 寅(兄) 辰(財) 午(孫/世) **申(官)** 戌(財)

천뢰무망 구오 巽木宮(손목궁) 四世(사세) **壬申(임신) 金(금)**
화뢰서합괘 육오 巽木宮(손목궁) 五世(오세) **己未(기미) 土(토)**
土生金(토생금)이니 **父母神(부모신)** 입궁

   "name" : "무망지수(无妄之隨) 상구(上九)"

"content" : "따르는 무리 가운데 반드시 망령됨을 막아야 하는 人事(인사)가 있으니 만일 막지 못하여 그가 움직이면 재앙이 되어 이로울 바가 없게 되리라. 망령됨을 방비하고 단속함에는 기본적인 大法(대법)에 順從(순종)토록 하여야 함이니 왕이 西山(서산)에서 제향을 올린 뒤에 그 準則(준칙)을 선포하여 쓸 일이라."

子(父) 寅(兄) 辰(財) 午(孫/世) 申(官) 戌(財)

천뢰무망괘 상구 巽木宮(손목궁) 四世(사세) **壬戌(임술) 土(토)**
택뢰수괘 상육 震木宮(진목궁) 三世(삼세) **丁未(정미) 土(토)**
土之土(토지토)이니 **兄神(형신) 입궁**

26. 산천대축괘(山天大畜卦)

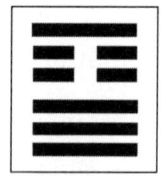

"大畜(대축)은 利貞(이정)하고 不家食(불가식)함이 吉(길)코 利涉大川(이섭대천)하니라."
- 큰 공덕을 성취하고자 하면 바르게 해야 이롭고 집에서 편안히 밥을 먹지 않아야 길하며 큰 내를 건너듯 해야 이로우리라.

"name" : "대축지고(大畜之蠱) 초구(初九)"

"content" : "반복해서 쌓고 있는 것은 허물이요 더 높아지면 위태로우리니 그만 멈추는 것이 이로우리라. 아비의 허물이 혈맥(血脈)을 타고 내려 그 아들의 몸에 박혀 있으니, 이것을 바로잡아야 돌아가신 아비가 또한 그 허물을 면할 수 있으리라. 그러나 철을 알지 못하니 위태로움이 있으리라. 이 일을 잘 마쳐야 삶이 길하리라."

- 子(財) 寅(官/世) 辰(兄) 戌(兄) 子(財) 寅(官)
*父爻/孫爻隱伏

산천대축 초구 艮土宮(간토궁) 二世(이세) 甲子(갑자) 水(수)
산풍고괘 초육 巽木宮(손목궁) 三世(삼세) 辛丑(신축) 土(토)
土克水(토극수)이니 白虎(백호) 官爻(관효) 입궁

"name" : "대축지비(大畜之賁) 구이(九二)"

"content" : "수레의 복토는 상판(牀板) 아래에 있어 눈에 보이지 않으나 굴대를 붙들어 수레의 이탈을 방지하나니 큰일을 이루고자 하면 반드시 먼저 중용(中庸)의 도리를 깨우쳐 체득해야 하리라. 사람이 성장하여 어른이 될 때 수염이 세 방향으로 자라남에 그 수염을 균형 있게 잘 다듬어 어지럽지 않게 꾸미고자 하면, 눈에 보이지 않는 중용의 균형점을 지니고 있어야 하는 법과 같으리라."

- 子(財) 寅(官/世) 辰(兄) 戌(兄) 子(財) 寅(官)
*父爻/孫爻隱伏

산천대축괘 구이 艮土宮(간토궁) 二世(이세) 甲寅(갑인) 木(목)
산화비괘 육이 艮土宮(간토궁) 初世(초세) 己丑(기축) 土(토)
木克土(목극토)이니 妻神(처신) 財神(재신) 입궁

"name" : "대축지손(大畜之損) 구삼(九三)"

"content" : "넉넉하게 이룬 뒤에 이것을 덜어서 천하의 희생(犧牲)에 들이는 것이 상도(常道)라. 명마(名馬)는 반드시 그에 맞는 주인을 짝으로 받는 법이니, 야생에서 크게 성장한 말을 찾은 뒤에, 바른 것을 고집하게 하고, 훈련을 잘 견디도록 하면 이로우리라. 날마다 마구간에서 대기하는 법과 수레 모는 법과 호위에 나아가는 법에 익숙해지도록 하면 갈 바가 있을 때 이로우리라. 천하사(天下事)가 그러하리니 세 사람이 동행(同行)하면 그 가운데 한 사람은 스승이 될 재목이요 그 한 사람을 덜어내어 천하를 위한 장도(長途)에 들이리라. 그가 멀리 나아가 다시 그의 벗이 될 만한 이들을 얻게 하리라."

- 子(財) 寅(官/世) 辰(兄) 戌(兄) 子(財) 寅(官)
*父爻/孫爻隱伏

산천대축괘 구삼 艮土宮(간토궁) 二世(이세) 甲辰(갑진) 土(토)

산택손괘 육삼 艮土宮(간토궁) 三世(삼세) **丁丑(정축) 土(토)**
土之土(토지토)이니 **兄神(형신) 입궁**

   "name" : "대축지대유(大畜之大有) 육사(六四)"

   "content" : "큰 물건이나 성과일수록 겉으로 보이기에 위대하게 보이지만 세밀하게 본다면 많은 허물이 감추어져 있는 법이니 헛되이 일어나서 부풀려진 점은 없는지 여러 번 돌러보아야 허물을 면하게 되리라. 본래 크게 자랄 물건에는 미리 제어(制御)할 일을 먼저 생각해야 함이니, 옛사람들이 큰 송아지에게 코뚜레를 하여 그 길함을 오래 보존하여 왔음을 잊지 말아야 하리라."

- 子(財) 寅(官/世) 辰(兄) 戌(兄) 子(財) 寅(官)
*父爻/孫爻隱伏

산천대축괘 육사 艮土宮(간토궁) 二世(이세) **丙戌(병술) 土(토)**
화천대유괘 구사 乾金宮(건금궁) 三世(삼세) **己酉(기유) 金(금)**
土生金(토생금)이니 **孫神(손신) 입궁**

   "name" : "대축지소축(大畜之小畜) 육오(六五)"

   "content" : "거세되어 탐욕을 버린 돼지가 그 어금니로 음식을 삭이듯 하니 길하리라. 흰 소가 세상에 나와 밭을 가는 격이니 인연마다 축복에 쌓이리라. 미더움으로 서로 이웃하고 또 부유함으로 이웃하니 크게 길하리라."

- 子(財) 寅(官/世) 辰(兄) 戌(兄) **子(財)** 寅(官)
*父爻/孫爻隱伏

산천대축괘 육오 艮土宮(간토궁) 二世(이세) **丙子(병자) 水(수)**

풍천소축 구오 巽木宮(손목궁) 初世(초세) 辛巳(신사) 火(화)
水克火(수극화)이니 妻神(처신)財神(재신) 입궁

"name" : "대축지태(大畜之泰) 상구(上九)"

"content" : "천지가 열려 원원(元元)한 하늘의 네거리(天衢)에 이르기까지 문명이 통하게 되니 형통하리라. 그러나 이때 어리석은 치자(治者)가 깊이 경계(警戒)하며 자읍(自邑)의 성(城)을 복구하고 해자를 깊이 파도록 알리고 또 명(命)하니 바르다 해도 부끄러운 일이라."

- 子(財) 寅(官/世) 辰(兄) 戌(兄) 子(財) 寅(官)
*父爻/孫爻隱伏

산천대축 상구 艮土宮(간토궁) 二世(이세) 丙寅(병인) 木(목)
지천대괘 상육 坤土宮(곤토궁) 三世(삼세) 癸酉(계유) 金(금)
金克木(금극목)이니 白虎(백호) 官爻(관효) 입궁

27. 산뢰이괘(山雷頤卦)

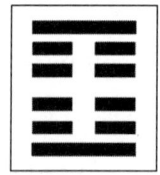

"頤(이)는 貞吉(정길)하니 觀頤(관이)하고 自求口實(자구구실)하니라."
- 기르는 도리는 바르게 해야 길하니 頤卦(이괘)의 도리를 살펴 스스로 그 안에(口) 實(실)한 깃을 구해 들여야 하리라.

"name" : "이지박(頤之剝) 초구(初九)"

"content" : "신령한 거북과 같은 그 몸을 잘 수신(修身)하지 않고 버리면서 나를 바라보며 턱을 늘이고 있으니 양현(養賢)의 도리를 찾을 수 없어 흉하리라. 평상(平床)이 기우는 것은 그 발이 훼손당했기 때문이니 기본(基本)이 훼손되면 그로써 바른 도리가 모두 사라져 흉하리라."

- 子(父) 寅(兄) 辰(財) 戌(財/世) 子(父) 寅(兄)
*孫爻/官爻 隱伏

산뢰이괘 초구 巽木宮(손목궁) 四世(사세) 庚子(경자) 水(수)
산지박괘 초육 乾金宮(건금궁) 五世(오세) 乙未(을미) 土(토)
土克水(토극수)이니 官爻(관효) 입궁

"name" : "이지손(頤之損) 육이(六二)"

"content" : "나무가 중심을 잃고 그 머리를 하늘로 향하지 않은 채 자라나는 것을 두고 전이(顚頤)라 하겠으니 기울어짐은 이미 위태로움이요 바른 것을 추구함이 이로우리라. 중심(中心)을 잘 지켜 이것에 보탬이 될 일을 스스로 구함이 좋으리라. 강중(剛中)이 인생을 양육함에 버리는 것만이 능사(能事)가 아니며 남들이 보기에 좋아 보이는 언덕에 의탁하여 길러지는 것 만이 능사(能事)는 아니라. 전이(顚頤)를 경계하고 중심을 지키고 보태는 데 힘쓴다면 한 걸음 더 성숙해지리라."

- 子(父) **寅(兄)** 辰(財) 戌(財/世) 子(父) 寅(兄)
*孫爻/官爻 隱伏

산뢰이괘 육이 巽木宮(손목궁) 四世(사세) **庚寅(경인) 木(목)**
산택손괘 구이 艮土宮(간토궁) 三世(삼세) **丁卯(정묘) 木(목)**
木之木(목지목)이니 **兄神(형신) 입궁**

"name" : "이지비(頤之賁) 육삼(六三)"

"content" : "사물의 본질을 외면한 채 겉으로 드러난 사실에 치중하니 이것은 명백히 기르는 도리를 어기는 바라. 바른 태도라 해도 흉하리라. 마치 이미 꾸며진 색(色) 위에 거듭 비슷한 색만을 더하는 격이니 십 년의 노력이 아무 소용 없이 시간만 역행(逆行)되어 이로울 바가 없으리라. 천하에 같은 색과 무늬만 즐비하니 영원히 바른 도리라야 길하리라."

- 子(父) 寅(兄) **辰(財)** 戌(財/世) 子(父) 寅(兄)
*孫爻/官爻 隱伏

산뢰이괘 육삼 巽木宮(손목궁) 四世(사세) **庚辰(경진) 土(토)**
산화비괘 구삼 艮土宮(간토궁) 初世(초세) **乙亥(을해) 水(수)**
土克水(토극수)이니 **妻神(처신) 財神(재신) 입궁**

"name" : "이지서합(頤之噬嗑) 육사(六四)"

"content" : "저 아래 초구(初九)의 언덕에서 물어 그 지침(指針)으로부터 구하고자 하니 거꾸로 기른다 함이라. 이러한 행동을 호랑이(武人)가 먹이를 탐하듯 하나 허물이 없으리라. 허물이 없다 함은 볕에 말려 수독(水毒)을 제(除)하고 보니 그 포(胞)에 쇠화살이 있어 반듯한 지표가 있었기 때문이라. 어려움을 바르게 이기면 이롭고 길하리라."

- 子(父) 寅(兄) 辰(財) **戌(財/世)** 子(父) 寅(兄)
*孫爻/官爻 隱伏

산뢰이괘 육사 巽木宮(손목궁) **四世(사세) 丙戌(병술) 土(토)**
화뢰서합괘 구사 巽木宮(손목궁) **五世(오세) 己酉(기유) 金(금)**
土生金(토생금)이니 **孫神(손신)** 입궁

"name" : "이지익(頤之益) 육오(六五)"

"content" : "군자가 양현(養賢)에 있어 외적(外的) 이익(利益)의 조력(助力)에 의존하면 진정한 조리(條理)를 얻지 못하고 도리어 어기게 되리라. 바르게 머물러야 길하리라. 온실 속의 화초(花草)와 같이 그러한 구실(口實)로 기르면 큰 내를 건널 수 없으리라. 그러나 바람과 우레가 서로 도우며 보탬과 같이 천하에 보태고자 하면 그것은 물을 필요도 없이 크게 길하고 나의 덕을 은혜롭게 하는 것이라."

- 子(父) 寅(兄) 辰(財) 戌(財/世) **子(父)** 寅(兄)
*孫爻/官爻 隱伏

산뢰이괘 육오 巽木宮(손목궁) 四世(사세) **丙子(병자) 水(수)**

풍뢰익괘 구오 巽木宮(손목궁) 三世(삼세) 辛巳(신사) 火(화)
水克火(수극화)이니 妻神(처신) 財神(재신) 입궁

"name" : "이지복(頤之復) 상구(上九)"

"content" : "나라의 회복은 요원(遼遠)해지고 다만 혼미(昏迷)할 뿐이니 회복을 위한 기초(基礎)를 다시 준비하는 것만이 위태로우나 마땅히 현명한 길이라. 그 일에 임하여 큰 내를 건너듯이 하면 이로우리라. 나라의 현실은 흉하고, 재앙이 겹쳐서 난국(亂國)을 타개하기 위해 군대를 부리지만 10년을 싸워도 결국 크게 패하리니 그 나라의 왕이 흉한 결과를 맞으리라."

- 子(父) 寅(兄) 辰(財) 戌(財/世) 子(父) 寅(兄)
*孫爻/官爻 隱伏

산뢰이괘 상구 巽木宮(손목궁) 四世(사세) 丙寅(병인) 木(목)
지뢰복괘 상육 坤土宮(곤토궁) 初世(초세) 癸酉(계유) 金(금)
金克木(금극목)이니 官爻(관효) 입궁

28. 택풍대과괘(澤風大過卦)

"大過(대과)는 棟(동)이 橈(요)니 利有攸往(이유유왕)[6]이 亨(형)이라."
크게 지나치므로 용마루가 부러짐이니 갈 바가 있음이 형통하니라.

"name" : "대과지쾌(大過之夬) 초육(初六)"

"content" : "크게 지나친 상대를 결단해야 하는 일을 만났으나 울분을 가누지 못하고 서둘러 움직여 나아가면 도리어 결단을 당하는 처지가 되리라. 섣불리 움직여 계란으로 바위를 치듯 하면 도리어 자신이 부서지는 격이니, 천시(天時)가 초효(初爻)에 걸려 있음을 알아야 하리라. 아직 그때가 아님을 아는 군자라면 옛적에 초야에서 이엉을 엮으며 시절을 보낸 선비들의 삶을 돌아보라."

- 丑(財) 亥(父) 酉(官) 亥(父/世) 酉(官) 未(財)
*兄爻/孫爻 隱伏

택풍대과괘 초육 震木宮(진목궁) 四世(사세) 辛丑(신축) 土(토)
택천쾌괘 초구 坤土宮(곤토궁) 五世(오세) 甲子(갑자) 水(수)
土克水(토극수)이니 妻神(처신) 財神(재신) 입궁

"name" : "대과지함(大過之咸) 구이(九二)"

---

6) 고목을 떠나서 갈 바가 있으면 이로우니 그 滅亡(멸망)의 凶事(흉사)를 피하기 때문이다.

"content" : "크게 지나쳐 교감(交感)에 임하기를 고목 나무가 꽃을 피우듯 하고, 노부(老夫)가 그 아내를 얻듯이 하리니, 이롭지 않음이 없으리라. 그러나 사람의 기본 도리로서 깊은 고민과 염려하는 마음이 없이, 종아리가 그 발을 따르듯이 함부로 움직이면 흉하고, 다만 그대로 머물고자 함이 더 좋으리라."

- 丑(財) 亥(父) 酉(官) 亥(父/世) 酉(官) 未(財)
*兄爻/孫爻 隱伏

택풍대과괘 구이 震木宮(진목궁) 四世(사세) **辛亥(신해) 水(수)**
택산함괘 육이 兌金宮(태금궁) 三世(삼세) **丙午(병오) 火(화)**
水克火(수극화)이니 **妻神(처신) 財神(재신)** 입궁

"name" : "대과지곤(大過之困) 구삼(九三)"

"content" : "괴롭고 또한 고통스럽기를 사람으로 치면 허리가 부러진 듯하고, 집으로 말하면 용마루가 부러진 것 같고, 나라로 말하면 궁궐(宮闕)이 허물어짐과 같아 그 머무는 자리가 흉하리라. 나라의 초석(礎石)이 기울어 큰 곤경에 처해지므로 임금이 일시에 광야의 풀밭에 의거(依據)하였다가 고요할 무렵 그 궁(宮)으로 돌아와 보니, 그 아내를 볼 수 없어 흉하리라."

- 丑(財) 亥(父) **酉(官)** 亥(父/世) 酉(官) 未(財)
*兄爻/孫爻 隱伏

택풍대과괘 구삼 震木宮(진목궁) 四世(사세) **辛酉(신유) 金(금)**
택수곤괘 육삼 兌金宮(태금궁) 初世(초세) **戊午(무오) 火(화)**
火克金(화극금)이니 **白虎(백호) 官爻(관효)** 입궁

"name" : "대과지정(大過之井) 구사(九四)"

"content" : "부러진 대들보와 용마루를 재건(再建)하듯 국기(國紀)를 재건하면 길하나, 다른 일에 몰두하면 한스러우리라. 우물의 물이 누수되거나 새지 않도록 벽과 그 벽돌을 잘 고치는 일이니, 생맥(生脈)의 활로를 열기 위한 대수술이라야 허물을 면하리라."

- 丑(財) 亥(父) 酉(官) **亥(父/世)** 酉(官) 未(財)
*兄爻/孫爻 隱伏

택풍대과괘 구사 震木宮(진목궁) **四世(사세) 丁亥(정해) 水(수)**
수풍정괘 육사 震木宮(진목궁) **五世(오세) 戊申(무신) 金(금)**
金生水(금생수)이니 **父母神(부모신) 입궁**

"name" : "대과지항(大過之恒) 구오(九五)"

"content" : "천하가 도리를 상실한 지 오래되어 무엇을 그르다 하고 무엇을 바르다 하기 어려우리라. 고목에 꽃이 피고 늙은 여인이 그 사부(士夫)를 얻는데, 이는 허물도 아니며 명예도 아니리라. 이렇듯 상도(常道)가 무너지며 천시(天時)가 급변하는 때에 그 덕(德)을 오래 지니며 바른 도리를 고집함이 부인에게 길하나 부자(夫子)에게는 흉하리라."

- 丑(財) 亥(父) 酉(官) 亥(父/世) **酉(官)** 未(財)
*兄爻/孫爻 隱伏

택풍대과괘 구오 震木宮(진목궁) 四世(사세) **丁酉(정유) 金(금)**
뇌풍항괘 육오 震木宮(진목궁) 三世(삼세) **庚申(경신) 金(금)**
金之金(금지금)이니 **兄神(형신) 入宮(입궁)**

"name" : "대과지구(大過之姤) 상육(上六)"

"content" : "병장기(兵仗器)를 챙겨서 무섭게 달리며 원수(怨讐)를 대하듯 하니 한스러운 일이나 그 결행을 두고 일방(一方)만을 허물하기 어려우리라. 저쪽에서 또한 지나치기를 그 뿔을 세운 머리를 향해 병장기(兵仗器)를 겨누니 다만 흉(凶)하기 이를 데 없는 일이라."

丑(財) 亥(父) 酉(官) 亥(父/世) 酉(官) 未(財)
*兄爻/孫爻 隱伏

택풍대과괘 상육 震木宮(진목궁) 四世(사세) **丁未(정미) 土(토)**
천풍구괘 상구 乾金宮(건금궁) 初世(초세) **壬戌(임술) 土(토)**
土之土(토지토)이니 **兄神(형신) 입궁**

29. 중수감괘(重水坎卦)

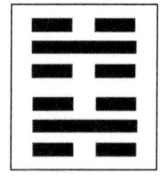

"習坎(습감)에 有孚(유부)하고 維心亨(유심형)이니 行(행)에 有尙(유상)이니라."

- 괴롭고 힘든 일을 자주 쉬움으로써 미더움이 쌓이고, 그러한 사람은 오직 마음으로부터 萬事(만사)의 형통함을 얻을 수 있나니, 行事(행사)에 임하여 崇尙(숭상)받음이 있으리라.

"name" : "감지절(坎之節) 초육(初六)"

"content" : "담장을 기웃거리는 이 독(毒)과 재앙은 한 번의 침투나 침범으로 그칠 사안이 절대 아니리라. 만일 화근(禍根)의 씨앗이 빈틈으로 침투해 들어오면 흉해지리라. 외세(外勢)의 무리가 그 의도나 행동이 불순하다면 문호(門戶)를 개방하거나 그 출입을 허락할 일이 아니요 잘 단속해야 재앙이 없으리라."

- **寅(孫)** 辰(官) 午(財) 申(父) 戌(官) 子(兄/世)

중수감괘 초육 - 坎水宮(감수궁) 六世(육세) **戊寅(무인) 木(목)**
수택절괘 초구 - 坎水宮(감수궁) 初世(초세) **丁巳(정사) 火(화)**
木生火(목생화)이니 **孫神(손신)** 입궁

"name" : "감지비(坎之比) 구이(九二)"

"content" : "상하(上下)가 분명한 군신(君臣)이라 할 수 있으나 그 관계를 드러내지 못하리라. 그 군(君)이 험독(險毒)에 빠져 지원(支援)을 요청하지만 생각한 만큼 얻지 못하리라. 그 아랫사람으로서 그를 은밀히 돕는데 바른 것이라야 길하리라."

- 寅(孫) 辰**(官)** 午(財) 申(父) 戌(官) 子(兄)

중수감괘 구이 坎水宮(감수궁) 六世(육세) **戊辰(무진) 土(토)**
수지비괘 육이 坤土宮(곤토궁) 三世(삼세) **乙巳(을사) 火(화)**
火生土(화생토)이니 **父母神(부모신)** 입궁

"name": "감지정(坎之井) 육삼(六三)"

"content": "관정(管井)을 심어 맑은 새 우물을 얻고자 하지만 이 일이 험난하고 험난하리라. 관정(管井)을 심는 곳마다 빈 구덩이에 이를 뿐이니 자생(自生)할 기반을 얻지 못하리라. 한편에서 혹 우물을 발견하지만 치우고 또 치워도 흙탕물이 섞여드니, 먹지 못하여 마음이 타리라. 밖으로부터 활로(活路)를 찾아 유입해야 하리니 왕이 현명하면 자국민(自國民)이 차별 없도록 하여 함께 그 복을 누릴 수 있게 하리라."

寅(孫) 辰(官) **午(財)** 申(父/世) 戌(官) 子(兄)

중수감괘 육삼 坎水宮(감수궁) 六世(육세) **戊辰(무진) 土(토)**
수풍정괘 구삼 震木宮(진목궁) 五世(오세) **辛酉(신유) 金(금)**
土生金(토생금)이니 **孫神(손신)** 입궁

"name": "감지곤(坎之困) 육사(六四)"

"content": "깊은 곤경에 빠져 사방이 막혔으니 그 가운데 활로가 어디인가? 오직 남쪽의 서광(瑞光)일 뿐이라. 말술을 준비하고 두 광주리에 정성스레 제물을 채우며 그득하게 술잔에 술을 채워 남방(南方)으로 문(門)을 낸 뒤 하늘을 향해 굳은 약속으로 맹세하라. 마침내 재앙을 면하게 되리라. 호수에 물이 말랐는데 드는 물은 매우 늦고 또 희귀(稀貴)하니 귀인(貴人)의 수레조차 움직일 수 없는 때라. 이 한스러운 때가 지나면 그러한 고통에 마침이 있으리라."

寅(孫) 辰(官) 午(財) **申(父/世)** 戌(官) 子(兄)

중수감괘 육사 坎水宮(감수궁) 六世(육세) **戊申(무신)** 金(금)
택수곤괘 구사 兌金宮(태금궁) 初世(초세) **丁亥(정해)** 水(수)
金生水(금생수)이니 **父母神(부모신)** 입궁

"name" : "감지사(坎之師) 구오(九五)"

"content" : "전란(戰亂)의 겁재(劫災)가 긴급한 상황이니, 미처 더 번지기 전에 차단하거나 평정해야 재앙을 면하리라. 한 나라에 오랑캐가 침입했으니 충언(忠言)을 청취하고 취하여야 허물이 없으리라. 만일 경험이 일천(日淺)하여 그 수행 능력이 따르지 않는 자를 임명하면, 막아내지 못하므로 그 결정이 바르다 해도 흉하리라."

寅(孫) 辰(官) 午(財) 申(父/世) **戌(官)** 子(兄)

중감수괘 구오 坎水宮(감수궁) 六世(육세) **戊戌(무술)** 土(토)
지수사괘 육오 坎水宮(감수궁) 三世(삼세) **癸亥(계해)** 水(수)
土克水(토극수)이니 **妻神(처신) 財神(재신)** 입궁

"name" : "감지환(坎之渙) 상육(上六)"

"content" : "환란이 겁재가 되어 사방을 덮치리라. 온몸을 감싸며 온 나라를 감싸니 일신(一身)을 의지할 곳 없음이 마치 노끈에 묶인 채 가시밭에 버려진 격이라. 삼 년을 기다려도 생존(生存)을 위한 길을 얻지 못하니 흉하리라. 환란에 당하여 그 피를 부르지 않고 단지 멀리 달아날 수 있으면 재앙을 면하리라."

- 寅(孫) 辰(官) 午(財) 申(父/世) 戌(官) 子(兄)

중수감괘 상육 坎水宮(감수궁) **六世(육세) 戊子(무자) 水(수)**
풍수환괘 상구 離火宮(이화궁) **五世(오세) 辛卯(신묘) 木(목)**
水生木(수생목)이니 **孫神(손신) 입궁**

30. 중화이괘(重火離卦)

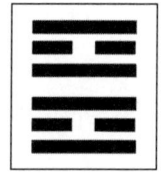

"離(이)는 利貞(이정)하고 亨(형)하나니 畜牝牛(휵빈우)면 吉(길)하니라."
- 文明(문명)을 밝힘은 바른 도리라야 이로우며 형통하나니 암소를 기르면 길하리라.

"name" : "이지려(離之旅) 초구(初九)"

"content" : "난세의 천하를 밝히고자 해가 오르고 있지만, 낮은 구름과 새벽의 어둠이 섞여 그 모양이 정연(整然)하지 못하리라. 그 문명을 잘 공경하면 허물을 면하리라. 이렇듯 크고 장대한 여정(旅程)에 임하는데 어찌 소소한 일에 마음이 매여 나서지 못함으로써 재앙을 자초할 수 있겠는가?"

- **卯(父)** 丑(孫) 亥(官) 酉(財) 未(孫) 巳(兄/世)

중화리괘 초구 - 離火宮(이화궁) 六世(육세) **기묘(己卯) 木(목)**
화산려괘 초육 - 離火宮(이화궁) 初世(초세) **丙辰(병진) 土(토)**
木克土(목극토)이니 **財神(재신) 입궁**

"name" : "이지대유(離之大有) 육이(六二)"

"content" : "태양의 수레가 누런 황도(黃道)를 벗어나지 않으니 이처럼 길(吉)하고 좋은 일이 있겠는가? 큰 수레에 짐을 가득 싣고 나아 갈 바가 있음은 원대한 길이며 아무런 재앙이 없으리라."

- 卯(父) 丑(孫) 亥(官) 酉(財) 未(孫) 巳(兄/世)

중화리괘 육이 離火宮(이화궁) 六世(육세) 己丑(기축) 土(토)
화천대유괘 구이 乾金宮(건금궁) 三世(삼세) **甲寅(갑인) 木(목)**
木克土(목극토)이니 **官爻(관효)** 입궁

"name" : "이지서합(離之噬嗑) 구삼(九三)"

"content" : "오랜 문명의 태양이 기울어가니 다 저물기 전에 북을 울리며 술을 올리며 노래를 불러야 하리라. 그렇지 않으면 큰 노인이 탄식하리니 흉하리라. 물고기를 오래도록 볕에 말렸다 하나 혹여 그늘 속에 묻혀 충분히 말리지 못한 고기를 씹으면 毒(독)을 얻게 됨과 같이 秋收(추수)에 임한 人文(인문)의 일도 그러하고 그 血脈(혈맥)과 자손의 일도 그와 같으리라. 만일 過(과)하지 않으면 조금 부끄러운 지경에 이르고 추수의 때에 재앙은 되지 않으리라."

- 卯(父) 丑(孫) **亥(官)** 酉(財) 未(孫) 巳(兄/世)

중화리괘 구삼 離火宮(이화궁) 六世(육세) **己亥(기해) 水(수)**
화뢰서합괘 육삼 巽木宮(손목궁) 五世(오세) **庚辰(경진) 土(토)**
土克水(토극수)이니 白虎(백호) **官爻(관효)** 입궁

"name" : "이지비(離之賁) 구사(九四)"

"content" : "갑자기 火魔(화마)가 일어나 過激(과격)해지며 氣勢(기세)를 얻어 불태우며 버리고 죽이리라. 삶을 소박하고 順(순)하게 유지해야 하리라. 이때 소박한 군자가 천하에 드날림이 마치 백마가 하늘을 나는 듯하리니 진실로 혼인을 구하듯이 하나가 되어야 하리라."

30. 중화이괘(重火離卦)

- 卯(父) 丑(孫) 亥(官) **酉(財)** 未(孫) 巳(兄/世)

중리화괘 구사 離火宮(이화궁) 六世(육세) **己酉(기유)** 金(금)
산화비괘 육사 艮土宮(간토궁) 初世(초세) **丙戌(병술)** 土(토)
土生金(토생금)이니 **父母神(부모신)** 입궁

"name" : "이지동인(離之同人) 육오(六五)"

"content" : "새 세계를 밝힐 대동(大同)의 큰 횃불이 드러나면 작은 등불이 사라지리라. 중행(中行)의 횃불을 든 무리가 한마음으로 호소할 때, 먼저 울부짖게 되지만 훗날에는 웃으리라. 이 대동(大同)의 횃불이 세상에 드러나 밝아지면 아무리 큰 군대가 나타난다 해도 이기어 서로 만나게 되리니, 싸우지 않고 이에 진실로 동화(同化)되며 참회의 눈물을 흘리면 길하리라."

- 卯(父) 丑(孫) 亥(官) 酉(財) **未(孫)** 巳(兄/世)

중화리괘 육오 離火宮(이화궁) 六世(육세) **己未(기미)** 土(토)
천화동인 구오 離火宮(이화궁) 三世(삼세) **壬申(임신)** 金(금)
土生金(토생금)이니 **孫神(손신)** 입궁

"name" : "이지풍(離之豊) 상구(上九)"

"content" : "자신만의 안락과 豊饒(풍요)를 위해 안으로는 세상을 가려 그 宮(궁)을 화려하게 꾸미며, 밖으로는 猛禽(맹금)과 같이 포효하며 어지럽히니 왕이 出征(출정)을 명해 그 首魁(수괴)를 처단하리라. 그 여러 宮(궁)들을 살펴보니 삼 년이 지나도록 아무도 살지 않아 凶(흉)하기 그지 없었음이라. 왕이 그 휘하의 무리를 거둠으로써 그들의 허물을 면하리라."

- 卯(父) 丑(孫) 亥(官) 酉(財) 未(孫) **巳(兄/世)**

중리화괘 상구 離火宮(이화궁) **六世(육세) 己巳(기사) 火(화)**
뇌화풍괘 상육 坎水宮(감수궁) **五世(오세) 庚戌(경술) 土(토)**
火生土(화생토)이니 **孫神(손신) 입궁**

31. 택산함괘(澤山咸卦)

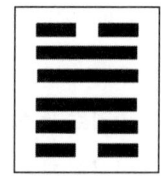

"咸(함)은 亨(형)하니 利貞(이정)하고 取女(취녀)면 吉(길)하니라."
- 交感(교감)의 道(도)는 형통하니 바르게 하면 이롭고 여자를 얻으면 길하니라."

"name" : "함지혁(咸之革) 초육(初六)"

"content" : "상재(上才)가 먼저 문명을 깨어 엄지손가락이 되는 법이니, 선구(先驅)는 항상 고독하고 외로우리라. 인문(人文)이 큰 변화를 수용하도록 함에는 항상 누런 소의 가죽끈으로 동여매듯 해야 중덕(中德)을 잃지 않아 기울어지지 않으리라."

- 辰(父) 午(官) 申(兄/世) 亥(孫) 酉(兄) 未(父)
*財爻 隱伏

택산함괘 초육 - 兌金宮(태금궁) 三世(삼세) **丙辰(병진) 土(토)**
택화혁괘 초구 - 坎水宮(감수궁) 四世(사세) **己卯(기묘) 木(목)**
木克土(목극토)이니 **白虎(백호) 官爻(관효)** 입궁

"name" : "함지대과(咸之大過) 육이(六二)"

"content" : "서로 마음을 나누는 데 지나침이 명백하다면 따르지 않는 것이 좋으리라. 그저 종아리가 발걸음 가는 데로 항상 얽매이듯 하며 깊은 사려가 없이 사귀면 흉하리라. 모든 것이 크게 지나친 때이니 차라리 머물러 안정함

이 길하리라. 고목이 꽃을 피워 벌 나비를 부를 수 있는 것처럼, 노부(老夫)라도 그 아내를 들이는 데 불리함이 없는 때이니, 교감(交感)의 도가 크게 지나칠 수 있음을 살펴야 하리라."

- 辰(父) **午(官)** 申(兄/世) 亥(孫) 酉(兄) 未(父)
*財爻 隱伏

택산함괘 육이 - 兌金宮(태금궁) 三世(삼세) **丙午(병오) 火(화)**
택풍대과괘 구이 震木宮(진목궁) 四世(사세) **辛亥(신해) 水(수)**
水克火(수극화)이니 **官爻(관효) 입궁**

"name" : "함지췌(咸之萃) 구삼(九三)"

"content" : "종아리가 앞서가니 아무런 생각 없이 넓적다리가 그 뒤를 따르는 격이라. 천리(天理)와 신도(神道)를 모른 채, 그 무리를 이끌며 나아간다 하니 한스러운 일이 되리라. 이러한 인사(人事)를 따라 참된 신로(信路)를 헤아리지 못한 채 많은 무리가 모여 있으니 탄식할 일이라."

- 辰(父) 午(官) **申(兄/世)** 亥(孫) 酉(兄) 未(父)
*財爻 隱伏

택산함괘 구삼 - 兌金宮(태금궁) 三世(삼세) **丙申(병신) 金(금)**
택지췌괘 육삼 - 兌金宮(태금궁) 二世(이세) **乙卯(을묘) 木(목)**
金克木(금극목)이니 **妻神(처신) 財神(재신) 입궁**

"name" : "함지건(咸之蹇) 구사(九四)"

"content" : "서로를 향한 감응(感應)에 장애(障礙)가 생겨서 막히리니, 바르게 해야 길하고 후회가 사라지리라. 간절한 마음으로 왕래(往來)하면 벗이 너의 생각을 따를 수도 있으리라. 그러나 그 마음의 벽이 크고 두터우면 간다고 해도 막히며 그가 마음을 깨고 와야 이어지리라."

- 辰(父) 午(官) 申(兄/世) 亥(孫) 酉(兄) 未(父)
*財爻 隱伏

택산함괘 구사 - 兌金宮(태금궁) 三世(삼세) 丁亥(정해) 水(수)
수산건괘 육사 - 兌金宮(태금궁) 四世(사세) 戊申(무신) 金(금)
金生水(금생수)이니 **父母神(부모신)** 입궁

"name" : "함지소과(咸之小過) 구오(九五)"

"content" : "군자의 간절한 느낌이 중심에 닿아 심장을 지나쳐 이미 그 등심에 쌓여 있다면 그 때를 만나 후회가 없으리라. 구름이 거듭 맺히면 마땅히 비가 되건만 지나치게 조밀함에도 비가 오지 못할 때 내가 서쪽 교외로부터 비를 지으리라. 이 원원(元元)한 중통(中通)의 법이 나온 뒤에는 공(公)이 사냥에 나가 화살을 써서 저 구멍에 숨은 것까지 취할 수 있게 되리라."

- 辰(父) 午(官) 申(兄/世) 亥(孫) 酉(兄) 未(父)
*財爻 隱伏

택산함괘 구오 - 兌金宮(태금궁) 三世(삼세) **丁酉(정유) 金(금)**
뇌산소과괘 육오 - 兌金宮(태금궁) 四世(사세) **庚申(경신) 金(금)**
金之金(금지금)이니 **兄神(형신)** 입궁

"name" : "함지둔(咸之遯) 상육(上六)"

"content" : "삼라만상(參羅萬像)의 근본 조화는 본래 도심(道心)에서 비롯하고, 이목구비(耳目口鼻)의 반응과 변화는 인심(人心)에서 유래(由來)하나니, 깊이 물러나 만물의 연원(淵源)에 통(通)하여 그 궁극(窮極)의 도(道)에 달(達)함은 인생을 살찌우는 큰 공부가 되리라. 어찌 이롭지 않음이 있겠는가?"

- 辰(父) 午(官) 申(兄/世) 亥(孫) 酉(兄) 未(父)
*財爻 隱伏

택산함괘 상육 - 兌金宮(태금궁) 三世(삼세) **丁未(정미) 土(토)**
천산둔괘 상구 - 乾金宮(건금궁) 二世(이세) **壬戌(임술) 土(토)**
土之土(토지토)이니 **兄神(형신) 입궁**

32. 뇌풍항괘(雷風恒卦)

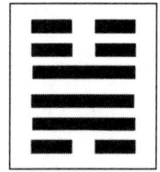

"恒(항)은 亨(형)하고 无咎(무구)하여 利貞(이정)하니 利有攸往(이유유왕)하니라."
- 成家(성가)하여 오래함은 형통하고 허물이 없어 바르게 하면 이로우니 갈 바가 있으면 이로우니라.

"name" : "항지대장(恒之大壯) 초육(初六)"

"content" : "서로 마음을 나누는 일은 오래도록 서로에게 머무는 일이니 이렇게 교감하는 데에는 미더움보다 소중한 것이 없으리라. 만일 한 쪽이 큰 소리로써 강박하듯 하고 고집부리듯 한다면 좋지 않으리라. 소중한 보배가 깊은 물 가운데 있어도 물가에서부터 점차 조심하며 들어가는 법이니 오래 겪으며 헤쳐나가야 할 현실을 두고 임의로 조급하게 서둘러 강요함으로써 한다면 흉(凶)하리라."

- 丑(財) 亥(父) 酉(官/世) 午(孫) 申(官) 戌(財)
*兄爻 隱伏

뇌풍항괘 초육 - 震木宮(진목궁) 三世(삼세) 辛丑(신축) 土(토)
뇌천대장괘 초구 - 坤土宮(곤토궁) 四世(사세) 甲子(갑자) 水(수)
土克水(토극수)이니 妻神(처신) 財神(재신) 입궁

"name" : "항지소과(恒之小過) 구이(九二)"

"content": "세상의 상도(常道)가 조금 기울어져 지나친 때를 사노라면, 부득이 그 중심(中心)을 조금 위반(違反)하여 움직임이 후회를 만들지 않는 길이기도 하리라. 가풍(家風)이 조금 지나친 때에는 중요(重要)한 사안(事案)을 들고 할아버지를 지나쳐 할머니에게 이르고, 국기(國紀)가 조금 기울어져 지나친 때에는 임금에게 이르지 않고 그 신하를 만나 해소함이 허물을 만들지 않는 길이 되리라."

丑(財) 亥(父) 酉(官/世) 午(孫) 申(官) 戌(財)
*兄爻 隱伏

뇌풍항괘 구이 - 震木宮(진목궁) 三世(삼세) 辛亥(신해) 水(수)
뇌산소과괘 육이 - 兌金宮(태금궁) 四世(사세) 丙午(병오) 火(화)
水克火(수극화)이니 妻神(처신) 財神(재신) 입궁

"name": "항지해(恒之解) 구삼(九三)"

"content": "상시(常時)로 중요 규범을 어기며 서로 수치스러운 일을 권장하고 도모하니, 바르다고 해도 부끄러운 일이라. 부정(不正)하게 뒷거래를 하여 그 검은 자루를 짊어진 채, 수레에 올라 또 큰 소리로 군자를 칭하니, 음흉한 도둑들이 따라서 친구를 청하며 그 수레에 오르리라. 바르게 한다고 해도 한스러운 일이 되리라."

- 丑(財) 亥(父) 酉(官/世) 午(孫) 申(官) 戌(財)
*兄爻 隱伏

뇌풍항괘 구삼 - 震木宮(진목궁) 三世(삼세) 辛酉(신유) 金(금)
뇌수해괘 육삼 - 震木宮(진목궁) 二世(이세) 戊午(무오) 火(화)
火克金(화극금)이니 白虎(백호) 官爻(관효) 입궁

"name" : "항지승(恒之升) 구사(九四)"

"content" : "헌장(憲章)을 드날려 국기(國紀)를 높이 세우니, 그 강토(疆土)에 일체의 도적(盜賊)과 금수(禽獸)가 사라지게 되리라. 이 대법(大法)을 천하에 널리 포고(布告)함은 옛적에 고공단보(古公亶父)가 그러하였듯이, 왕이 기산(岐山)에서 제향(祭享)을 올린 뒤에 쓸 일이며, 매우 길하고 또한 허물이 남지 않으리라."

- 丑(財) 亥(父) 酉(官/世) **午(孫)** 申(官) 戌(財)
*兄爻 隱伏

뇌풍항괘 구사 - 震木宮(진목궁) 三世(삼세) **庚午(경오) 火(화)**
지풍승괘 육사 - 震木宮(진목궁) 四世(사세) **癸丑(계축) 土(토)**
火生土(화생토)이니 **孫神(손신) 입궁**

"name" : "항지대과(恒之大過) 육오(六五)"

"content" : "천시(天時)가 이미 크게 지나친 때에 그 과거로부터의 덕(德)을 고수하고자 바른 도리를 고집하는 것은 부인에게 길하나 부자(夫子)에게는 흉(凶)이라. 수명(壽命)을 이미 크게 지나친 고목이 꽃을 피워 벌과 나비를 부르듯 늙은 여인이 젊은 사내를 얻음에 허물이 없는 때이지만 명예롭다 할 수 없으리라."

- 丑(財) 亥(父) 酉(官/世) 午(孫) **申(官)** 戌(財)
*兄爻 隱伏

뇌풍항괘 육오 震木宮(진목궁) 三世(삼세) **庚申(경신) 金(금)**
택풍대과괘 구오 震木宮(진목궁) 四世(사세) **丁酉(정유) 金(금)**

金之金(금지금)이니 **兄神(형신) 入宮(입궁)**

"name" : "항지정(恒之鼎) 상육(上六)"

"content" : "신령한 솥을 걸어 드높임은 상부(上部)의 양편에 자리잡은 두 귀라. 두 귀는 모두 옥(玉)처럼 맑고 투명하여 보이지 않는 진리(眞理)의 수평선으로 관통되어 있어야 하리라. 그렇지 않고 지도자가 한편의 주관적 입장에서 일방적으로 떨치며 주장하면 솥이 기울어져 흉(凶)하리라."

丑(財) 亥(父) 酉(官/世) 午(孫) 申(官) 戌(財)
*兄爻 隱伏

뇌풍항괘 상육 震木宮(진목궁) 三世(삼세) **庚戌(경술) 土(토)**
화풍정괘 상구 離火宮(이화궁) 二世(이세) **己巳(기사) 火(화)**
火生土(화생토)이니 **父母神(부모신) 입궁**

33. 천산둔괘(天山遯卦)

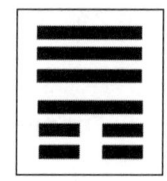

"遯(둔)은 亨小(형소)하니 利貞(이정)하니라."
물러나야 함이니 형통함이 적고 바르게 해야 이로우리라.

"name" : "둔지동인(遯之同人) 초육(初六)"

"content" : "난세에 그 무리를 피해 꼬리를 감추어도 들킬까 염려되니 갈 바가 있어도 쓸 수 없으리라. 어두운 그림자가 드리운 난세(亂世)는 마치 광야(廣野)와 다름이 없으리니 함께 문(門)을 세워 서로를 방호(防護)하고자 한다면 허물을 면하리라."

辰(父) 午(官/世) 申(兄) 午(官) 申(兄) 戌(父)
*財爻/孫爻 隱伏

천산둔괘 초육 乾金宮(건금궁) 二世(이세) 丙辰(병진) 土(토)
천화동인괘 초구 離火宮(이화궁) 三世(삼세) 己卯(기묘) 木(목)
水生木(수생목)이니 白虎(백호) 官爻(관효) 입궁

"name" : "둔지구(遯之姤) 육이(六二)"

"content" : "시류(時流)가 크게 바뀌며 저들이 빼앗고자 달려들 것이니 지켜야 할 이것을 두고는 반드시 확고한 중도(中道)로써 널리 두르고 포장해야 하리라. 그 모양과 언행(言行)이 중도(中道)에 묶여 있으면 저들이 이기어 빼앗지 못하리라. 난세에 대비하여 미리 물고기들을 잘 포용하고 갈무리하여 두면 허물을 면할 수 있어 어두운 저녁 그 객(客)이 불리하게 되리라."

- 辰(父) **午(官/世)** 申(兄) 午(官) 申(兄) 戌(父)
*財爻/孫爻 隱伏

천산둔괘 육이 - 乾金宮(건금궁) 二世(이세) **丙午(병오) 火(화)**
천풍구괘 구이 - 乾金宮(건금궁) 初世(초세) **辛亥(신해) 水(수)**
水克火(수극화)이니 **白虎(백호) 官爻(관효)** 입궁

"name" : "둔지비(遯之否) 구삼(九三)"

"content" : "달아나야 할 때 넝쿨이 발목을 감은 격이니, 넘어져 병을 얻고 위태로우리라. 연루된 여러 사람들과의 관계를 쉬이 떨치지 못한 연고(緣故)이니, 그로써 신하와 첩을 기르면 길하리라. 벗어나지 못하여 사는 동안 치욕(恥辱)을 면하기는 어려우리라."

- 辰(父) 午(官/世) **申(兄)** 午(官) 申(兄) 戌(父)
*財爻/孫爻 隱伏

천산둔괘 구삼 乾金宮(건금궁) 二世(이세) **丙申(병신) 金(금)**
천지비괘 육삼 乾金宮(건금궁) 三世(삼세) **乙卯(을묘) 木(목)**
金克木(금극목)이니 **妻神(처신) 財神(재신)** 입궁

"name" : "둔지점(遯之漸) 구사(九四)"

"content" : "이미 오염된 땅으로부터 달아나듯이 벗어나야 할 때, 멀리 떠나면 좋은 피난처가 기다리는 격이니, 군자는 새 문명(文明)에 수월하게 깃들 수 있어 길하고 소인은 마땅치 못하리라. 큰 기러기가 그 무리를 이끌고 나무

에 오르며 그곳에서 서까래를 얻으니 그로써 새 문명을 일으키면 허물이 없으
리라."

- 辰(父) 午(官/世) 申(兄) 午(官) 申(兄) 戌(父)
*財爻/孫爻 隱伏

천산둔괘 구사 乾金宮(건금궁) 二世(이세) 壬午(임오) 火(화)
풍산점괘 육사 艮土宮(신토궁) 三世(삼세) 辛未(신미) 土(토)
火生土(화생토)이니 孫神(손신) 입궁

"name" : "둔지려(遯之旅) 구오(九五)"

"content" : "기쁘게 물러나야 할 때 그 머물던 자리를 잘 정리하며 바른 도
의에 따르면 길하리라. 떠나야 자리를 돌아보며 오색(五色)이 찬란한 꿩을 탐
하여 혹 화살을 하나 날리면 잃게 될 뿐이며, 이것을 취할 수 있는 명분(名分)
이 전혀 없으리라. 마음을 접고 마침을 두면 그로써 맡은 바의 본래 사명이 영
예로워지리라."

- 辰(父) 午(官/世) 申(兄) 午(官) 申(兄) 戌(父)
*財爻/孫爻 隱伏

천산둔괘 구오 乾金宮(건금궁) 二世(이세) 壬申(임신) 金(금)
화산려괘 육오 離火宮(이화궁) 初世(초세) 己未(기미) 土(토)
土生金(토생금)이니 父母神(부모신) 입궁

"name" : "둔지함(遯之咸) 상구(上九)"

"content" : "천지의 중허(中虛)에 닿을 만큼 깊이 물러나 자신의 내면(內面)

을 살찌운다면 이롭지 않음이 없으리라. 내면에 쌓인 영험(靈驗)함은 반드시 그 보조개와 뺨과 혀를 통하여 부지불식간(不知不識間)에 세상 밖으로 번져 나와 깊은 영감(靈感)을 선사하는 법이라."

- 辰(父) 午(官/世) 申(兄) 午(官) 申(兄) 戌(父)
*財爻/孫爻 隱伏

천산둔괘 상구 - 乾金宮(건금궁) 二世(이세) **壬戌(임술) 土(토)**
택산함괘 상육 - 兌金宮(태금궁) 三世(삼세) **丁未(정미) 土(토)**
土之土(토지토)이니 **兄神(형신) 입궁**

34. 뇌천대장괘(雷天大壯卦)

"大壯(대장)은 利貞(이정)하니라."
- 그 기세가 장내함이니 바른 것이라야 이루우리라.

"name" : "대장지항(大壯之恒) 초구(初九)"

"content" : "마음을 나누고 공감하는 데, 조급함은 금물이니 그 상대나 혹은 구성원을 향해 일방적으로 강압함은 흉하고 미더움에 기반(基盤)해야 하리라. 공감(共感)의 깊이는 시간이 가며 점차 깊어지는 법이니 일시(一時)에 마음의 밑자락까지 강박하여 들고자 함은 흉하고 이로울 바가 없으리라."

- 子(財) 寅(官) 辰(兄) 午(父/世) 申(孫) 戌(兄)

뇌천대장괘 초구 - 坤土宮(곤토궁) 四世(사세) **甲子(갑자) 水(수)**
뇌풍항괘 초육 - 震木宮(진목궁) 三世(삼세) **辛丑(신축) 土(토)**
土克水(토극수)이니 **白虎(백호) 官爻(관효)** 입궁

"name" : "대장지풍(大壯之豊) 구이(九二)"

"content" : "문물(文物)이 성대(盛大)해지고 한낮임에도 북두칠성이 보이지만 아직 밖으로 그 기세(氣勢)를 드러낼 때가 아니니 바르게 해야 길하리라. 그 풍요를 잘 갈무리하며 하늘의 징후(徵候)를 살펴야 하리라. 만일 나아가면 천하로부터 도적이 아닌가 하는 의심을 받으리니 미더움을 깊게 하고 또 깊게 하여 움직이는 것이 길하리라."

- 子(財) **寅(官)** 辰(兄) 午(父/世) 申(孫) 戌(兄)

뇌천대장괘 구이 - 坤土宮(곤토궁) 四世(사세) **甲寅(갑인) 木(목)**
뇌화풍괘 육이 - 坎水宮(감수궁) 五世(오세) **己丑(기축) 土(토)**
木克土(목극토)이니 **妻神(처신) 財神(재신)** 입궁

"name" : "대장지귀매(大壯之歸妹) 구삼(九三)"

"content" : "화합(和合)하는 데 자신의 힘과 기예(技藝)를 써서 자의적으로 관계를 확정하고자 함은 오히려 독(毒)이 되리라. 소인은 힘으로 누르고, 군자는 그물을 써서 그 관계를 일방적으로 지속하고자 하나 미더움이 아니면 항상 위태로움을 부르리라. 숫양이 자신의 뿔을 믿다가 가시 울타리에 박혀 그 뿔을 상함과 같으리라. 또한 여인이 그 부군(夫君)을 만나고자 하는데, 잘 다듬어진 수연에 취하여 따라가면 진실로 화합하지 못하고 다시 되돌아오는 우(愚)를 범하기 쉬우리라."

- 子(財) 寅(官) **辰(兄)** 午(父/世) 申(孫) 戌(兄)

뇌천대장괘 구삼 - 坤土宮(곤토궁) 四世(사세) **甲辰(갑진) 土(토)**
뇌택귀매괘 육삼 - 兌金宮(태금궁) 三世(삼세) **丁丑(정축) 土(토)**
土之土(토지토)이니 **兄神(형신)** 입궁

"name" : "대장지태(大壯之泰) 구사(九四)"

"content" : "새 하늘이 장엄하게 열리며 일시(一時)의 환란과 격동(激動)의 세월에 떨어져도 바르게 하면 길하고 후회가 없으리라. 의지하던 수레에 사고가 일어난다 해도 그 덮개가 찢어질 뿐 부서지지는 않으리니 이는 수레의 복토가 장(壯)하기 때문이라. 새 하늘이 열리며 천지가 격동(激動)하거든 부유

하지 않더라도 그 이웃들과 미더움으로 함께 해야 하리라."

- 子(財) 寅(官) 辰(兄) **午(父/世)** 申(孫) 戌(兄)

뇌천대장괘 구사 坤土宮(곤토궁) **四世(사세) 庚午(경오) 火(화)**
지천태괘 육사 坤土宮(곤토궁) 三世(삼세) **癸丑(계축) 土(토)**
火生土(화생토)이니 **孫神(손신)** 입궁

"name" : "대장지쾌(大壯之夬) 육오(六五)"

"content" : "세상이 뒤바뀌는 역(易)에서 그의 말을 듣지 않았던 어린 양들이 사라지겠으나 최선을 다했다면 후회가 없으리라. 어지럽고 음습(淫習)한 천하를 하늘이 심판하리니, 이는 붉은 쇠비름들이 사방의 곡초(穀草)들 사이에서 솟아오름을 농부가 용서하지 않음과 같은 것이라. 허물이 있으면 속히 버려야 할 것이며 우레가 천하를 회복시키려는 그 중행(中行)의 새 소식을 반드시 얻어야 하리라."

- 子(財) 寅(官) 辰(兄) 午(父/世) **申(孫)** 戌(兄)

뇌천대장괘 육오 坤土宮(곤토궁) 四世(사세) **庚申(경신) 金(금)**
택천쾌괘 구오 坤土宮(곤토궁) 五世(오세) **丁酉(정유) 金(금)**
金之金(금지금) **兄神(형신)** 입궁

"name" : "대장지대유(大壯之大有) 상육(上六)"

"content" : "큰 뜻을 세워 나아감에 조급하고 거칠게 하면 마치 숫양과 같은 처지가 되리라. 숫양이 그 뿔의 강함을 믿고 달리다가 울타리에 그 뿔이 박히게 되면 장차 이러지도 저러지도 못하는 처지에 놓여 괴롭게 울부짖기만 하게 될 뿐이라. 큰일을 성취하려는 뜻이 있거든 항상 넉넉한 덕(德)과 도리를 잃지 않아야 하늘이 도와서 불리함이 없는 법이니라."

- 子(財) 寅(官) 辰(兄) 午(父/世) 申(孫) 戌(兄)

뇌천대장괘 상육 坤土宮(곤토궁) 四世(사세) **庚戌(경술) 土(토)**
화천대유괘 상구 乾金宮(건금궁) 三世(삼세) **己巳(기사) 火(화)**
火生土(화생토)이니 **父母神(부모신) 입궁**

35. 화지진괘(火地晉卦)

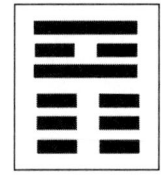

"晉(진)은 康候(강후)에 用錫馬蕃庶(용사마번서)하고 晝日三接(주일삼접)이라."
- 晉(진)은 제후로 하여금 천하를 안정케 하고자 함이니 이에 말을 하사하여 써서 번성케 하고 하루 동안 세 번 접견함이라.

"name" : "진지서합(晉之噬嗑) 초육(初六)"

"content" : "등불이 미력(微力)하면 어둠을 밝히지 못함과 같이 아둔한 제후(諸侯)를 써서 천하를 밝히고자 하면 반드시 꺾이리니 그가 직임을 맡기에 미덥지 못하거든 바르게 하고 너그럽게 하여 화를 면하도록 해야 하리라. 나아가 그 치적(治積)을 없는 듯이 하면 적어도 허물은 되지 않으리라."

- 未(父) 巳(官) 卯(財) 酉(兄/世) 未(父) 巳(官)
*孫爻 隱伏

화지진괘 초육 乾金宮(건금궁) 四世(사세) **乙未**(을미) **土**(토)
화뢰서합괘 초구 巽木宮(손목궁) 五世(오세) **庚子**(경자) **水**(수)
土克水(토극수)이니 **妻神**(처신) **財神**(재신) 입궁

"name" : "진지미제(晉之未濟) 육이(六二)"

"content" : "억만리 강역(疆域)에 홀로 떨어져 큰 사명을 감당하자면 근심해야 할 일이 한둘 아니리라. 그러나 매사를 바르게 처결하면 길하리니 왕모

(王母)로부터 큰 복이 내려오게 되리라. 제후(諸侯)는 천자의 반(班)이요 그 직임(職任)은 천하의 수레를 끄는 일이니 바르게 해야 길하리라."

未(父) **巳(官)** 卯(財) 酉(兄/世) 未(父) 巳(官)

화지진괘 육이 乾金宮(건금궁) 四世(사세) **乙巳(을사) 火(화)**
화수미제괘 구이 離火宮(이화궁) 三世(삼세) **戊辰(무진) 土(토)**
火生土(화생토)이니 **孫神(손신)** 입궁

"name" : "진지려(晉之旅) 육삼(六三)"

"content" : "서두르기만 하여 자칫 제후라는 직임(職任)을 잘 이행하지 못하면 기민(基民)과 그 마음이 괴리(乖離)되어 대중(大衆)이 믿고 따르지 않으리니 후회만 남기리라. 부임(赴任)을 하였거든 그 하나 하나의 순리(順理)와 차서(次序)를 긴밀하게 살펴 동복(童僕)들이 바른 도리를 지켜내도록 해야 하리라. 그렇지 않고 기존의 절차와 순리를 한꺼번에 모두 갈아엎듯 하면 정녕 위태로움에 빠지리라."

- 未(父) 巳(官) **卯(財)** 酉(兄/世) 未(父) 巳(官)

화지진괘 육삼 乾金宮(건금궁) 四世(사세) **乙卯(을묘) 木(목)**
화산려괘 구삼 離火宮(이화궁) 初世(초세) **丙申(병신) 金(금)**
金克木(금극목)이니 白虎(백호) **官爻(관효)** 입궁

"name" : "진지박(晉之剝) 구사(九四)"

"content" : "천하를 문명(文明)케 할 사명(使命)을 지고 영지(領地)에 부임한 자가 정치(政治)라 하며 행(行)하기를 마치 큰 쥐가 나아가는 듯하니 바르

게 해도 위태로우리라. 큰 쥐가 평상(平床) 위를 두루 훼손하며 다닌다 하니 어찌 흉(凶)하지 않은가?"

- 未(父) 巳(官) 卯(財) **酉(兄/世)** 未(父) 巳(官)

화지진괘 구사 乾金宮(건금궁) **四世(사세) 己酉(기유) 金(금)**
산지박괘 육사 乾金宮(건금궁) **五世(오세) 丙戌(병술) 土(토)**
土生金(토생금)이니 **父母神(부모신) 입궁**

"name" : "진지비(晉之否) 육오(六五)"

"content" : "대인을 막아 둔 빗장이 느슨해지리니 길하리라. 장애(障礙)를 딛고 세상을 향해 나아간다면 후회가 없으리라. 얻고 잃는 바에 대하여 근심할 필요가 없이 길하리라. 혹여 천하가 망하지나 않을까 하는 근심으로 가득해도 대인이 무성한 뽕나무에 매여 있으리라."

- 未(父) 巳(官) 卯(財) 酉(兄/世) **未(父)** 巳(官)

화지진괘 육오 乾金宮(건금궁) 四世(사세) **己未(기미) 土(토)**
천지비괘 구오 乾金宮(건금궁) 三世(삼세) **壬申(임신) 金(금)**
土生金(토생금)이니 **孫神(손신) 입궁**

"name" : "진지예(晉之豫) 상구(上九)"

"content" : "제후(諸侯)가 강군(强軍)을 써서 천하에 나아감은 오직 그 읍국(邑國)을 겁박하거나 정벌할 목적이 있음이라. 그러나 그 지나침은 결국 천하에 암울한 그림자를 드리우게 함이니 그 본질이 달라져야 허물이 없으리라."

- 未(父) 巳(官) 卯(財) 酉(兄/世) 未(父) **巳(官)**

화지진괘 상구 乾金宮(건금궁) 四世(사세) **기사(己巳) 火(화)**
뇌지예괘 상육 震木宮(진목궁) 初世(초세) **庚戌(경술) 土(토)**
火生土(화생토)이니 **子孫(자손) 입궁**

36. 지화명이괘(地火明夷卦)

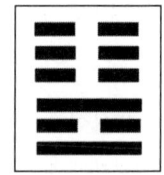

"明夷(명이)는 利艱貞(이간정)하니라."
- 난세의 어둠을 만났으니 고통을 바르게 견뎌내면 이로우리라.

"name" : "명이지겸(明夷之謙) 초구(初九)"

"content" : "어둠 속에 빠지면 새들도 날개를 접는 법이니라. 암주(暗主)의 무리가 폭정(暴政)에 임할 때는 군자가 그 도리를 행하기 어려우리라. 군자의 덕목(德目)으로 살고자 하면 삼 일을 굶어 더 이상 그로써 연명하지 못할 것이며 그러한 도리를 내어 갈 바가 있다고 하면 주인(主人)이 꾸짖고 겁박(劫迫)하리라. 이렇게 난세가 깊어지면 낮은 자리에서 겸손하고 또 겸손한 군자가 되어 매사 큰 내를 건너는 도리를 써야만 길하리라."

- 卯(孫) 丑(官) 亥(兄) 丑(官/世) 亥(兄) 酉(父)
*財爻 隱伏

지화명이괘 초구 坎水宮(감수궁) 四世(사세) 己卯(기묘) 木(목)
지산겸괘 초육 兌金宮(태금궁) 五世(오세) 丙辰(병진) 土(토)
木克土(목극토)이니 妻神(처신) 財神(재신) 입궁

"name" : "명이지태(明夷之泰) 육이(六二)"

"content" : "어둠이 가고 곧 새 하늘이 열리니 암주(暗主)에게 갇혀 있다 해도 구원의 손길이 미치는 때라. 군자가 암중(暗中)의 고초로 인하여 상처받은 다리를 동여매고 중행(中行)의 대열에 합류해야 할 때이니, 구원에 들여 쓸 말이 씩씩해야 길하리라. 중행(中行)의 손길은 거친 곳까지 닿아 포용할 것이며, 빠른 말을 써서 강을 건너 암중(暗中)의 적(敵)을 무너지게 하리라. 군자는 마땅히 이 중행(中行)으로부터 숭상할 바를 얻어야 하리라."

- 卯(孫) **丑(官)** 亥(兄) 丑(官/世) 亥(兄) 酉(父)
*財爻 隱伏

지화명이괘 육이 坎水宮(감수궁) 四世(사세) **己丑(기축) 土(토)**
지천태괘 구이 坤土宮(곤토궁) 三世(삼세) **甲寅(갑인) 木(목)**
木克土(목극토)이니 **官爻(관효)** 입궁

"name" : "명이지복(明夷之復) 구삼(九三)"

"content" : "천하가 회복되는 중이지만 아직 남쪽에 암주(暗主)의 그림자가 있으리라. 사냥을 나가면 그 큰 우두머리를 얻으리라. 그러나 그를 속히 바루지는 못하리라. 어떤 일이든 회복이 단 한 번의 노력으로 되는 경우는 없으리니 그 노력을 거듭하여야 위태로움이 따라 들어도 허물이 없게 되리라."

- 卯(孫) 丑(官) **亥(兄)** 丑(官/世) 亥(兄) 酉(父)
*財爻 隱伏

지화명이괘 구삼 坎水宮(감수궁) 四世(사세) **己亥(기해) 水(수)**
지뢰복괘 육삼 坤土宮(곤토궁) 初世(초세) **庚辰(경진) 土(토)**
土克水(토극수)이니 백호 **官爻(관효)** 입궁

"name" : "명이지풍(明夷之豊) 육사(六四)"

"content" : "공(公)이 암주(暗主)의 옆구리에 머물다가 그 혼(魂)을 빼앗아 암주(暗主)의 조정(朝庭)으로부터 도망치듯 벗어나게 되리라. 어둡고 황량한 천하에서 새 소식이 있어 들어보니, 북두성(北斗星)의 천명(天命)이 어느 한 곳에 깊이 서려 있다 하기에 찾아가 그 무리의 이주(夷主)를 만나보니, 그 울타리 안에 새 문명의 기초가 이미 풍요를 이루고 있으리라. 이와 같은 때에 새 소식이 있어 만나야 할 사람이 있거든 부디 만나서 새 세상을 위한 이로움을 보태야 하리라."

- 卯(孫) 丑(官) 亥(兄) 丑(官/世) 亥(兄) 酉(父)
*財爻 隱伏

지화명이괘 육사 坎水宮(감수궁) 四世(사세) 癸丑(계축) 土(토)
뇌화풍괘 구사 坎水宮(감수궁) 五世(오세) 庚午(경오) 火(화)
火生土(화생토)이니 **父母神(부모신)** 입궁

"name" : "명이지기제(明夷之旣濟) 육오(六五)"

"content" : "서신(西神)이 명(命)을 맡았으니 동쪽 이웃의 문명은 기울고 서쪽 이웃의 도(道)가 빛나리라. 동쪽 이웃이 소를 잡아 하늘을 공경(恭敬)해도 큰 소용을 얻지 못하겠으나 비록 간소한 제사(祭祀)라도 서쪽 이웃이 공경하면 큰 복을 받게 되리라."

- 卯(孫) 丑(官) 亥(兄) 丑(官/世) 亥(兄) 酉(父)
*財爻 隱伏

지화명이괘 육오 坎水宮(감수궁) 四世(사세) 癸亥(계해) 水(수)

수화기제괘 구오 坎水宮(감수궁) 三世(삼세) **戊戌(무술) 土(토)**
土克水(토극수)이니 白虎(백호) **관효(官爻) 입궁**

"name" : "명이지비(明夷之賁) 상육(上六)"

"content" : "지극한 지위(地位)에 있는 자로서 밝지 못하기가 마치 그믐과 같으니 처음에는 하늘에 오른 듯 보였으나 장차 땅에 묻히리라. 이렇듯 어려운 때를 당해서는 소박하게 살림을 이어나가야 하리라."

- 卯(孫) 丑(官) 亥(兄) 丑(官/世) 亥(兄) 酉(父)
*財爻 隱伏

지화명이괘 상육 坎水宮(감수궁) 四世(사세) **癸酉(계유) 金(금)**
산화비괘 상구 艮土宮(간토궁) 初世(초세) **丙寅(병인) 木(목)**
金克木(금극목)이니 처신 **財神(재신) 입궁**

37. 풍화가인괘(風火家人卦)

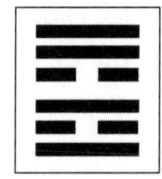

"家人(가인)은 利女貞(이녀정)하니라."
- 家人(가인)은 여자의 바른 도리가 이루우니라.

"name" : "가인지점(家人之漸) 초구(初九)"

"content" : "큰 행차(行次)에 동참(同參)하여 따라나서지 않고 한가로이 집에 있는 것이 후회를 막는 길이 되리라. 큰 기러기가 그 무리를 이끌고 물가로 나아가지만, 사람들이 위태로움을 자처했다고 지적하며 구설(口舌)을 만들어 소란을 부리니, 큰 어려움을 겪겠으나 허물은 없으리라."

卯(兄) 丑(財) 亥(父) 未(財) 巳(孫) 卯(兄)
*官爻 隱伏

풍화가인괘 초구 巽木宮(손목궁) 二世(이세) **乙卯(을묘) 木(목)**
풍산점괘 초육 艮土宮(간토궁) 三世(삼세) **丙辰(병진) 土(토)**
木克土(목극토)이니 **妻神(처신) 財神(재신)** 입궁

"name" : "가인지소축(家人之小畜) 육이(六二)"

"content" : "식솔(食率)들이 자리를 잡고 잘 살도록 함에는 특별한 기술이 꼭 필요한 것은 아니요, 다만 중도(中道)에 있어 그 사는 처지를 잘 헤아리고 살펴 식록(食祿)을 잃지 않도록 함이 길하리라. 그래도 가족을 이끌 만한 처지에 있어 그 회복을 도울 수 있다면 그것만으로도 얼마나 다행인가?"

卯(兄) 丑(財/世) 亥(父) 未(財) 巳(孫) 卯(兄)
*官爻 隱伏

풍화가인괘 육이 巽木宮(손목궁) 二世(이세) 己丑(기축) 土(토)
풍천소축괘 구이 巽木宮(손목궁) 初世(초세) 甲寅(갑인) 木(목)
木克土(목극토)이니 白虎(백호) 관효(官爻) 입궁

"name" : "가인지익(家人之益) 구삼(九三)"

"content" : "家人(가인)에게 보태는 일을 혹독하게 하면 염려스럽지만 길하리라. 그러나 방정맞으면 한이 되리라. 천하를 위해 보태어 둔 利益(이익)으로써 가인의 凶事(흉사)에 쓴다면 허물할 수 없으나 中行(중행)에 임하여 항상 미더워야 하리니 사용처에 대하여 公(공)에게 아뢴 뒤에 印(인)을 써야 하리라."

卯(兄) 丑(財/世) 亥(父) 未(財) 巳(孫) 卯(兄)
*官爻 隱伏

풍화가인괘 구삼 巽木宮(손목궁) 二世(이세) 己亥(기해) 水(수)
풍뢰익괘 육삼 巽木宮(손목궁) 三世(삼세) 庚辰(경진) 土(토)
土克水(토극수)이니 白虎(백호) 관효(官爻) 입궁

"name" : "가인지동인(家人之同人) 육사(六四)"

"content" : "사람들이 모두 합심(合心)하여 가사(家事)에 전념하니 그 가문(家門)이 부유하게 됨은 자명한 일이라. 담장을 둘러 대대(代代)로 보존하려 함도 정당한 것이니 지사(志士)가 의분(義奮)을 내어 그 담장 위로 올라가 이를 공격함은 불의(不義)가 되고 공격을 멈추고 내려오면 길하리라."

卯(兄) 丑(財) 亥(父) **未(財)** 巳(孫) 卯(兄)
*官爻 隱伏

풍화가인괘 육사 巽木宮(손목궁) 二世(이세) **辛未(신미) 土(토)**
천화동인 구사 離火宮(이화궁) 三世(삼세) **壬午(임오) 火(화)**
火生土(화생토)이니 **父母神(부모신)** 입궁

　"name" : "가인지비(家人之賁) 구오(九五)"

　"content" : "家道(가도)를 잘 세우지 못한 군자의 마음에 근심이 생길 것이나 가도(家道)는 천하의 중요한 문제이니 왕이 이르러 함께 근심하여 정(定)할 일이라. 홀로 근심하지 않아도 길하리라. 군자가 홀로 家道(가도)를 근심하여 언덕 위의 정원을 가꾸듯이 잘 꾸민다 해도 그 결과는 소소(宵小)하리니 家道(가도)는 천하가 行(행)해지는 도리에 따르기 때문이라."

卯(兄) 丑(財) 亥(父/世) 未(財) **巳(孫)** 卯(兄)
***官爻 隱伏**

풍화가인 구오 巽木宮(손목궁) 二世(이세) **辛巳(신사) 火(화)**
산화비괘 육오 艮土宮(간토궁) 初世(초세) **丙子(병자) 水(수)**
水克火(수극화)이니 백호 **官爻(관효)** 입궁

　"name" : "가인지기제(家人之旣濟) 상구(上九)"

　"content" : "家道(가도)가 이미 기제(旣濟)됨이니 잘 지키며 그 道理(도리)를 순탄하게 履行(이행)해야 하리라. 그로써 미더움이 있고, 가장의 威信(위신)이 넉넉하여 마침내 길하리라. 항상 마음을 놓치지 않고 두루 헤아림을 두어야 하리니 방심하여 그 머리를 적시면 위태로워지리라."

卯(兄) 丑(財) 亥(父) 未(財) 巳(孫) 卯(兄)
*官爻 隱伏

풍화가인 상구 巽木宮(손목궁) 二世(이세) **辛卯(신묘) 木(목)**
수화기제괘 상육 坎水宮(감수궁) 三世(삼세) **戊子(무자) 水(수)**
水生木(수생목)이니 **父母神(부모신)** 입궁

38. 화택규괘(火澤睽卦)

"睽(규)는 小事(소사)는 吉(길)하니라."
- 睽(규)는 개인 혼자나 한 편의 일에 구한하여 길함이 있음이라.

"name" : "규지미제(睽之未濟) 초구(初九)"

"content" : "말이 주인을 등지며 마구간을 벗어나 달아났으나, 후회를 남길 만큼 멀리 떠나지 못하리니, 찾지 않아도 때가 되면 돌아오리라. 악인을 만나지만 재앙에 이르지 않으리라. 건너지 않아야 할 강을 건너려 하면 그 꼬리를 적시니 한스러운 일이 되리라."

巳(父) 卯(官) 丑(兄) 酉(孫/世) 未(兄) 巳(父)
*財爻 隱伏

화택규괘 초구 - 艮土宮(간토궁) 四世(사세) **丁巳(정사) 火(화)**
화수미제괘 초육 - 離火宮(이화궁) 三世(삼세) **戊寅(무인) 木(목)**
木生火(목생화)이니 **父母神(부모신) 입궁**

"name" : "규지서합(睽之噬嗑) 구이(九二)"

"content" : "잘 헤아리면 서로 등진 문제를 해소할 수 있으리니 거리에서 주인을 만나 화해함으로써 허물이 없으리라. 이물(異物)에 대한 관점의 차이로 인하여 사람이 서로 등을 지다가 법적인 시비(是非)에 이르게 됨이니, 객관적인 관점으로 시각을 모은 뒤 뚜렷하게 어긋나 돌출된 것을 소멸시키면 허물이 없으리라."

巳(父) **卯(官)** 丑(兄) 酉(孫/世) 未(兄) 巳(父)
*財爻 隱伏

화택규괘 구이 艮土宮(간토궁) 四世(사세) **丁卯(정묘) 木(목)**
화뢰서합괘 육이 巽木宮(손목궁) 五世(오세) **庚寅(경인) 木(목)**
木之木(목지목)이니 **兄神(형신) 입궁**

"name" : "규지대유(睽之大有) 육삼(六三)"

"content" : "소인(小人)으로서 대사(大事)를 감당한다고 나서서 수레를 모니, 장차 길을 벗어난 수레가 거꾸로 그 소를 끌게 되어 모든 사리(事理)가 어그러지리라. 형벌을 면하기 어려우리라. 만사(萬事)에 처음을 굳이 논하지는 않으나 그 결과(結果)와 매듭은 분명히 짚고 가는 법이라. 대사(大事)는 공(公)이 맡아 그 결과를 직접 천자(天子)에 드려 쓰도록 할 일이니 소인(小人)은 그 끝을 감당할 수 없으리라."

巳(父) 卯(官) **丑(兄)** 酉(孫/世) 未(兄) 巳(父)
*財爻 隱伏

화택규괘 육삼 艮土宮(간토궁) 四世(사세) **丁丑(정축) 土(토)**
화천대육괘 구삼 乾金宮(건금궁) 三世(삼세) **甲辰(갑진) 土(토)**
土之土(토지토)이니 **兄神(형신) 입궁**

"name" : "규지손(睽之損) 구사(九四)"

"content" : "군자가 그 깊은 외로움과 우울함을 덜어낼 때이니 원부(元夫)

를 만나 교분을 나누면 위태로우나 허물이 없으리라. 병을 덜어내기 위해 속히 움직여야 삶의 기쁨이 있고 허물이 없으리라."

巳(父) 卯(官) 丑(兄) 酉(孫/世) 未(兄) 巳(父)
*財爻 隱伏

화뢰규괘 구사 艮土宮(간토궁) 四世(사세) 己酉(기유) 金(금)
산택손괘 육사 - 艮土宮(산토궁) 三世(삼세) 丙戌(병술) 土(토)
土生金(토생금)이니 父母神(부모신) 입궁

"name" : "규지이(睽之履) 육오(六五)"

"content" : "신령한 호랑이가 역천(逆天)의 무리를 쫓는 데 위태로움이 있겠으나 바른 도리를 쫓아 그대로 나아가며 그 수괴(首魁)를 결단한다면 허물이 없고, 후회할 바가 아니리라. 바른 도리로 결단하는 일이나 위태로움이 따르리라."

巳(父) 卯(官) 丑(兄) 酉(孫/世) 未(兄) 巳(父)
*財爻 隱伏

화택규괘 육오 艮土宮(간토궁) 四世(사세) 己未(기미) 土(토)
천택리괘 구오 艮土宮(간토궁) 五世(오세) 壬申(임신) 金(금)
土生金(토생금)이니 子孫(자손) 입궁

"name" : "규지귀매(睽之歸妹) 상구(上九)"

"content" : "남녀 음양이 긴 세월 서로 등지며 결혼을 멀리하면 그 삶이 결국 고립될 수밖에 없으리라. 울타리 없이 떠도는 한 마리 돼지(家-豕)가 진흙 속에 얼굴을 묻고, 한 수레에는 또 귀(鬼)가 타고 있기에, 사냥감인가 하고 먼저 활시위를 당겼다가 나중에 활을 거두게 된 일이 있었는데, 활을 거둔 사연은 그들이 도적이 아니라 혼인을 구해야 할 대상임을 알게 되었기 때문이라. 짝을 만나러 가는 길에 비가 오면 길하리라. 아무리 고상(高尙)한 음양이라도 서로를 등지며 고립이 깊어지면 여인은 빈 광주리만을 이고, 선비는 양을 찔러도 피를 얻지 못하리니, 세월을 허송(虛送)함이요 이로울 바가 없으리라."

巳(父) 卯(官) 丑(兄) 酉(孫/世) 未(兄) 巳(父)
*財爻 隱伏

화택규괘 상구 艮土宮(간토궁) 四世(사세) **己巳(기사) 火(화)**
뇌택귀매괘 상육 兌金宮(태금궁) 三世(삼세) **庚戌(경술) 土(토)**
火生土(화생토)니 **孫神(손신)** 입궁

38. 화택규괘(火澤睽卦)

39. 수산건괘(水山蹇卦)

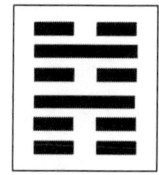

"蹇(건)은 利西南(이서남)하고 不利東北(불리동북)이니 利見大人(이견대인)하고 貞吉(정길)이라."
- 蹇(건)은 서남의 도가 이롭고 동북의 도는 불리하니 대인을 만나면 이롭고 바르게 함이 길하니라.

"name" : "건지기제(蹇之旣濟) 초육(初六)"

"content" : "이미 재난(災難)이 들어 급지(急地)에 갇힌 격이니 갈 수 없음이 명백한즉 나의 벗이 올 수 있도록 길을 잘 열어두면 모두 영예(榮譽)롭게 되리라. 저편에서 오고자 함에 강물을 건너 수레를 끌고 오려는데, 그 책임을 감당하기에는 조금 힘이 부치는지라 손상(損傷)을 입겠으나 크게 재해(災害)를 입지는 않으리라."

辰(父) 午(官) 申(兄) 申(兄/世) 戌(父) 子(孫)
*財爻 隱伏

수산건괘 초육 - 兌金宮(태금궁) 四世(사세) **丙辰(병진) 土(토)**
수화기제괘 초구 - 坎水宮(감수궁) 三世(삼세) **乙卯(을묘) 木(목)**
木克土(목극토)이니 백호 **관효(官爻)** 입궁

"name" : "건지정(蹇之井) 육이(六二)"

"content" : "재난이 나라의 중심부(中心部)까지 이르러 왕신(王臣)의 통치

행위가 막히리라. 이는 왕신(王臣)이 부정(不正)하거나 직접적 과실로 인함이 아니며 다만 국가의 생존 기반이 되는 우물에 부정(不正)한 흠결(欠缺)과 통로(通路)가 생겼기 때문이라. 그 어두운 굴을 통해 살같이 외래 종(種)의 붕어가 출입하며 그 나라의 우물을 세상의 흔한 계곡물과 다름이 없도록 만들고 있으니 그보다 큰 재난이 어디에 있다 하겠는가?"

辰(父) **午(官)** 申(兄) 申(兄/世) 戌(父) 子(孫)
*財爻 隱伏

수산건괘 육이 - 兌金宮(태금궁) 四世(사세) **丙午(병오) 火(화)**
수풍정괘 구이 - 震木宮(진목궁) 五世(오세) **辛亥(신해) 水(수)**
水克火(수극화)이니 백호 **官爻(관효)** 입궁

"name" : "건지비(蹇之比) 구삼(九三)"

"content" : "재난에 처한 그를 도울 수 없으리니 도우러 간다고 해도 막혀서 본래의 처음 상태가 되리라. 이 일은 그 밖의 사람이 나서서 도울 일이 못 되느니라."

辰(父) 午(官) **申(兄)** 申(兄/世) 戌(父) 子(孫)
*財爻 隱伏

수산건괘 구삼 兌金宮(태금궁) 四世(사세) **丙申(병신) 金(금)**
수지비괘 육삼 坤土宮(곤토궁) 三世(삼세) **乙卯(을묘) 木(목)**
金克木(금극목)이니 처신 **財神(재신)** 입궁

"name" : "건지함(蹇之咸) 육사(六四)"

"content" : "마음에 벽이 생겼으니 교감(交感)이 막히리라. 이편에서 돌이킬 문제가 아니라 저편에서 생각을 바르게 돌려야 서로 이어질 수 있으리라. 다만 공감이 열릴 만한 바른 것들을 찾아 부지런히 왕래하면 벗이 너의 생각을 따르리라."

辰(父) 午(官) 申(兄) **申(兄/世)** 戌(父) 子(孫)
*財爻 隱伏

수산건괘 육사 - 兌金宮(태금궁) **四世(사세) 戊申(무신) 金(금)**
택산함괘 구사 - 兌金宮(태금궁) 三世(삼세) **丁亥(정해) 水(수)**
金生水(금생수)이니 **子孫(자손)** 입궁

"name" : "건지겸(蹇之謙) 구오(九五)"

"content" : "거대한 겁재(劫災) 속에서 구원의 무리가 찾아오리라. 겸손한 군자가 부유하지 않음에도 함께 이웃하고자 하리니, 서로 가까이 청(請)하면 도적의 침벌(侵伐)이 있을 때는 물론이며 여타에 있어 이롭지 않음이 없으리라."

辰(父) 午(官) 申(兄) **申(兄/世)** 戌(父) 子(孫)
***財爻 隱伏**

수산건괘 구오 兌金宮(태금궁) 四世(사세) **무술(戊戌) 토(土)**
지산겸괘 육오 兌金宮(태금궁) 五世(오세) **癸亥(계해) 水(수)**
金生水(금생수)이니 **재신(財神) 입궁(入宮)**

"name" : "건지점(蹇之漸) 상육(上六)"

"content" : "인문(人文)에 큰 재겁(災劫)이 닥치리니 대개 그 스스로 재난을 이겨내지 못하리라. 구원의 무리를 간절히 기다려 오게 함이 길하며 이 일로써 대인을 만나면 길하리라. 구원의 무리가 겁재(劫災)에 빠진 천하를 향해 나아가리니 그 날갯짓은 길하여 가히 천하가 모범으로 삼을 만하리라."

辰(父) 午(官) 申(兄) 申(兄/世) 戌(父) 子(孫)
*財爻 隱伏

수산건괘 상육 兌金宮(태금궁) 四世(사세) **戊子(무자) 水(수)**
풍산점괘 상구 艮土宮(간토궁) 三世(삼세) **辛卯(신묘) 木(목)**
水生木(수생목)이니 **孫神(손신) 입궁**

40. 뇌수해괘(雷水解卦)

"解(해)는 利西南(이서남)하니 无所往(무소왕)하고 其來復(기래복)이 吉(길)하니 有攸往(유유왕)이어든 夙(숙)하면 吉(길)하니라."
- 천하가 다 풀리는 때이니 西南(서남)의 노지 길하며 갈 바가 없고, 그 와서 회복함이 길하여 갈 바가 있으면 신속함이 길하니라.

"name" : "해지귀매(解之歸妹) 초구(初九)"

"content" : "결혼이라는 한 번의 매듭은 그대로 영원한 것이지만 그러하지 못했다 해도 그로써 허물할 수는 없으리라. 만일 그와 같은 이력(履歷)이 있어 다시 결혼에 임한다면 여러 장애가 앞을 가로막게 될 것이지만 하나씩 힘써 정복하듯 나아가면 길하리라."

寅(兄) 辰(財/世) 午(孫) 午(孫) 申(官) 戌(財)
*父爻 隱伏

뇌수해괘 초육 - 震木宮(진목궁) 二世(이세) **戊寅(무인) 木(목)**
뇌택귀매괘 초구 - 兌金宮(태금궁) 三世(삼세) **丁巳(정사) 火(화)**
木生火(목생화)이니 **子孫(자손) 입궁**

"name" : "해지예(解之豫) 구이(九二)"

"content" : "중행(中行)의 군대가 사냥에 나아가 영악한 여우 세 마리를 포획하고 또한 누런 화살을 얻으리라. 바르게 하면 길하리라. 돌 틈에 끼인 듯이 무도(無道)한 무리들의 발호(跋扈) 속에 갇혀 움직이지 못하였던 제후도 곧 풀려나게 되리니 바르게 하면 길하리라."

寅(兄) 辰(財/世) 午(孫) 午(孫) 申(官) 戌(財)
*父爻 隱伏

뇌수해괘 구이 震木宮(진목궁) 二世(이세) 戊辰(무진) 土(토)
뇌지예괘 육이 震木宮(진목궁) 初世(초세) 乙巳(을사) 火(화)
火生土(화생토)이니 父母神(부모신) 입궁

"name" : "해지항(解之恒) 육삼(六三)"

"content" : "인문(人文)의 마땅한 상도(常道)를 저버린 자가 재물(財物)을 등짐을 지고 수레에 오르니 도둑이 벗을 히지며 다가오리라. 바르다 해도 한스러운 일이니 그 보편의 덕(德)을 잠시 가져갈 수는 있어도 오래 유지할 수는 없으리라. 이 사람이 더 나아가 불의(不義)로써 대(代)를 잇고자 힘쓰리니 바르게 산다 해도 부끄럽기 그지없으리라."

寅(兄) 辰(財/世) **午(孫)** 午(孫) 申(官) 戌(財)
*父爻 隱伏

뇌수해괘 육삼 - 震木宮(진목궁) 二世(이세) 戊午(무오) 火(화)
뇌풍항괘 구삼 - 震木宮(진목궁) 三世(삼세) 辛酉(신유) 金(금)
火克金(화극금)이니 **妻神(처신)** 재신 입궁

"name" : "해지사(解之師) 구사(九四)"

"content" : "전란(戰亂)의 강도(强度)가 약해지며 그 위험이 사라질 즈음,

군대의 수장(首將)이 위기를 넘기며 그 수하(手下)들도 따라서 모여들게 되리니 이에 평화를 향한 미더움이 있으리라. 이즈음 군대를 예규(例規)와 절차에 따라 주둔토록 하면 허물이 없으리라."

寅(兄) 辰(財/世) 午(孫) **午(孫)** 申(官) 戌(財)
*父爻 隱伏

뇌수해괘 구사 震木宮(진목궁) 二世(이세) **庚午(경오) 火(화)**
지수사괘 육사 坎水宮(감수궁) 三世(삼세) **癸丑(계축) 土(토)**
火生土(화생토)이니 **子孫(자손) 입궁**

"name" : "해지곤(解之困) 육오(六五)"

"content" : "유독(惟獨) 군자(君子)의 운수(運數)가 풀리며 지독한 곤경(困境)으로부터 벗어나리니, 길하고 소인이라도 미더운 일이 있으리라. 곤경(困境)의 터널을 지날 때 숨조차 쉬지 못하고, 의관(衣冠)도 걸치지 못하였다가 서서히 기쁜 일이 생기기 시작하리니, 적절한 때를 정하여 하늘에 제향(祭享)을 드리면 이로우리라."

寅(兄) 辰(財/世) 午(孫) 午(孫) **申(官)** 戌(財)
*父爻 隱伏

뇌수해괘 육오 震木宮(진목궁) 二世(이세) **庚申(경신) 金(금)**
택수곤괘 구오 兌金宮(태금궁) 初世(초세) **丁酉(정유) 金(금)**
金之金(금지금)이니 **兄神(형신) 입궁**

"name" : "해지미제(解之未濟) 상육(上六)"

"content" : "그 풀림이 보통 사람은 닿을 수 없는 경계에까지 이르리라. 양분(兩分)되었던 두 강역(疆域)들 사이에 이르러 공(公)이 높은 책선(策線) 위에 숨어 있던 맹금(猛禽)을 활로 쏘아 잡아들이니, 미제(未濟)의 세월이 풀려 이롭지 않음이 없으리라. 서로 경계를 허물고 미더움을 나누며 술을 나누어도 허물이 없으리라. 그러나 머리를 적셔 어지러워진다면 설령 미더움이 있었다 해도 이것을 다시 잃게 되리라."

寅(兄) 辰(財/世) 午(孫) 午(孫) 申(官) 戌(財)
*父爻 隱伏

뇌수해괘 상육 震木宮(진목궁) 二世(이세) **庚戌(경술) 土(토)**
화수미제괘 상구 離火宮(이화궁) 三世(삼세) **己巳(기사) 火(화)**
火生土(화생토)이니 **父母神(부모신) 입궁**

41. 산택손괘(山澤損卦)

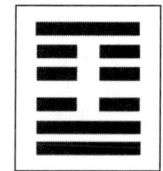

"損(손)은 有孚(유부)라야 元吉(원길)코 无咎(무구)리니 可貞(가정)이라야 利有攸往(이유유왕)이니라. 曷之用(갈지용)이리오? 二簋(이궤)라도 可用享(가용향)이라."

- 희생하고 덜어내는 일은 미더움이 있어야 크게 길하고 허물이 없으리니 가히 바른 것이라야 갈 바가 있을 때 이로우리라. 그 덜어낸 바를 어떻게 쓸 것인가? 두 개의 대그릇이라도 가히 제향에 쓰일 수 있으리라.

"name" : "손지몽(損之蒙) 초구(初九)"

"content" : "청산(淸算)해야 할 것을 빨리 청산하면 허물이 없으리라. 버릴 것을 잘 헤아리고자 하면 먼저 사안(事案)을 저울 위에 올려야 하리니 원석(原石)의 존재로부터 그 진보(珍寶)와 불순물을 잘 구분하여 불순물을 버리듯 하면 되리라. 발몽(發蒙)은 어리석음 등의 여러 기질(氣質)을 드러내는 것이며 그 가운데 좋은 것은 익히고 삿된 것은 버려야 하리니 버릴 때 형벌을 받는 죄인의 도리를 쓰면 이로우리라. 그러나 차꼬를 채워 나아가면 오히려 부끄러운 일이 되리라."

巳(父) 卯(官) 丑(兄/世) 戌(兄) 子(財) 寅(官)
*孫爻 隱伏

산택손괘 초구 艮土宮(간토궁) 三世(삼세) **丁巳(정사) 火(화)**
산수몽괘 초육 離火宮(이화궁) 四世(사세) **戊寅(무인) 木(목)**

木生火(목생화)이니 **父母神(부모신) 입궁**

"name" : "손지이(損之頤) 구이(九二)"

"content" : "중심(中心)을 잘 지키며 이에 더하고 보태어 양현(養賢)의 으뜸 과제로 삼아야 하리라. 만일 이것을 덜어내는 도리로 한다면 바르게 해야 길하고 정벌하듯 하면 흉하리라. 거꾸로 길러 중덕(中德)이 손상(損傷)되면 그로써 조리를 어김이라. 나아가 언덕에 의탁하여 거꾸로 길러지기를 정복하듯 하면, 흉한 결과에 이르리라."

巳(父) **卯(官)** 丑(兄/世) 戌(兄) 子(財) 寅(官)
*孫爻 隱伏

산택손괘 구이 艮土宮(간토궁) 三世(삼세) **丁卯(정묘) 木(목)**
산뢰이괘 육이 巽木宮(손목궁) 四世(사세) **庚寅(경인) 木(목)**
木之木(목지목)이니 **兄神(형신) 입궁**

"name" : "손지대축(損之大畜) 육삼(六三)"

"content" : "이종(移種)에 들어 훗날을 기약해야 하리니, 세 사람이 동행(同行)하다가 한 사람이 떠남은 새로운 벗을 얻고자 함이라. 장차 좋은 말을 취하여 고생을 잘 견디게 하며 바른 도리를 지키도록 다스려 나가면 이로우리라. 야생의 기질을 잘 다스림에 있어 날마다 한 가지 일에 막아두고 수레를 몰며 또 호위하게 하면 갈 바가 있을 때 이로우리라."

巳(父) 卯(官) **丑(兄/世)** 戌(兄) 子(財) 寅(官)
*孫爻 隱伏

산택손괘 육삼 艮土宮(간토궁) 三世(삼세) 丁丑(정축) 土(토)
산천대축괘 구삼 艮土宮(간토궁) 二世(이세) 甲辰(갑진) 土(토)
土之土(토지토)이니 兄神(형신) 입궁

"name" : "손지규(損之睽) 육사(六四)"

"content" : "외로움과 고립으로 생긴 병을 덜어내는 일이니 빠르게 실천하면 기쁨이 있고 허물이 없으리라. 꼭 만나야 할 사람을 만나지 못하여 병이 생겼으니 속히 서둘러 원부(元夫)를 만나 교분을 나누면 염려스러움이 있으나 허물이 없으리라."

巳(父) 卯(官) 丑(兄/世) 戌(兄) 子(財) 寅(官)
*孫爻 隱伏

산택손괘 육사 - 艮土宮(간토궁) 三世(삼세) 丙戌(병술) 土(토)
화택규괘 구사 艮土宮(간토궁) 四世(사세) 己酉(기유) 金(금)
土生金(토생금)이니 손신(孫神) 입궁

"name" : "손지중부(損之中孚) 육오(六五)"

"content" : "미더움을 덜어 희생하니 도리어 보태지리라. 그 무리가 많아지기에 의아하여 큰 점을 쳐도 잘못된 사실이 없음이요 도리를 위반한 것이 아니어서 크게 길하리라. 무리가 서로 이웃이 되는데, 미더움으로 인연(因緣)을 거듭하니 허물이 없으리라."

巳(父) 卯(官) 丑(兄/世) 戌(兄) **子(財)** 寅(官)
*孫爻 隱伏

산택손괘 육오 艮土宮(간토궁) 三世(삼세) **丙子(병자) 水(수)**
풍택중부괘 구오 艮土宮(간토궁) 四世(사세) **辛巳(신사) 火(화)**
水克火(수극화)이니 처신 **재신(財神) 입궁**

"name" : "손지림(損之臨) 상구(上九)"

"content" : "상서로움이 꺾여 손상되는 때이니 덜지 말고 보태야 허물을 면하고 바르게 해야 길하리라. 상서로운 일을 찾아 나아갈 바가 있으면 이롭지만 그로써 신하를 얻어 직책을 내면서 앉힐 수는 없으리라. 다만 상서로운 일을 더 하고 더 보충하면 길하고 허물이 없으리라."

巳(父) 卯(官) 丑(兄/世) 戌(兄) 子(財) 寅(官)
*孫爻 隱伏

산택손괘 상구 艮土宮(간토궁) 三世(삼세) **丙寅(병인) 木(목)**
지택림괘 상육 坤土宮(곤토궁) 二世(이세) **癸酉(계유) 金(금)**
金克木(금극목)이니 白虎(백호) **관효(官爻) 입궁**

41. 산택손괘(山澤損卦)

42. 풍뢰익괘(風雷益卦)

"益(익)은 利有攸往(이유유왕)하며 利涉大川(이섭대천)하니라."
- 바람과 우레가 보태어 增大(증대)함과 같이 갈 바가 있으면 이로우며, 큰 내를 건너면 이로우리라.

"name" : "익지관(益之觀) 초구(初九)"

"content" : "세상을 널리 이롭게 하기 위해 대작(大作)을 지어, 그로써 천지신도(神道)와 사시(四時)의 변화를 살펴 활로(活路)를 구하는 것이니, 크게 길하고 허물이 없으리라. 이것을 헤아리는데 어린아이처럼 바라보며 살핀다면 소인에게는 허물이라 할 수 없으나 군자에게는 한스러운 일이 되리라."

子(父) 寅(兄) 辰(財/世) 未(財) 巳(孫) 卯(兄)
***官爻 隱伏**

풍뢰익괘 초구 巽木宮(손목궁) 三世(삼세) **庚子(경자) 水(수)**
풍지관괘 초육 乾金宮(건금궁) 四世(사세) **乙未(을미) 土(토)**
土克水(토극수)이니 **白虎(백호) 官爻(관효)** 입궁

"name" : "익지중부(益之中孚) 육이(六二)"

"content" : "인문(人文)의 숲에 있던 한 마리 학(鶴)이 울음소리를 내어 하늘의 비원(悲願)에 화답(和答)하니 명명지중(冥冥之中)의 상제(上帝)께서 다시 비답(秘答)을 내리리라. 이에 군자가 다시 이 일에 혼신(渾身)의 힘을 더하

니 그 무리가 무수히 늘어나게 되리라. 거북점을 쳐서 혹 천지를 위반함이 없는지 하늘에 여쭈어도 어김이 없는 바라. 영원히 바르게 하면 길하며 상제께 제향(祭享)을 올림이 길하리라. 이 일은 상제(上帝)로부터 연원(淵源)한 일이니 천하사요, 성배(聖杯)에 맑은 술을 올림과 함께 맹약(盟約)을 드림으로써 장차 신성(神聖)한 인연(因緣)이 성사(成事)되리라."

子(父) 寅(兄) 辰(財/世) 未(財) 巳(孫) 卯(兄)
*官爻 隱伏

풍뢰익괘 육이 巽木宮(손목궁) 三世(삼세) **庚寅(경인) 木(목)**
풍택중부괘 구이 艮土宮(간토궁) 四世(사세) **丁卯(정묘) 木(목)**
木之木(목지목)이니 **兄神(형신) 입궁**

"name" : "익지가인(益之家人) 육삼(六三)"

"content" : "군자가 중행(中行)에 임하여 가사(家事)에 이익(利益)을 들여 흉사(凶事)에 쓰임을 두면 허물이 없으리라. 그러나 사용함에 매사 미더움이 지극해야 하리니 어떤 이유로든 이익(利益)을 돌려야 할 때 징표를 써서 공(公)에게 고(告)하는 것이 마땅하리라. 가인을 엄하게 다스려 장차 중행에 누가 되지 않도록 해야 함을 깊이 주의해야 하리라."

子(父) 寅(兄) **辰(財/世)** 未(財) 巳(孫) 卯(兄)
*官爻 隱伏

풍뢰익괘 육삼 巽木宮(손목궁) 三**世(삼세) 庚辰(경진) 土(토)**
풍화가인괘 구삼 巽木宮(손목궁) 二世(이세) **己亥(기해) 水(수)**
土克水(토극수)이니 **妻神(처신) 財神(재신) 입궁**

"name" : "익지무망(益之无妄) 육사(六四)"

"content" : "바람과 우레가 서로 도와 천하를 익(益)되게 함과 같이 큰 이익이나 비용에 연루되고 동반됨은 대중(大衆)의 운명(運命)이 걸린 일이니 중행(中行)이며 가히 바르게 할 수 있어야 허물을 면하게 되리라. 공(公)에게 의지하여 나라를 옮김에 들여 쓰면 이로우리니 다수의 대중(大衆)이 연루되는 일에는 반드시 일체(一切)의 망령된 처사가 없도록 막아야 하리라."

子(父) 寅(兄) 辰(財/世) **未(財)** 巳(孫) 卯(兄)
*官爻 隱伏

풍뢰익괘 육사 巽木宮(손목궁) 三世(삼세) **辛未(신미) 土(토)**
천뢰무망 구사 巽木宮(손목궁) 四世(사세) **壬午(임오) 火(화)**
火生土(화생토)이니 **父母神(부모신)** 입궁

"name" : "익지이(益之頤) 구오(九五)"

"content" : "바람과 우레가 서로 이로움을 증대하듯 함이니 묻지 않아도 길하리라. 이는 나의 덕(德)을 은혜롭게 하는 일이라. 그러나 거꾸로 조력(助力)을 받아 증대(增大)되고자 한다면 조리를 어기기 쉬우니 바른 도리에 머물러야 길하고 큰 내를 건너기 불가하리라."

子(父) 寅(兄) 辰(財/世) 未(財) **巳(孫)** 卯(兄)
***官爻 隱伏**

풍뢰익괘 구오 巽木宮(손목궁) 三世(삼세) **辛巳(신사) 火(화)**
산뢰이괘 육오 巽木宮(손목궁) 四世(사세) **丙子(병자) 水(수)**
水克火(수극화)이니 白虎(백호) **官爻(관효)** 입궁

"name" : "익지준(益之屯) 상구(上九)"

"content" : "이익(利益) 앞에서 맹약(盟約)의 도리가 깨지리라. 신뢰(信賴)가 오래가지 못하고 무너지며, 서로 힘을 보태지 않으며, 혹은 공격하며, 본래의 초심(初心)을 버리게 되니 흉하리라. 본래 큰 뜻을 품고 마음을 나누며 그 정표(定標)를 나누었으나 맹약이 무너지니 피눈물을 흘리리라."

子(父) 寅(兄) 辰(財/世) 未(財) 巳(孫) **卯(兄)**
*官爻 隱伏

풍뢰익괘 상구 손목궁 三世(삼세) **辛卯(신묘) 木(목)**
수뢰준괘 육오 감수궁 二世(이세) **戊子(무자) 水(수)**
水生木(수생목)이니 **父母神(부모신)** 입궁

43. 택천쾌괘(澤天夬卦)

"夬(쾌)는 揚于王庭(양우왕정)이니 孚號有厲(부호유려)니라. 告自邑(고자읍)이요 不利卽戎(불리즉융)이며 利有攸往(이유유왕)이니라."

- 결단해야 할 일을 두고 朝庭(조정)에서 드날리는 것이니 미덥게 主唱(주창)해도 위태로운 것이라. 백성들에게 충분히 고할 것이며 이러한 일에 무기를 씀은 불리하며 나아갈 바가 있으면 이로우리라.

"name" : "쾌지대과(夬之大過) 초구(初九)"

"content" : "난세(亂世)에 큰 불의(不義)를 보자 곧 분노가 일어나 참지 못하고 응징에 나섰다가, 상황을 다스리지 못하게 되어 더 많은 치욕을 받게 될 수 있음을 생각해야 하리라. 이럴 때는 옛 선비들이 초야(草野)에 널린 띠풀을 엮어 그것으로 머무는 자리 삼아 치욕을 피해 살았었음을 상기할 필요가 있으리라."

子(財) 寅(官) 辰(兄) 亥(財) 酉(孫/世) 未(兄)
*父爻 隱伏

택천쾌괘 초구 坤土宮(곤토궁) 五世(오세) **甲子(갑자) 水(수)**
택풍대과괘 초육 震木宮(진목궁) 四世(사세) **辛丑(신축) 土(토)**
土克水(토극수)이니 白虎(백호) **官爻(관효) 입궁**

"name" : "쾌지혁(夬之革) 구이(九二)"

"content" : "결단(決斷)과 혁명(革命)이 필요함을 두려운 마음으로 설파하니, 그 밤에 소식을 듣고 무기를 소지한 군인들이 수색에 나서리라. 그러나 때가 성숙한즉 근심하지 않아도 되리라. 결단을 위한 혁명(革命)에는 조건의 성숙을 위한 충분한 시간이 필요하리니 그 뒤에 움직이면 길하며 허물이 없으리라."

子(財) 寅(官) 辰(兄) 亥(財) 酉(孫/世) 未(兄)
*父爻 隱伏

택천쾌괘 구이 坤土宮(곤토궁)五世(오세) **甲寅(갑인) 木(목)**
택화혁괘 육이 坎水宮(감수궁) 四世(사세) **己丑(기축) 土(토)**
木克土(목극토)이니 妻神(처신) **財神(재신) 입궁**

"name" : "쾌시내(夬之兌) 구삼(九三)"

"content" : "쾌락과 향유(享有)를 위해 누군가를 결단한다는 것은 도저히 용서할 수 없는 일이며 하늘이 명백하게 그 잘못을 광대뼈에 심어 표징(標徵)해 두리니 흉하리라. 군자가 그 지위에 있어 부득이 중죄인(重罪人)을 결단해야 한다면 홀로 길을 가며 빗줄기 속에서 울며 성내기를 하늘과 함께한다면 허물이 없으리라. 만일 기뻐할 일로써 결단에 임한다면 반드시 흉(凶)하리라."

子(財) 寅(官) **辰(兄)** 亥(財) 酉(孫/世) 未(兄)
*父爻 隱伏

택천쾌괘 구삼 坤土宮(곤토궁) 五世(오세) **甲辰(갑진) 土(토)**
중태택괘 육삼 兌金宮(태금궁) 六世(육세) **丁丑(정축) 土(토)**
土之土(토지토)이니 **兄神(형신) 입궁**

"name" : "쾌지수(夬之需) 구사(九四)"

"content" : "기다리던 때를 만나 결단적 행동에 임하니 잠시도 엉덩이를 붙이지 못하리라. 험지(險地)로부터 이끌어 순박한 중생들을 길지(吉地)로 인도하면 후회되지 않으리라. 철부지 중생들에게 살길을 열어주고자 하는데, 그 시변(時變)의 위험한 상황에 관해 얘기를 듣고도 믿으려 하지 않으리라. 피를 부르는 위험한 내를 잘 인내하며 기다리다가 징자 동굴에서 나오게 되리라."

子(財) 寅(官) 辰(兄) **亥(財)** 酉(孫/世) 未(兄)
*父爻 隱伏

택천쾌괘 구사 坤土宮(곤토궁) 五世(오세) **丁亥(정해) 水(수)**
수천수괘 육사 坤土宮(곤토궁) 四世(사세) **戊申(무신) 金(금)**
金生水(금생수)이니 **父母神(부모신)** 입궁

"name" : "쾌지대장(夬之大壯) 구오(九五)"

"content" : "광범위한 정화(淨化)의 결단(決斷)이 진행되리니, 이는 봄볕을 타고 올라와 밭을 점령해버린 붉은 쇠비름을 농부가 일거에 뽑아 버리듯이 진행되리라. 인문(人文)의 사명(使命)이며 중행(中行)이니 허물이 없으리라. 무지한 중생들이 이 큰 고비를 넘지 못하리니 행여 후회를 남기지 말아야 하리라."

子(財) 寅(官) 辰(兄) 亥(財) **酉(孫/世)** 未(兄)
*父爻 隱伏

택천쾌괘 구오 坤土宮(곤토궁) **五世(오세) 丁酉(정유) 金(금)**
뇌천대장괘 육오 坤土宮(곤토궁) **四世(사세) 庚申(경신) 金(금)**

金之金(금지금) **兄神(형신) 입궁**

"name" : "쾌지건(夬之乾) 상육(上六)"

"content" : "민심(民心)을 등지고 자신의 안위(安危)만 앞세운 나라의 지도자가 결단(決斷)의 검기(劍氣) 앞에 서서 외치며 호소하지만 아무도 그 호소하는 바를 들어주지 않으리라. 낮은 하늘에서 구름을 부려 비를 짓던 용(龍)이 자제력(自制力)을 잃고 영원한 안락(安樂)을 꿈꾸며 더 높은 하늘에 올라 돌이킬 수 없는 후회만 남기는 격이니 흉(凶)하리라."

子(財) 寅(官) 辰(兄) 亥(財) 酉(孫/世) 未(兄)
*父爻 隱伏

택천쾌괘 상육 坤土宮(곤토궁) 五世(오세) **癸酉(계유) 金(금)**
중건천괘 상구 乾金宮(건금궁) 六世(육세) **壬戌(임술) 土(토)**
土生金(토생금)이니 **父母神(부모신) 입궁**

44. 천풍구괘(天風姤卦)

"姤(구)는 女壯(여장)이니 勿用取女(물용취녀)니라."
- 姤(구)는 그 여자를 만남에 기세가 강대함이니 취해도 쓰지 못하리라.

"name" : "구지건(姤之乾) 초육(初六)"

"content" : "마른 돼지가 숨어 있는 용을 만나 좋은 합(合)을 이루지만 각기 풀어야 할 사명(使命)이 있으리라. 용(龍)은 물을 떠나지 않으며 마른 돼지는 쇠말뚝에 매여 지나친 행동에 이르지 않아야 하리라. 어린 용이 깊은 물을 벗어나면 흉사(凶事)가 있고 마른 돼지가 고삐를 풀면 흉사(凶事)가 있으리라."

丑(父/世) 亥(孫) 酉(兄) 午(官) 申(兄) 戌(父)
*財爻 隱伏

天風姤卦(천풍구괘) 乾金宮(건금궁) **初世(초세) 辛丑(신축) 土(토)**
重乾天卦(중건천괘) 乾金宮(건금궁) **六世(육세) 甲子(갑자) 水(수)**
土克水(토극수)이니 **妻神(처신) 財神(재신)** 입궁

"name" : "구지둔(姤之遯) 구이(九二)"

"content" : "품속의 사람들과 잘 화합해야 하리니, 물고기를 꾸러미에 꿰듯 해야 허물을 면하고, 그로써 빼앗으려는 목적으로 찾아오는 반갑지 않은 손님이 불리하리라. 난세에 이 모든 생명과 그 소요 자원을 지키며 붙잡는데, 누런 소의 가죽끈을 쓰듯이 항상 중용(中庸)의 깊은 도리를 쓰면, 누구라도 이기어

빼앗지 못하게 되리라."

丑(父/世) 亥(孫) 酉(兄) 午(官) 申(兄) 戌(父)
*財爻 隱伏

천풍구괘 구이 - 乾金宮(건금궁) 初世(초세) **辛亥(신해) 水(수)**
천산둔괘 육이 - 乾金宮(건금궁) 二世(이세) **丙午(병오) 火(화)**
水克火(수극화)이니 **妻神(처신) 財神(재신)**

"name" : "구지송(姤之訟) 구삼(九三)"

"content" : "엉덩이에 살이 붙을 틈도 없이 좌우와 동서의 분쟁이 반복되니 위태롭지만 큰 허물은 되지 않으리라. 서로가 중도(中道)를 위반하여 다투는 것이지만 이러한 때에는 과거로부터 이어오던 구덕(舊德)을 따르고, 바른 도리를 잃지 않으면, 위태롭지만 마침내 길하리라. 이 난세는 정치(政治)로써 풀리지 못하니니 정쟁(政爭)만 반복되며 아무것도 이루지 못하리라."

丑(父/世) 亥(孫) **酉(兄)** 午(官) 申(兄) 戌(父)
*財爻 隱伏

천풍구괘 구삼 乾金宮(건금궁) 初世(초세) **申諭(신유) 金(금)**
천수송괘 육삼 離火宮(이화궁) 四世(사세) **戊午(무오) 火(화)**
火克金(화극금)이니 백白虎(백호) **官爻(관효) 입궁**

"name" : "구지손(姤之巽) 구사(九四)"

"content" : "아무리 강한 종자(種子)라도 가을바람에 대적(對敵)하여 이길 수 없음과 같이, 그때가 불리하고 또 그 품 안에 물고기가 없는데 기두(起頭)

하면 흉(凶)하리라. 반대로 유행이 되어 시류(時流)와 기세(氣勢)를 타고 나가는 바람이라면 후회가 없으리니 사냥에 임하여 삼등(三等)을 수확하리라."

丑(父/世) 亥(孫) 酉(兄) **午(官)** 申(兄) 戌(父)
*財爻 隱伏

천풍구괘 구사 乾金宮(건금궁) 初世(초세) **壬午(임오) 火(화)**
중손풍괘 육사 巽木宮(손목궁) 六世(육세) **辛未(신미) 土(토)**
火生土(화생토)이니 **孫神(손신) 입궁**

"name" : "구지정(姤之鼎) 구오(九五)"

"content" : "그 뿌리가 달라도 반드시 중행(中行)의 큰 도리를 찾아 서로 하나의 문채(文彩)를 이루어야 하리니, 이 도리는 마치 구기자나무가 오이를 품어 한 문채를 이룬 것과 같음이라. 중행(中行)의 이 일은 하늘로부터 내린 사명(使命)이니, 솥의 양쪽 고리가 동서에 나누어져 있으나 서로 누런 중도에 의탁함으로써 제3의 공의(公義)인 솥을 걸 수 있음과 같은 이치니라."

丑(父/世) 亥(孫) 酉(兄) 午(官) **申(兄)** 戌(父)
*財爻 隱伏

천풍구괘 구오 乾金宮(건금궁) 初世(초세) **壬申(임신) 金(금)**
화풍정괘 육오 離火宮(이화궁) 二世(이세) **己未(기미) 土(토)**
土生金(토생금)이니 **父母神(부모신) 입궁**

"name" : "구지대과(姤之大過) 상구(上九)"

"content" : "쟁패(爭霸)를 다투는 오월(吳越)과 같이 크게 지나치며 적대적

(敵對的)으로 만나기를 성난 금수(禽獸)가 서로 부딪히듯 하리라. 한편에서는 그 뿔을 치켜세워 나아가고, 다른 한편에서는 그 이마를 멸(滅)하고자 달려 나아가니, 한스럽고 흉하리라. 그 참혹한 결과에 대하여 어느 한 편만을 허물할 수 없으리라."

丑(父/世) 亥(孫) 酉(兄) 午(官) 申(兄) 戌(父)
*財爻 隱伏

천풍구괘 상구 乾金宮(건금궁) 初世(초세) **壬戌(임술) 土(토)**
택풍대과괘 상육 震木宮(진목궁) 四世(사세) **丁未(정미) 土(토)**
土之土(토지토)이니 **兄神(형신)** 입궁

45. 택지췌괘(澤地萃卦)

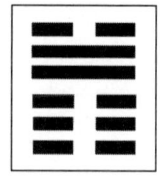

"萃(췌)는 王假有廟(왕격유묘)하여 利見大人(이견대인)하고 亨(형)하니 利貞(이정)이니라. 用大牲(용대생)이 吉(길)하고 利有攸往(이유유왕)하니라."
 - 萃(췌)에 왕이 宗廟(종묘)에 이르러 있어 대인을 만나면 이로움이 있고 형통하리니 바르게 하면 이로우니라. 큰 희생물을 쓰면 길하고, 갈 바가 있으면 이로우니라.

"name" : "췌지수(萃之隨) 초육(初六)"

"content" : "신행(信行)에 진실로 미더움이 있는 자라면 그 마음에서 차마 마침을 두지 못하였으리라. 혼돈(混沌)이 깊어지며 난세(亂世)가 반복되면 그 마음을 다시 꺼내어 참된 신탁(神託) 아래 모일 것이며 굳건히 한 줄기로 손을 잡으라. 그로써 마음에 미소를 얻게 될 것이요 두려움이 없어지리니 나아감에 재앙이 없으리라. 이제 세계 곳곳의 관부(官府)가 변질되어 버려지게 되리니 바른 줄기를 찾으면 길하리라. 옛 문정(門庭)을 나서서 다시 사귈 것이며 따른다면 역사에 공(功)을 남기게 되리라."

未(父) 巳(官/世) 卯(財) 亥(孫) 酉(兄) 未(父)

택지췌괘 초육 兌金宮(태금궁) 二世(이세) 乙未(을미) 土(토)
택뢰수괘 초구 震木宮(진목궁) 三世(삼세) 庚子(경자) 水(수)
土克水(토극수)이니 妻神(처신) 財神(재신) 입궁

"name" : "췌지곤(萃之困) 육이(六二)"

"content" : "곤경(困境)에 처하여 있을 때 천부(天符)의 인끈을 받아들이면 길하리라. 어렵다 해도 약제(禴祭)를 올린 뒤에 이것을 써야 하리라. 주불(朱紱)은 하늘이 지정(指定)한 것으로 제향(祭享)을 올려 하늘에 고(告)한 뒤에 써야 하리라. 무리가 신탁(神託)으로 손을 잡는 이 일은 정복하듯 나아가면 흉하나 재앙에 이르지는 않으리라."

未(父) **巳(官/世)** 卯(財) 亥(孫) 酉(兄) 未(父)

택지췌괘 육이 兌金宮(태금궁) 二世(이세) **乙巳(을사)** 火(화)
택수곤괘 구이 兌金宮(태금궁) 初世(초세) **戊辰(무진)** 土(토)
火生土(화생토)이니 **孫神(손신)** 입궁

"name" : "췌지함(萃之咸) 육삼(六三)"

"content" : "지엽(枝葉)에 앉은 부정(不正)한 지도자가 신탁(神託)을 빙자하여 무모하게 무리를 모아 나아가니 탄식할 일이며 이로울 바가 없으리라. 그 모양이 마치 넓적다리가 종아리를 따르는 듯하니 장차 부끄럽고 한스러운 결과를 낳으리라."

未(父) 巳(官/世) **卯(財)** 亥(孫) 酉(兄) 未(父)

택지췌괘 육삼 - 兌金宮(태금궁) 二世(이세) **乙卯(을묘)** 木(목)
택산함괘 구삼 - 兌金宮(태금궁) 三世(삼세) **丙申(병신)** 金(금)
金克木(금극목)이니 白虎(백호) **官爻(관효)** 입궁

"name" : "췌지비(萃之比) 구사(九四)"

"content" : "묘당(廟堂) 아래 신탁(神託)의 무리가 일심(一心)을 내어 서로

도우니 크게 길하며 허물이 없으리라. 밖으로부터 그 신탁의 무리를 도우리니 바르게 하면 길하리라."

未(父) 巳(官/世) 卯(財) 亥(孫) 酉(兄) 未(父)

택지췌괘 구사 兌金宮(태금궁) 二世(이세) 丁亥(정해) 水(수)
수지비괘 육사 坤上宮(곤토궁) 三世(삼세) 戊申(무신) 金(금)
金生水(금생수)이니 父母神(부모신) 입궁

"name" : "췌지예(萃之豫) 구오(九五)"

"content" : "왕이 신단(神壇) 아래 이르러 장수를 세우고 직책(職責)을 내린 뒤에 하늘에 이를 고(告)하리니 그로써 출사(出師)함에 허물이 없으리라. 그 능력이 부족하여 미덥지 못해도 크고 영원히 바르게 수행토록 하면 후회가 없으리라. 굳건히 바르게 할 일이며 이 군대는 혹 질병(疾病)은 있을지언정 언제나 죽지 않는 불사(不死)의 군(軍)이 되리라."

未(父) 巳(官/世) 卯(財) 亥(孫) 酉(兄) 未(父)

택지췌괘 구오 兌金宮(태금궁) 二世(이세) 정유(丁酉) 金(금)
뇌지예괘 육오 震木宮(진목궁) 初世(초세) 庚申(경신) 金(금)
金之金(금지금)이니 兄神(형신) 입궁

"name" : "췌지비(萃之否) 상육(上六)"

"content" : "참된 신탁(神託)을 막았던 가식(假飾)의 벽이 허물어지더니 하나의 커다란 진실을 공감하게 되리라. 잘못된 아집(我執)과 편견으로 대중을 교화(敎化)하던 지도자가 탄식하며 깊은 참회의 눈물을 흘린다면 허물을 면하리라. 천지가 화통(和通)하여 열리는 때가 오면 진실이 드러나기까지 그 신탁의 무리가 막히겠으나 뒤에는 기쁨을 얻게 되리라."

未(父) 巳(官/世) 卯(財) 亥(孫) 酉(兄) 未(父)

택지췌괘 상육 兌金宮(태금궁) 二世(이세) 丁未(정미) 土(토)
천지비괘 상구 乾金宮(건금궁) 三世(삼세) 壬戌(임술) 土(토)
土之土(토지토)이니 **兄神(형신) 입궁**

46. 지풍승괘(地風升卦)

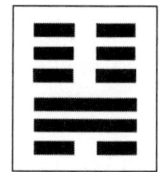

"升(승)은 元亨(원형)하니 用見大人(용견대인)하고 勿恤(물휼)코 南征(남정)히면 吉(길)하리라."
- 드날리며 높이 오름은 크게 형통하니 대인을 만남으로써 하고 근심할 것 없이 남쪽을 정벌하면 길하리라.

"name" : "승지태(升之泰) 초육(初六)"

"content" : "큰 세월이 열리면 군자의 이름이 아름답게 오르리니 크게 길하리라. 이때 무슨 일이든 마음이 가고 손이 움직여 열심히 노력한다면 다 길하리라."

丑(財) 亥(父) 酉(官) 丑(財/世) 亥(父) 酉(官)

지풍승괘 초육 震木宮(진목궁) 四世(사세) 辛丑(신축) 土(토)
지천태괘 초구 坤土宮(곤토궁) 三世(삼세) 甲子(갑자) 水(수)
土克水(토극수)이니 妻神(처신) 財神(재신) 입궁

"name" : "승지겸(升之謙) 구이(九二)"

"content" : "명망(名望)이 생기며 그 이름이 높아지리니, 미덥고 겸손하기를 마치 제향(祭享)에 임하는 제관(祭官)과 같이 하여야 허물이 없으리라. 때가 되면 그 이름이 마치 그윽한 범종 소리처럼 천하에 은은하게 울려 퍼지리니, 바른 도리를 고집하면 길하리라."

丑(財) 亥(父) 酉(官) 丑(財/世) 亥(父) 酉(官)

지풍승괘 구이 震木宮(진목궁) 四世(사세) **辛亥(신해) 水(수)**
지산겸괘 육이 兌金宮(태금궁) 五世(오세) **丙午(병오) 火(화)**
水克火(수극화)이니 妻神(처신) **財神(재신) 입궁**

"name" : "승지사(升之師) 구삼(九三)"

"content" : "무수한 전투력(戰鬪力)을 투사하여 그 성읍(城邑)을 공격하겠으나 텅 비어 아무 것도 남아 있지 않으리라. 치열한 전투로 인해 수레에 병사들의 시신만 거듭 실어 나르리니 차마 흉(凶)하리라."

丑(財) 亥(父) **酉(官)** 丑(財/世) 亥(父) 酉(官)

지풍승괘 구삼 震木宮(진목궁) 四世(사세) **庚辰(경진) 土(토)**
지수사괘 육삼 坎水宮(감수궁) 三世(삼세) **戊午(무오) 火(화)**
火生土(화생토)이니 **父母神(부모신) 입궁**

"name" : "승지항(升之恒) 육사(六四)"

"content" : "장차 인문(人文)이 고수(固守)해야 할 상도(常道)로서의 헌장(憲章)을 정(定)하고 포고(布告)하여 천하에 높이 드날릴 때, 고공단보(古公亶父)가 기산(岐山)에서 성(聖)스러운 제향(祭享)을 드린 것과 같이 하면 길하며 허물이 없으리라. 이로써 그 인문의 밭에 금수(禽獸)가 사라지리라."

丑(財) 亥(父) 酉(官) **丑(財/世)** 亥(父) 酉(官)

지풍승괘 육사 - 震木宮(진목궁) **四世(사세) 癸丑(계축) 土(토)**
뇌풍항괘 구사 - 震木宮(진목궁) 三世(삼세) **庚午(경오) 火(화)**
火生土(화생토)이니 **父母神(부모신) 입궁**

"name" : "승지정(升之井) 육오(六五)"

"content" : "우물이 미지(未知)의 심렬한 지덕(地德)과 샘(泉)에 근본을 두면 차고 또 차서 사람들이 먹기에 진실로 적합한 것처럼, 인문의 다스림이 원원한 도(道)에 근원을 두어 그 바른 것을 고집한다면 길(吉)하리라. 도(道)에 늘 가까운 것은 중용(中庸)이니 그로써 천하의 구품(九品)을 차례로 세운다면 국민이 모두 수용(受容)하게 되리라."

丑(財) 亥(父) 酉(官) 丑(財/世) 亥(父) 酉(官)

지풍승괘 육오 - 震木宮(진목궁) 四世(사세) **癸亥(계해)**
수풍정괘 구오 震木宮(진목궁) 五世(오세) **戊戌(무술)**
土克水(토극수)이니 白虎(백호) **官爻(관효) 입궁**

"name" : "승지고(升之蠱) 상육(上六)"

"content" : "허물을 계단처럼 딛고 올라서면 빛이 없는 어두운 하늘에 오르게 되니 이것이 명승(冥升)이라. 그토록 많이 쌓인 허물을 바로잡아 없었던 그 처음에 이르고자 하면 한시라도 쉬지 않고 바른 도리를 고집하고 행(行)하여야 이로우리라. 이러한 처지로 하물며 왕후(王侯)를 섬기려 하는가?"

丑(財) 亥(父) 酉(官) 丑(財/世) 亥(父) **酉(官)**

지풍승괘 상육 震木宮(진목궁) 四世(사세) **癸酉(계유) 金(금)**

산풍고괘 상구 巽木宮(손목궁) 三世(삼세) **丙寅(병인) 木(목)**
金克木(금극목)이니 妻神(처신) **財神(재신) 입궁**

47. 택수곤괘(澤水困卦)

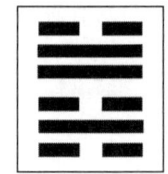

"困(곤)은 亨貞(형정)하니 大人(대인)이 吉(길)코 无咎(무구)이나 有言(유언)에 不信(불신)이라."

- 困境(곤경)이 찾아와 바른 것을 형통하게 함에 大人(대인)이 길하고 허물이 없음이나 이렇게 말을 남겨누어도 믿지 못하리라.

"name" : "곤지태(困之兌) 초육(初六)"

"content" : "한동안 막혀서 어쩔 수 없이 고초(苦楚)를 겪어야 하리니 구천지(舊天地)의 나무 밑동이 잘린 자리에 다시 새 생명의 줄기를 일으켜 세워야 하는 고통이라. 삼 년이라도 길지 않은 세월이요 기뻐할 일이 있어 그 안에서 서로 화합하면 길하리라. 심산유곡(深山幽谷)에 든 것처럼 아무도 이 일을 모르리라."

寅(財/世) 辰(父) 午(官) 亥(孫) 酉(兄) 未(父)

택수곤괘 초육 兌金宮(태금궁) **初世(초세) 戊寅(무인) 木(목)**
중태택괘 초구 兌金宮(태금궁) 六世(육세) **丁巳(정사) 火(화)**
木生火(목생화)이니 **孫神(손신) 입궁**

"name" : "곤지췌(困之萃) 구이(九二)"

"content" : "술과 음식에서 곤경(困境)을 겪겠으나 천하의 때가 되면 천부(天符)의 인장(印章)이 들어오리니, 제향(祭享)을 올린 뒤에 써야 이로우리

라. 새 인장(印章)을 받도록 함에 있어 정벌에 나서듯 하면 흉하나 허물이 아니라. 곤경에 처한 무리가 이것을 인도받으면 길하며 허물이 없으리라. 미더움이 있게 하고 간소한 제향(祭享)을 올린 뒤에 쓰면 이로우리라."

寅(財/世) 辰(父) 午(官) 亥(孫) 酉(兄) 未(父)

택수곤괘 구이 兌金宮(태금궁) 初世(초세) 戊辰(무진) 土(토)
택지췌괘 육이 兌金宮(태금궁) 二世(이세) 乙巳(을사) 火(화)
火生土(화생토)이니 父母神(부모신) 입궁

"name" : "곤지대과(困之大過) 육삼(六三)"

"content" : "국가나 사가(私家)의 근본 초석(楚石)인 대주(大柱)가 그 터에서 밀려 나가 외방(外方)의 거친 들을 떠돌다 다시 그 궁(宮)으로 돌아오지만, 그 아내를 만나 따듯한 정을 나누지 못하게 되니 흉하리라. 용마루가 이미 부러짐과 다름이 없으니 흉(凶)하리라."

寅(財/世) 辰(父) **午(官)** 亥(孫) 酉(兄) 未(父)

택수곤괘 육삼 兌金宮(태금궁) 初世(초세) 戊午(무오) 火(화)
택풍대과괘 구삼 震木宮(진목궁) 四世(사세) 辛酉(신유) 金(금)
火克金(화극금)이니 妻神(처신) **財神(재신)** 입궁

"name" : "곤지감(困之坎) 구사(九四)"

"content" : "재난은 반복적으로 들이닥치고 살아날 방도는 희미하여 어찌해야 할 바를 모르리라. 사방으로 길이 막혀 오는 길도 어렵고 가는 길도 어려운 지경이 되니 쇠수레도 그 길을 건너지 못하므로 한스러우리라. 그러나 남쪽으

로부터 활로(活路)를 얻는 길함이 있으리라. 이때 말술과 두 광주리의 제물을 준비하고 술을 올리되 남쪽으로 창문을 내어 공경히 약속을 드리면 마침내 길하게 되리라."

寅(財/世) 辰(父) 午(官) **亥(孫)** 酉(兄) 未(父)

택수곤괘 구사 **兌金宮(태금궁)** 初世(초세) **丁亥(정해) 水(수)**
중감수괘 육사 **坎水宮(감수궁)** 六世(육세) **戊申(무신) 金(금)**
金生水(금생수)이니 **父母神(부모신)** 입궁

"name" : "곤지해(困之解) 구오(九五)"

"content" : "왕이 곤경에 처하여 괴롭다가 서서히 풀리게 되리니 곧 기쁨이 찾아오리라. 코를 베여 숨이 막히고, 발꿈치를 베여 걷지 못하고, 의관(衣冠)이 없어 입지 못하다가 서서히 풀리니 제향(祭享)을 올려 그 운수를 잘 인도하면 이로우리라. 용(龍)이 그 형신(形身)을 갖추어 물 밖으로 솟아오르니, 뒤를 따라서 군자의 운수도 풀리게 되리라. 이에 길하고 소인도 미더운 날이 찾아오리라."

寅(財/世) 辰(父) 午(官) 亥(孫) **酉(兄)** 未(父)

택수곤괘 구오 兌金宮(태금궁) 初世(초세) **丁酉(정유) 金(금)**
뇌수해괘 육오 震木宮(진목궁) 二世(이세) **庚申(경신) 金(금)**
金之金(금지금)이니 **兄神(형신) 입궁**

"name" : "곤지송(困之訟) 상육(上六)"

"content" : "온종일 치열하게 다투고 보니 해가 질 녘에 남는 것은 칡넝쿨

숲에 떨어져 생긴 상처뿐이라. 왜 그렇게 치열하게 싸웠는지 후회가 될 뿐이지만 상황을 잘 정리하는 방향으로 적극 움직이면 그나마 길하리라. 조회를 다 마치기까지 쟁론(爭論)하며 공(功)을 다투다가 반대(鞶帶)를 세 번 빼앗겼다 하니 대개 세상의 속된 명리(名利)를 두고 치열하게 다툰 결과는 업(業)이라는 굴레만 커지게 할 뿐이라."

寅(財/世) 辰(父) 午(官) 亥(孫) 酉(兄) 未(父)

택수곤 상육 兌金宮(태금궁) 初世(초세) **丁未(정미) 土(토)**
천수송괘 상구 離火宮(이화궁) 四世(사세) **壬戌(임술) 土(토)**
土之土(토지토)이니 **兄神(형신) 입궁**

48. 수풍정괘(水風井卦)

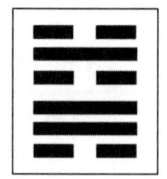

"井(정)은 改邑(개읍)에도 不改井(불개정)이니 无喪无得(무상무득)이니라. 往來井井(왕래정정)하니 汔至亦未繘井(흘지역미율정)이면 羸其瓶(리기병)하야 凶(흉)이라."

- 우물은 나라를 고친다 해도 바꿀 수 없으니 스스로 잃는 것도 없고 얻는 것도 없음이라. 우물에 오고 가며 두레박이 거의 물에 닿을 만큼 이르렀다가도 그 줄이 짧아 우물을 얻지 못하면 그 물병이 마르고 야위게 되리니 흉하리라.

"name" : "정지수(井之需) 초육(初六)"

"content" : "마을 가운데 있다 해도 그 우물이 우물답지 못하면 금수(禽獸)조차 들지 않으리라. 이미 오염된 읍국(邑國)의 풍물(風物)이나 제도(制度)에 의존하지 못하리니 한적한 시외(市外)의 저 밖으로 나가 그 삶의 도리를 구한다면 차라리 이로우리라."

丑(財) 亥(父) 酉(官) 申(官) 戌(財/世) 子(父)
*兄爻/孫爻 隱伏

수풍정괘 초육 震木宮(진목궁) 五世(오세) 辛丑(신축) 土(토)
수천수괘 초구 坤土宮(곤토궁) 四世(사세) 甲子(갑자) 水(수)
土克水(토극수)이니 妻神(처신) 財神(재신) 입궁

"name" : "정지건(井之蹇) 구이(九二)"

"content" : "우물의 기저(基底)에서 좁은 길이 열려 계곡으로 통(通)하더니, 외래종(外來種)인 붕어가 살 같이 달려들어 점차 우물의 둑이 더 갈라지고 깨져 우물의 물이 계곡으로 줄줄 새어나가게 되었음이라. 이 나라의 주요 경영(經營) 기반이 그와 같이 누수(漏水)되어 누더기처럼 되었으니, 왕과 신하가 그 어떤 시책(施策)을 풀어도 이 난국(亂國)을 이겨낼 수 없으리라. 그들의 일시적인 실책이나 처신(處身)을 문제로 삼는다고 해결될 바가 전혀 아니리라."

丑(財) 亥(父) 酉(官) 申(官) 戌(財/世) 子(父)
*兄爻/孫爻 隱伏

수풍정괘 구이 - 震木宮(진목궁) 五世(오세) **辛亥(신해) 水(수)**
수산건괘 육이 - 兌金宮(태금궁) 四世(사세) **丙午(병오) 火(화)**
水克火(수극화)이니 **妻神(처신) 財神(재신)** 입궁

"name" : "정지감(井之坎) 구삼(九三)"

"content" : "마실 만한 우물을 얻고자 하는 마음이 몹시 간절하지만 겁재(劫災)가 반복되어 그 우물의 물이 깨끗하지 못하리라. 적합한 우물을 얻지 못하여 한 마을 사람들이 모두 고통스러워하니, 이를 측은(惻隱)히 여겨 다른 마을의 우물로부터 관로(管路)가 이어지도록 하리라. 왕이 현명하여 이와 같은 일을 잘 주관하면, 함께 복을 받을 수 있게 되리라. 큰 겁재(劫災)가 들이닥치면 우물 자리가 모두 말라 파고 또 파도 빈 구덩이만 있을 뿐이니, 대개 우물로 쓸 수 없으리라."

丑(財) 亥(父) **酉(官)** 申(官) 戌(財/世) 子(父)
*兄爻/孫爻 隱伏

수풍정괘 구삼 震木宮(진목궁) 五世(오세) 辛酉(신유) 金(금)
중감수괘 육삼 坎水宮(감수궁) 六世(육세) 戊辰(무진) 土(토)
土生金(토생금)이니 **父母神(부모신)** 입궁

"name" : "정지대과(井之大過) 육사(六四)"

"content" : "우물은 국기(國紀)의 근본이라. 그러나 그 우물이 낡고 피폐하여 당장 마셔야 할 기본적인 물조차 일으키지 못하고 있으니, 우물 벽을 재건해야 재잉을 면하리라. 만일 기둥과 대들보를 재건하듯 국가의 근본을 쇄신할 수 있다면 길하겠으나 다른 궁리를 모색한다면 장차 한(恨)이 되리라."

丑(財) 亥(父) 酉(官) **申(官)** 戌(財/世) 子(父)
*兄爻/孫爻 隱伏

수풍정괘 육사 震木宮(진목궁) 五世(오세) 戊申(무신) 金(금)
택풍대과괘 구사 震木宮(진목궁) 四世(사세) 丁亥(정해) 水(수)
金生水(금생수)이니 **孫神(손신)** 입궁

"name" : "정지승(井之升) 구오(九五)"

"content" : "인문(人文)이 도(道)에 가까우면 그 문명의 도리(道理)를 만인이 수용하고, 우물이 샘에 가까우면 그 물이 차고 또 차서 만인이 늘 마시기에 어려움이 없으리라. 천하의 중심에 올라 관직(官職)을 세우고 그 정책을 시행할 때는, 반드시 이와 같은 도리를 잃지 않아야 하리라. 천하를 조금이라도 근심하는 군자라면, 마땅히 천지의 중도(中道)와 인의(人義)에 통(通)하여, 그 섬돌에 오름이 또한 당연한 순리(順理)가 되리라."

丑(財) 亥(父) 酉(官) 申(官) **戌(財/世)** 子(父)

*兄爻/孫爻 隱伏

수풍정괘 구오 震木宮(진목궁) 五世(오세) 戊戌(무술) 土(토)
지풍승괘 육오 - 震木宮(진목궁) 四世(사세) 癸亥(계해) 水(수)
土克水(토극수)이니 妻神(처신) 財神(재신) 입궁

"name" : "정지손(井之巽) 상육(上六)"

"content" : "원원(元元)하고 신령(神靈)한 우물을 얻었으면 이를 덮지 않아야 미더움이 더할 것이며 크게 길하리라. 만일 이같이 크고 깊은 우물을 얻고자 하는 현인(賢人)이 있다면, 전해 내려오는 오래전의 큰 우물 난간에 의지한 채 그 안에서 기대어 그치고 있다면, 하늘로부터 받은 자신의 자부(資斧)만 잃게 되리라. 바르게 사는 길이라 생각해도 결과는 흉(凶)하리라."

丑(財) 亥(父) 酉(官) 申(官) 戌(財/世) 子(父)
*兄爻/孫爻 隱伏

수풍정괘 상육 震木宮(진목궁) 五世(오세) 戊子(무자) 水(수)
중손풍괘 상구 巽木宮(손목궁) 六世(육세) 辛卯(신묘) 木(목)
水生木(수생목)이니 孫神(손신) 입궁

49. 택화혁괘(澤火革卦)

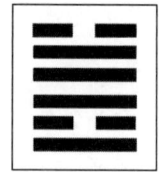

"革(혁)은 已日(이일)이라야 乃孚(내부)하리니 元亨利貞(원형이정)이 悔亡(회망)하나라."

- 큰 變革(변혁)은 그 날이 충분히 이르러야 미더움이 있으리니 元亨利貞(원형이정)의 네 가지 덕으로써 변화를 求(구)하면 후회가 없느니라.

"name" : "혁지함(革之咸) 초구(初九)"

"content" : "전혀 다른 차원의 감응(感應)과 깨달음 그리고 변화(變化)가 일어나기 시작할 때, 그 새로운 느낌과 변화들을 수렴하는 데, 누런 소의 가죽끈을 써서 묶듯 해야 하리라. 문명의 선구가 되면 그것이 처음 그리고 낮은 단계의 깨달음과 변화일지라도 이미 엄지손가락처럼 큰 선각(先覺)의 길로 들어섰음을 명심해야 하리라."

卯(孫) 丑(官) 亥(兄) 亥(兄/世) 酉(父) 未(官)
*財爻 隱伏

택화혁괘 초구 - 坎水宮(감수궁) 四世(사세) 己卯(기묘) 木(목)
택산함괘 초육 - 兌金宮(태금궁) 三世(삼세) 丙辰(병진) 土(토)
木克土(목극토)이니 妻神(처신) 財神(재신) 입궁

"name" : "혁지쾌(革之夬) 육이(六二)"

"content" : "혁명(革命)은 그 시간이 충분히 익어야 적기(適期)를 얻을 수 있으며 그로써 나아가면 재앙이 없고 길(吉)하리라. 병장기(兵仗器)를 들고 거리를 다니며 핍박하는 자들이 있어도 척결(剔抉)하여 세상을 정화(淨化)해야 한다는 사회적 신뢰가 서로 굳건하고, 그 날수가 충분히 영글었다면 움직여 나아감에 근심하지 않아도 되리라."

卯(孫) **丑(官)** 亥(兄) 亥(兄/世) 酉(父) 未(官)
*財爻 隱伏

택화혁괘 육이 坎水宮(감수궁) 四世(사세) **己丑(기축) 土(토)**
택천쾌괘 구이 坤土宮(곤토궁) 五世(오세) **甲寅(갑인) 木(목)**
木克土(목극토)이니 **白虎(백호) 관효(官爻)** 입궁

"name" : "혁지수(革之隨) 구삼(九三)"

"content" : "대의(大義)에 따른다 해도 순리(順理)를 지킬 것이며 억지로 조직(組織)하여 이끌고자 하면 바르다고 해도 위험한 일이라. 세상을 혁명(革命)해야 한다는 인식이 확산하고 있다 해도 민심(民心)이 세 번 외치며 큰 파동을 쳐야 미더움이 생기는 법이라. 대개 장부(丈夫)를 따르면 작은 인연들을 잃게 되지만, 구하는 바는 얻게 되리니, 가는 길에 바른 도리를 잘 지켜내야 길하리라."

卯(孫) 丑(官) **亥(兄)** 亥(兄/世) 酉(父) 未(官)
*財爻 隱伏

택화혁괘 구삼 坎水宮(감수궁) 四世(사세) **己亥(기해) 水(수)**
택뢰수괘 육삼 震木宮(진목궁) 三世(삼세) **庚辰(경진) 土(토)**
土克水(토극수)이니 **白虎(백호) 官爻(관효)** 입궁

"name" : "혁지기제(革之既濟) 구사(九四)"

"content" : "혁명(革命)을 단행하고 개명(改命)에 이르러도 후회가 없으리라. 혁명의 실행 이후 한 동안의 과도기(過渡期)를 거치면서 미더움이 쌓이면 개명(改命)해도 길하리라. 개명으로 새로운 헌장(憲章)을 공표한 이후에도 비단옷을 멀리하고 해진 옷을 그대로 입듯이 천하를 염려하는 그 마음 변함없이 늘 경계하여야 하리라."

卯(孫) 丑(官) 亥(兄) **亥(兄/世)** 酉(父) 未(官)
*財爻 隱伏

택화혁괘 구사 坎水宮(감수궁) **四世(사세) 丁亥(정해) 水(수)**
수화기제괘 육사 坎水宮(감수궁) 三世(삼세) **丙申(병신) 金(금)**
金生水(금생수)이니 **父母神(부모신) 입궁**

"name" : "혁지풍(革之豊) 구오(九五)"

"content" : "개명(改命)이 되어 새 헌장(憲章)이 정(定)해지므로 대인이 이 문명을 수호하기 위해 호랑이와 같이 변하리라. 이는 점을 치지 않아도 미더운 일이라. 과거와 완전히 다른 이 헌장(憲章)을 인문(人文)이 받아들이면, 경사(慶事)가 있고 영예(榮譽)로움이 있어 길하리라."

卯(孫) 丑(官) 亥(兄) 亥(兄/世) **酉(父)** 未(官)
*財爻 隱伏

택화혁괘 구오 坎水宮(감수궁) 四世(사세) **丁酉(정유) 金(금)**
뇌화풍괘 육오 坎水宮(감수궁) 五世(오세) **戊申(무신) 金(금)**
金之金(금지금)이니 **兄神(형신) 입궁**

"name" : "혁지동인(革之同人) 상육(上六)"

"content" : "혁명(革命)이 완성단계에 이르리니 현자(賢者)로부터 대중(大衆)에 이르기까지 모두 큰 변화를 경험하며 새로운 헌장(憲章)과 그 도리를 점차 받아들임으로써 감화되기 시작하리라. 군자는 표범처럼 그 문명의 깊이를 온몸으로 체득(體得)하겠으나 소인은 그 깊이를 헤아리지 못하고 단지 얼굴색만 바꾸리라. 설령 그렇다 해도 서둘러 강제하여 감화(感化)를 강행하면 흉하리라."

卯(孫) 丑(官) 亥(兄) 亥(兄/世) 酉(父) 未(官)
*財爻 隱伏

택화혁괘 상육 坎水宮(감수궁) 四世(사세) 丁未(정미) 土(토)
천화동인 상구 離火宮(이화궁) 三世(삼세) 壬戌(임술) 土(토)
土之土(토지토)이니 兄神(형신) 입궁

50. 화풍정괘(火風鼎卦)

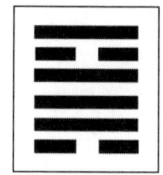

"鼎(정)은 元亨(원형)하니라."
- 鼎(정)은 크게 형통하니라.

　"name" : "정지대유(鼎之大有) 초육(初六)"

　"content" : "솥이 부정(不正)하고 그 속에 불순(不純)한 음모가 숨겨져 있으리라. 그것을 섬기던 세 발 가운데 하나가 기울며 넘어지리라. 만일 공모한 것이 다 익기 전에 미리 엎어진다면 이로우리라. 다시 일어나 손을 잡을 만한 짝이 있다면 그로 인하여 허물을 덮을 수도 있으리라. 음모가 숨어 있는 나쁜 일에 연루됨을 경계할 것이며, 해(害)를 키우지 않고 또 그러한 의도로 사귀지 않는다면 비록 어려움은 있을지라도 형벌(刑罰)을 피할 수 있게 되리라."

丑(孫) 亥(官/世) 酉(財) 酉(財) 未(孫) 巳(兄)
*父爻 隱伏

화풍정괘 초육 離火宮(이화궁) 二世(이세) 辛丑(신축) 土(토)
화천대육괘 초구 乾金宮(건금궁) 三世(삼세) 甲子(갑자) 水(수)
土克水(토극수)이니 妻神(처신) 財神(재신) 입궁

　"name" : "정지려(鼎之旅) 구이(九二)"

　"content" : "솥에 천하의 큰 보배를 익히다가 나의 짝이 중병에 걸렸으나 내가 그에게 갈 수 없음에도 길하리라. 위기가 왔을 때, 일머리를 잃지 않고 그 자리를 잘 지키며, 순차적(順次的)으로 대응하면, 그 자원(資源)을 지키고 또한 동복(童僕)들이 바른 도리를 잃지 않도록 할 수 있으리라."

丑(孫) 亥(官/世) 酉(財) 酉(財) 未(孫) 巳(兄)
*父爻 隱伏

화풍정괘 구이 離火宮(이화궁) 二世(이세) 辛亥(신해) 水(수)
화산려괘 육이 離火宮(이화궁) 初世(초세) 丙午(병오) 火(화)
水克火(수극화)이니 妻神(처신) 財神(재신) 입궁

"name" : "정지미제(鼎之未濟) 구삼(九三)"

"content" : "두 개의 고리가 정연(整然)하여야 온전하게 큰 솥을 걸게 되나니, 그 솥의 고리가 미완(未完)이므로 하루하루가 매우 힘겨우리라. 고리가 다 만들어지지 못하여 솥을 걸 수 없으리니, 좋은 재료(材料)가 있어도 취하지 못하다가 바야흐로 비가 내리면, 마침내 길하게 되리라. 부문별로 각기 잘 완성되어야 하는 일이요 조급하게 하여 뒤죽박죽이 되면 흉하리니, 그저 큰 내를 건너는 중이라 여겨야 하리라."

丑(孫) 亥(官/世) 酉(財) 酉(財) 未(孫) 巳(兄)
*父爻 隱伏

화풍정괘 구삼 離火宮(이화궁) 二世(이세) 辛酉(신유) 金(금)
화수미제괘 육삼 離火宮(이화궁) 三世(삼세) 己亥(기해) 水(수)
金生水(금생수)이니 孫神(손신) 입궁

"name" : "정지고(鼎之蠱) 구사(九四)"

"content" : "아비의 허물을 바로잡거나 닦지 않고 너그럽게 하며 그대로 키워 세상에 나아감에 그 솥의 다리가 꺾이더니, 솥이 엎어지며 그 안에서 익혀지던 죽이 쏟아져 공(公)의 얼굴에 그대로 묻게 되어, 그 모양이 흉측하였다 하니라. 이와 같은 연고로 수신(修身)을 게을리하며 아비의 허물을 그대로 방시(放棄)한 채 세상에 나아가면, 부끄러운 결과에 이르리라."

丑(孫) 亥(官/世) 酉(財) **酉(財)** 未(孫) 巳(兄)
*父爻 隱伏

화풍정괘 구사 離火宮(이화궁) 二世(이세) **己酉(기유) 金(금)**
산풍고괘 육사 巽木宮(손목궁) 三世(삼세) **丙戌(병술) 土(토)**
土生金(토생금)이니 **父母神(부모신) 입궁**

"name" : "정지구(鼎之姤) 육오(六五)"

"content" : "천하의 신령한 솥을 높이 걸고 보존하기 위해 만났으니 그 양편의 귀가 누렇기를 반드시 황금과 같아야 하리라. 바른 것을 고집하면 이로울 것이며 그렇지 못하면 위태로우리라. 구기자 나무가 오이를 감싸 안듯이 서로 그 뿌리는 달라도 만나서 하나의 문장(文章)이 되어야 하리니 이는 하늘이 내린 결정으로 반드시 해야 할 사명(使命)이라."

丑(孫) 亥(官/世) 酉(財) 酉(財) **未(孫)** 巳(兄)
*父爻 隱伏

화풍정괘 육오 離火宮(이화궁) 二世(이세) **己未(기미) 土(토)**
천풍구괘 구오 乾金宮(건금궁) 初世(초세) **壬申(임신) 金(금)**

土生金(토생금)이니 **子孫(자손) 입궁**

"name" : "정지항(鼎之恒) 상구(上九)"

"content" : "두 귀의 생김새가 고르고 반듯하여야 얼굴이 균형을 이루듯이, 솥의 두 고리가 옥(玉)처럼 맑고 깨끗하여야, 그 좌우(左右)가 기울지 않아 크게 길하고 이롭지 않음이 없으리라. 만일 그 마음과 의지가 중도(中道)를 맞추고자 하지 않고 늘 한편으로 기울어져 있어, 그러한 주관(主觀)이 강하게 떨쳐 일어나면, 솥이 기울며 판이 요동치리니 흉하리라."

丑(孫) 亥(官/世) 酉(財) 酉(財) 未(孫) 巳(兄)
*父爻 隱伏

화풍정괘 상구 離火宮(이화궁) 二世(이세) **己巳(기사) 火(화)**
뇌풍항괘 상육 震木宮(진목궁) 三世(삼세) **庚戌(경술) 土(토)**
火生土(화생토)이니 **孫神(손신) 입궁**

51. 중뢰진괘(重雷震卦)

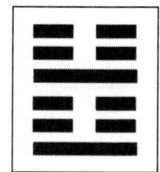

"震(진)은 亨(형)이라. 震來(진래)에 虩虩(혁혁)하고 笑言(소언)이 啞啞(아아)이니 震驚百里(진경백리)에 不喪匕鬯(불상비창)하니라."
- 우레가 동(動)하면 형통하리라. 우레가 들면 사방이 모두 놀라지만 지나간 후에 질로 웃으며 안도하는 소리를 내리라. 그 울림 소리가 백리를 모두 놀라게 할지라도 제향에 올리는 수저와 술을 잃지 않아야 하리라.

"name" : "진지예(震之豫) 초구(初九)"

"content" : "우레가 직접 동(動)하면 백리(百里)가 두려워하고 그 뒤에는 모두 웃으며 안도하리니 길하리라. 그러나 우레가 아닌 제후로서 그 외치는 소리가 강역(疆域)을 넘어 천하에 울리면 흉하리라."

子(孫) 寅(兄) 辰(財) 午(孫) 申(官) 戌(財/世)
*父爻 隱伏

중뢰진괘 초구 震木宮(진목궁) 六世(육세) **庚子(경자) 水(수)**
뇌지예괘 초육 震木宮(진목궁) 初世(초세) 乙未(을미) 土(토)
土克水(토극수)이니 白虎(백호) **관효(官爻) 입궁**

"name" : "진지귀매(震之歸妹) 육이(六二)"

"content" : "먼 곳으로부터 그 짝이 오는데, 우레가 친히 동(動)하여 만나야 할 사람이니 재물(財物)을 소진(消盡)해가며 마중해야 하리라. 나아가되 다만 아홉 구릉에서 그쳐 기다리면 회복(回復)이 돌아오는 칠 일 후에 다시 얻음이 있게 되리라. 그 짝이 되는 사람은 한쪽 눈만 뜬 것과 같아서 그 큰 판의 대세를 다 살필 수 없으니, 귀복(歸服)하여 그저 있는 듯 없는 듯이 하되 바르게 하면 되리라."

子(孫) **寅(兄)** 辰(財) 午(孫) 申(官) 戌(財/世)
*父爻 隱伏

중뢰진괘 육이 震木宮(진목궁) 六世(육세) **庚寅(경인) 木(목)**
뇌택귀매괘 구이 兌金宮(태금궁) 三世(삼세) **丁卯(정묘) 木(목)**
木之木(목지목)이니 **兄神(형신)** 입궁

"name" : "진지풍(震之豊) 육삼(六三)"

"content" : "우레는 중행(中行)이니 천둥이 치고 벼락이 내리는 뜻은 천하의 만물을 크게 성작(成作)토록 하여 고르게 풍요를 누리게 하고자 함이므로 재앙이 아니요 축복이라. 그러나 이때 잔별이 나타나 거짓 천명(天命)을 내리니 우레를 참칭(僭稱)한 자가 그 늪지대에서 어두운 풍요를 이루리라. 이에 그 오른팔을 잘라 허물을 면하도록 하리라."

子(孫) 寅(兄) **辰(財)** 午(孫) 申(官) 戌(財/世)
*父爻 隱伏

중뢰진괘 육삼 震木宮(진목궁) 六世(육세) **庚辰(경진) 土(토)**
뇌화풍괘 구삼 坎水宮(감수궁) 五世(오세) **己亥(기해) 水(수)**
土克水(토극수)이니 **財神(재신) 妻神(처신)** 입궁

"name" : "진지복(震之復) 구사(九四)"

"content" : "난세의 천하를 회복시키기 위해서 우레가 직접 진흙과 수렁에 임하리라. 그것은 천하의 중행(中行)이며 오직 홀로 맡아서 회복을 도모해야 하는 독행(獨行)의 천하사(天下事)라."

子(孫) 寅(兄) 辰(財) **午(孫)** 申(官) 戌(財/世)
*父爻 隱伏.

중뢰진괘 구사 震木宮(진목궁) 六世(육세) **庚午(경오) 火(화)**
지뢰복괘 육사 坤土宮(곤토궁) 初世(초세) **癸丑(계축) 土(토)**
火生土(화생토)이니 **孫神(손신) 입궁**

"name" : "진지수(震之隨) 육오(六五)"

"content" : "우레가 오고 다시 떠남은 천하의 임금이 출입하는 일이니 위태로움이 따르리라. 혹여 이러한 과도기(過渡期)에 시변(時變)의 위기가 따른다 해도 국사(國事)를 잘 헤아린다면 큰일이 있는 가운데에서도 잃는 것이 없으리라. 백성들이 그 나라 임금을 기쁘게 따르면 국정(國政)이 미덥고 가상하여 길하리라."

子(孫) 寅(兄) 辰(財) 午(孫) **申(官)** 戌(財/世)
*父爻 隱伏

중뢰진괘 육오 震木宮(진목궁) 六世(육세) **庚申(경신) 金(금)**
택뢰수괘 구오 震木宮(진목궁) 三世(삼세) **丁酉(정유) 金(금)**
金之金(금지금)이니 **兄神(형신) 입궁**

"name" : "진지서합(震之噬嗑) 상육(上六)"

"content" : "대역(大逆)의 죄를 확정하기 위해 우레가 내밀하게 그 진상을 확인하고 있는 것이니 피의자로서 감히 나아가 이것을 향해 대항하고자 하면 흉(凶)하리라. 매우 치밀하게 조사하다가 그 죄가 이웃에 있음이 밝혀지면 모함(謀陷)과 그 화(禍)를 면하게 되리라."

子(孫) 寅(兄) 辰(財) 午(孫) 申(官) **戌(財/世)**
***父爻 隱伏**

중뢰진괘 상육 震木宮(진목궁) 六世(육세) **庚戌(경술) 土(토)**
화뢰서합괘 상구 巽木宮(손목궁) 五世(오세) **己巳(기사) 火(화)**
火生土(화생토)이니 **부모(父母) 입궁**

52. 중산간괘(重山艮卦)

"艮其背(간기배)이니 不獲其身(불획기신)하고 行其庭(행기정)이라도 不見其人(불견기인)하니 无咎(무구)라."
- 서로 그 등을 지고 그치니 그 몸을 잡지 못하고, 그 마당에서 다녀도 그 사람을 만날 수 없으니 허물이 아니라.

"name" : "간지비(艮之賁) 초육(初六)"

"content" : "이 산도 저 산도 넘을 수 없으리라. 오직 발품을 내어 삶을 꾸미면 허물이 없고, 영원히 바른 도리를 지키면 이로우리라. 그 머무는 자리를 지키는 것이 좋고 두 발로 걸을지언정 수레에 의탁하지 않아야 하리라."

辰(兄) 午(父) 申(孫) 戌(兄) 子(財) 寅(官/世)

중산간괘 초육 艮土宮(간토궁) 六世(육세) 丙辰(병진) 土(토)
산화비괘 초구 艮土宮(간토궁) 初世(초세) 乙卯(을묘) 木(목)
木克土(목극토)이니 白虎(백호) 官爻(관효) 입궁

"name" : "간지고(艮之蠱) 육이(六二)"

"content" : "군자의 종아리에 연원을 알 수 없는 허물이 붙어 발걸음에 따르니 그 마음이 몹시 불쾌하리라. 이는 오래된 모계(母系)의 혈맥(血脈)으로부터 연원(淵源)하는 것이니 그 허물을 바로잡아 처음으로 되돌리기는 불가능하리라."

辰(兄) **午(父)** 申(孫) 戌(兄) 子(財) 寅(官/世)

중산간괘 육이 艮土宮(간토궁) 六世(육세) **丙午(병오) 火(화)**
산풍고괘 구이 巽木宮(손목궁) 三世(삼세) **辛亥(신해) 水(수)**
水克火(수극화)이니 **白虎(백호) 官爻(관효)** 입궁

"name" : "간지박(艮之剝) 구삼(九三)"

"content" : "한 치의 땅도 양보할 수 없어 각기 배타적(排他的) 영역을 고집하며 그 경계를 따라 침탈하거나 서로 훼손하지 않기로 다짐하니 그 관계가 염려스러우나 이것을 잘 지켜낸다면 진실로 좋은 일이리라. 그 경계가 불분명하게 되면 도리어 두 국가 간(間)의 영토분쟁을 책망하기 어렵게 되리라."

辰(兄) 午(父) **申(孫)** 戌(兄) 子(財) 寅(官/世)

중산간괘 구삼 艮土宮(간토궁) 六世(육세) **丙申(병신) 金(금)**
산지박괘 육삼 乾金宮(건금궁) 五世(오세) **乙卯(을묘) 木(목)**
金克木(금극목)이니 처신 **재신(財神)** 입궁

"name" : "간지려(艮之旅) 구사(九四)"

"content" : "그간 쉬지 못했던 몸이 머물 자리를 얻어 보신(保身)에 임해야 하리니 그치면 허물이 없으리라. 여행을 그치고 자부(資斧)를 얻었으나 객지(客地)에서 한량없이 그쳐야 하는 신세가 되었으니 이에 몹시 불쾌하리라."

辰(兄) 午(父) 申(孫) **戌(兄)** 子(財) 寅(官/世)

중산간괘 육사 艮土宮(간토궁) 六世(육세) **丙戌(병술) 土(토)**

화산려괘 구사 離火宮(이화궁) 初世(초세) 己酉(기유) 金(금)
土生金(토생금)이니 孫神(손신) 입궁

"name" : "간지점(艮之漸) 육오(六五)"

"content" : "군자로서 그의 보좌(輔佐)가 되는 것이 적임이니 대(對)함에 언행(言行)을 신중히 하여 후회를 남기지 않아야 하리라. 그가 먼 곳으로부터 무리를 이끌고 건너와 높은 자리에 둥지를 트니 의심도 가고 외면도 하고 싶겠으나 십 년이 지나면 그가 참 주인임을 알게 되리라."

辰(兄) 午(父) 申(孫) 戌(兄) 子(財) 寅(官/世)

중산간괘 육오 艮土宮(간토궁) 六世(육세) 丙子(병자) 水(수)
풍산점괘 구오 艮土宮(간토궁) 三世(삼세) 辛巳(신사) 火(화)
水克火(수극화)이니 妻神(처신) 財神(재신) 입궁

"name" : "간지겸(艮之謙) 상구(上九)"

"content" : "지극히 겸손하여야 하리니, 나아가지 않고 다만 자신을 두텁게 하여야 길하리라. 세상이 극단적인 위기에 임하면 그 겸손함이 범종 소리와 같이 은은하게 세상에 울려 나가게 되리니 군대를 부려 읍국(邑國)을 정벌함에 이로우리라."

辰(兄) 午(父) 申(孫) 戌(兄) 子(財) 寅(官/世)

중산간괘 상구 艮土宮(간토궁) 六世(육세) 丙寅(병인) 木(목)
지산겸괘 상육 兌金宮(태금궁) 五世(오세) 癸酉(계유) 金(금)
金克木(금극목)이니 白虎(백호) 官爻(관효) 입궁

53. 풍산점괘(風山漸卦)

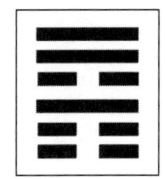

"漸(점)은 女歸(여귀)가 吉(길)하니 利貞(이정)이니라."
- 漸(점)은 여인이 시집을 가므로 길한 것이니 바르게 하면 이로우니라.

"name" : "점지가인(漸之家人) 초육(初六)"

"content" : "위지(危地)의 상황에 이르자 큰 기러기가 쇄신책을 내며 그 무리를 이끌고 새로운 땅을 향하며 험난한 물가에 이르리라. 그러나 어린 소자(小子)들이 위태로움을 느끼며 불평을 하고 그 일을 틀고자 하니 허물이 없으리라. 쇄신(刷新)할 결심을 접고 저 밖의 소식들을 모른 척하며 집에 있어도 후회가 되지는 않으리라."

辰(兄) 午(父) 申(孫/世) 未(兄) 巳(父) 卯(官)
*財爻 隱伏

풍산점괘 초육 艮土宮(간토궁) 三世(삼세) 丙辰(병진) 土(토)
풍화가인괘 초구 巽木宮(손목궁) 二世(이세) 乙卯(을묘) 木(목)
木克土(목극토)이니 官爻(관효) 입궁

"name" : "점지손(漸之巽) 육이(六二)"

"content" : "앞에 막막해 보이는 벽이 있어도 천시(天時)가 동(動)하여 그 바람을 타고 나아가는 일이니, 나아가기만 하면 반석(盤石) 위에 둥지를 틀게 되리라. 음식이 넘쳐 즐길 수 있는 만큼 되리니 길하리라. 저 언덕 너머의 일에 무지하여 새 출발이 두렵거든 사관(史官)이 과거를 헤아려 미래를 진단하고, 무격(巫覡)이 신(神)을 헤아려 그 맺힌 바를 풀어내듯 하면 길하고 허물이 없으리라."

辰(兄) **午(父)** 申(孫/世) 未(兄) 巳(父) 卯(官)
*財爻 隱伏

풍산점괘 육이 艮土宮(간토궁) 三世(삼세) **丙午(병오) 火(화)**
중손풍괘 十이 巽木宮(손목궁) 六世(육세) **辛亥(신해) 水(수)**
水克火(수극화)이니 **官爻(관효) 입궁**

"name" : "점지관(漸之觀) 구삼(九三)"

"content" : "오염된 땅을 떠나 그 무리를 이끌고 새로운 땅으로 나아가지만 편치 못하리라. 큰 기러기가 새 땅에 정착하였으나 그 부인이 잉태하고도 기르지 못하리니 흉하리라. 도둑을 막아내야 이로우리라. 시변(時變)의 겁재(劫災)가 급박한 지경이니 자신의 무리가 살 방도를 얻어야 할 것이요 나아감과 물러남을 잘 가름해서 둘 가운데 하나라는 중대한 결정을 지어야 하리라."

辰(兄) 午(父) **申(孫/世)** 未(兄) 巳(父) 卯(官)
***財爻 隱伏**

풍산점괘 구삼 艮土宮(간토궁) 三世(삼세) **丙申(병신) 金(금)**
풍지관괘 육삼 乾金宮(건금궁) 四世(사세) **乙卯(을묘) 木(목)**
金克木(금극목)이니 妻神(처신) **財神(재신) 입궁**

"name" : "점지둔(漸之遯) 육사(六四)"

"content" : "큰 기러기가 그 무리를 이끌고 먼 피난 길 끝에 당도하여 보니 제법 굵직한 나무들이 있어 머물 만한 자리를 얻게 되리라. 그 속에서 재목감을 얻게 되니 허물이 없으리라. 피난 길 끝에 좋은 자리를 얻고 문명의 한 줄기 안으로 들기에 군자는 길하고 소인은 적당치 못하리라."

辰(兄) 午(父) 申(孫/世) 未(兄) 巳(父) 卯(官)
*財爻 隱伏

풍산점괘 육사 艮土宮(간토궁) 三世(삼세) **辛未(신미) 土(토)**
천산둔괘 구사 乾金宮(건금궁) 二世(이세) **壬午(임오) 火(화)**
火生土(화생토)이니 **父母神(부모신) 입궁**

"name" : "점지간(漸之艮) 구오(九五)"

"content" : "큰 기러기가 그 무리를 이끌고 길지(吉地)로 나아가더니 높은 능(陵)에 올랐으나 삼 년간 그 부인이 잉태(孕胎)를 하지 못하리라. 그러나 마침내 그 군(君)을 이기지 못하므로 길하리라. 부인은 그 보좌(輔佐)에서 그쳐야 함이니 말에 차서(次序)가 있어야 후회가 없으리라."

辰(兄) 午(父) 申(孫/世) 未(兄) **巳(父)** 卯(官)
*財爻 隱伏

풍산점괘 구오 艮土宮(간토궁) 三世(삼세) **辛巳(신사) 火(화)**
중간산괘 육오 艮土宮(간토궁) 六世(육세) **丙子(병자) 水(수)**
水克火(수극화)이니 **官爻(관효) 입궁**

"name" : "점지건(漸之蹇) 상구(上九)"

"content" : "큰 기러기가 그 무리를 이끌고 극심(極甚)한 겁재(劫災)를 벗어나 새로운 땅에 이르리니, 그 날갯짓은 가히 천하의 모범이 되리라. 길하리라. 이 큰 겁재는 유약한 지도자가 극복할 수 없으리니 반드시 큰 머리가 올 수 있도록 해야 하리라. 이러한 문제로써 대인을 만나면 길하리라."

辰(兄) 午(父) 申(孫/世) 未(兄) 巳(父) **卯(官)**
*財爻 隱伏

풍산점괘 상구 艮土宮(간토궁) 三世(삼세) **辛卯(신묘) 木(목)**
수산건괘 상육 兌金宮(태금궁) 四世(사세) **戊子(무자) 水(수)**
水生木(수생목)이니 **父母神**(부모신) 입궁

54. 뇌택귀매괘(雷澤歸妹卦)

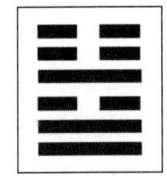

"歸妹(귀매)는 征凶(정흉)하니 无攸利(무유리)하니라."
- 결혼은 강제로 함이 흉하니 이로울 바가 없느니라.

"name" : "귀매지해(歸妹之解) 초구(初九)"

"content" : "因緣(인연)의 매듭이 풀려 잘못되었다 해도 책망할 수 없으리라. 되돌아와 이제 다시 좋은 기회를 얻고 인연을 맺어 잘 노력하면 길하리라. 한 걸음 잘못된 결과를 두고 그로 인해 마음 깊이 책망하며 허물할 수는 없으리라."

巳(官) 卯(財) 丑(父/世) 午(官) 申(兄) 戌(父)
*孫爻 隱伏

뇌택귀매괘 초구 - 兌金宮(태금궁) 三世(삼세) **丁巳(정사) 火(화)**
뇌수해괘 초육 - 震木宮(진목궁) 二世(이세) **戊寅(무인) 木(목)**
木生火(목생화)이니 **父母神(부모신)**입궁

"name" : "귀매지진(歸妹之震) 구이(九二)"

"content" : "君子(군자)가 그 임금을 맞이함이니, 그 인연의 맺음이 매우 큰 바라. 자신의 識見(식견)을 드러냄에 애꾸눈처럼 하며, 行(행)함에는 반걸음만큼만 뒤로 하여 나아가 묵묵히 따라야 하리라. 우레가 오는데, 재물의 損失(손실)이 커서 그 亡失(망실)될 위험을 헤아려 아홉 구릉에서 멈추면 더 이상

쫓지 않아도 7일 후에 다 얻게 되리라."

巳(官) **卯(財)** 丑(父/世) 午(官) 申(兄) 戌(父)
*孫爻 隱伏

뇌택귀매괘 구이 兌金宮(태금궁) 三世(삼세) 丁卯(정묘) 木(목)
중산뢰괘 육이 震木宮(진목궁) 六世(육세) **庚寅(경인) 木(목)**
木之木(목지목)이니 **兄神(형신)** 입궁

"name" : "귀매지대장(歸妹之大壯) 육삼(六三)"

"content" : "성숙한 음양이 만나 일가(一家)를 이루는 결혼은 신성한 일이건만, 그 겉 장식을 보고 결혼에 임하면 쉽게 돌아서기 마련이라. 혹은 도리를 망각하고 덫을 놓아 금수(禽獸)를 포획하듯 하거나 강요를 써서 결혼을 진행한다면 그 결과가 어찌 좋을 수 있겠는가? 시일이 지나면 숫양의 뿔이 가시 울타리 속에 박혀 이러지도 저러지도 못한 채 상(傷)하기만 하듯, 삶이 늘 가시 울타리 속에 둘러 있는 것과 같아 나날이 편치 못하고 상처만 받으리라."

巳(官) 卯(財) **丑(父/世)** 午(官) 申(兄) 戌(父)
*孫爻 隱伏

뇌택귀매괘 육삼 - 兌金宮(태금궁) 三世(삼세) 丁丑(정축) 土(토)
뇌천대장괘 구삼 - 坤土宮(곤토궁) **四世(사세) 甲辰(갑진) 土(토)**
土之土(토지토)이니 **兄神(형신)** 입궁

"name" : "귀매지림(歸妹之臨) 구사(九四)"

"content" : "이 괘를 얻었으면 예컨대 새롭고 상서로운 기운이 차오르는 삼월(三月)에 결혼하고 흉운(凶運)이 드는 팔월(八月)을 피하면 시일이 지체(遲滯)될 수 있으나 허물이 없으리라. 특히 길일(吉日)을 잘 헤아려 신중하게 해야 허물을 면하리라."

巳(官) 卯(財) 丑(父/世) 午(官) 申(兄) 戌(父)
*孫爻 隱伏

뇌택귀매괘 구사 兌金宮(태금궁) 三世(삼세) **庚午(경오) 火(화)**
지택림괘 육사 坤土宮(곤토궁) 二世(이세) **癸丑(계축) 土(토)**
火生土(화생토)이니 **孫神(손신) 입궁**

"name" : "귀매지태(歸妹之兌) 육오(六五)"

"content" : "옛적에 제을(帝乙) 임금이 공주를 평민에게 시집보내었는데, 처음에는 그 낭군(郎君)의 옷소매가 부인의 손아래 동생 것보다 짧았다 하니라. 이처럼 신분의 차이가 큰 부부(夫婦)로 살게 되면 서로에 대한 미더움을 얻기까지 위태로움이 있으리라. 이겨내기 위해서는 마치 제 살을 깎아 내듯이 인내하며 참으로 많은 양보를 거듭해야 하리라. 달이 그 날수를 다 채워 보름에 이르면 세상을 원만하게 비추듯이 서로의 성숙함이 돋보이면 위태로움이 해소되리라."

巳(官) 卯(財) 丑(父/世) 午(官) **申(兄)** 戌(父)
*孫爻 隱伏

뇌택귀매괘 육오 兌金宮(태금궁) 三世(삼세) **庚申(경신) 金(금)**
중태택괘 구오 兌金宮(태금궁) 六世(육세) **丁酉(정유) 金(금)**
金之金(금지금)이니 **兄神(형신) 입궁**

"name" : "귀매지규(歸妹之睽) 상육(上六)"

"content" : "이대로 등지고 멀어진다면 여인은 빈 광주리를 이고 행세할 것이요 허울 좋은 선비는 정작 피를 얻지 못하리니 이로울 바가 없으리라. 돌아서서 다시 보면 그는 도적(盜賊)이 아니라 혼인(婚姻)해야 할 사람이니 만나러 가야 할 것이요 가는 길에 비를 만나면 좋고 길하리라. 울타리 없이 다니는 돼지나 천륜(天倫) 없이 모여 있는 무리는 간(奸)한 자의 표적이 되기 쉬우니 그것은 늘 큰 비극의 원인이 되었느니라."

巳(官) 卯(財) 丑(父/世) 午(官) 申(兄) 戌(父)
*孫爻 隱伏

뇌택귀매괘 상육 兌金宮(태금궁) 三世(삼세) **庚戌(경술) 土(토)**
화택규괘 상구 艮土宮(간토궁) 四世(사세) **己巳(기사) 火(화)**
火生土(화생토)니 **父母神(부모신)** 입궁

55. 뇌화풍괘(雷火豐卦)

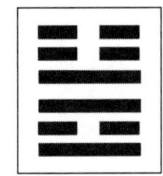

"豊(풍)⁷⁾은 亨(형)하고 王(왕)이 假之(격지)하나니 勿憂(물우)하고 宜日中(의일중)이니라."

- 豊(풍)은 형통하고 왕이 이때 이르나니 근심을 하지 않아도 마땅히 해를 가운데 하리라.

"name" : "풍지소과(豊之小過) 초구(初九)"

"content" : "풍요(豐饒)로운 세월이 조금 지나면 곧 난세가 찾아오게 되리니, 네 짝의 주인⁸⁾을 만나야 하리라. 비록 십 년이 걸린다 해도 허물이 없으리니, 나아가면 숭상할 바가 있으리라. 천시(天時)가 조금 지나치니, 세월은 요동치며 풍진(風塵) 속으로 떨어지리라. 이렇듯 위급한 때에 홀로 비조(飛鳥)가 되어 세상의 어두운 하늘을 날고자 하면 흉하리라."

卯(孫) 丑(官) 亥(兄) 午(財) 申(父/世) 戌(官)

뇌화풍괘 초구 坎水宮(감수궁) 五世(오세) **己卯(기묘) 木(목)**
뇌산소과괘 초육 - 兌金宮(태금궁) 四世(사세) **丙辰(병진) 土(토)**
木克土(목극토)이니 財神(재신) **妻神(처신)** 입궁

---

7) **천지가 이제 그 數(수)를 다 채웠으니 豊(풍)이다.**
8) 초구의 짝은 구사이며 구사는 암주(暗主)의 문정(門庭)을 나와 천명(天命)이 있는 이주(夷主)를 만난다고 하였다. 이주(夷主)는 이방(異邦)의 주인이라 할 수도 있고, 암주(暗主)의 난세에 독자적으로 한 강역을 다스리는 무리의 주인이라 할 수 있다.

"name" : "풍지대장(豊之大壯) 육이(六二)"

"content" : "풍요가 강역(疆域) 안에 가득 쌓이면 한낮에 북두칠성이 나타나리니 이는 천명(天命)에 큰 변동이 있음이라. 섣부르게 나아가기보다는 하늘의 뜻을 잘 헤아리며 때를 기다려야 하리라. 만일 움직여 나아간다면 천하가 의심하고 시비(是非)하리라. 바른 도리를 잘 지켜 그 풍요를 실(實)하고 왕성하게 할 것이며 미너움을 더하여 의심의 그림자가 사라진 뒤에 움직이면 길하리라."

卯(孫) 丑(官) 亥(兄) 午(財) 申(父/世) 戌(官)

뇌화풍괘 육이 - 坎水宮(감수궁) 五世(오세) **己丑(기축) 土(토)**
뇌천대장괘 구이 - 坤土宮(곤토궁) 四世(사세) **甲寅(갑인) 木(목)**
木克土(목극토)이니 **官爻(관효)** 입궁

"name" : "풍지진(豊之震) 구삼(九三)"

"content" : "풍요가 늪지대의 수풀처럼 한 자리에 무성하나 한낮에 잔별이 나타나 감히 우레가 둘이 됨과 같으니 그 오른 팔을 자르면 허물이 없어지리라. 우레가 動(동)함은 오직 천하를 蘇生(소생)시키고자 함이니 천관(天官)의 으뜸이요 독행(獨行)으로 어느 곳에서 울든 재앙이 없으리라."

卯(孫) 丑(官) 亥(兄) 午(財) 申(父/世) 戌(官)

뇌화풍괘 구삼 坎水宮(감수궁) 五世(오세) **己亥(기해) 水(수)**
중진뢰괘 육삼 震木宮(진목궁) 六世(육세) **庚辰(경진) 土(토)**
土克水(토극수)이니 **官爻(관효)** 입궁

"name" : "풍지명이(豊之明夷) 구사(九四)"

"content" : "난세에 한 무리가 큰 수풀처럼 豊饒(풍요)를 일구었는데, 한낮에 북두칠성이 보이리니, 그 무리의 주인을 만나면 길하리라. 밖의 세상은 이미 한밤중처럼 어둡고 무서운 暗主(암주)가 주인이 되어 있으리라. 公(공)이 그 옆구리에 머물다가 그의 마음을 빼앗은 뒤에 옛 門庭(문정)을 나와 夷主(이주)를 만나게 되리라."

卯(孫) 丑(官) 亥(兄) **午(財)** 申(父/世) 戌(官)

뇌화풍괘 구사 坎水宮(감수궁) **五世(오세) 庚午(경오) 火(화)**
지화명이괘 육사 坎水宮(감수궁) 四世(사세) **癸丑(계축) 土(토)**
火生土(화생토)이니 **孫神(손신)** 입궁

"name" : "풍지혁(豊之革) 육오(六五)"

"content" : "중행(中行)의 새 시대를 밝히는 그 헌장(憲章)을 받아들이면 경사가 있고 영예로움이 있어 길하리라. 대인이 이 헌장을 수호(守護)하기 위해 일찍이 호랑이와 같이 변하였으니 그 진실성에 관하여는 점을 치지 않아도 미더우리라."

卯(孫) 丑(官) 亥(兄) 午(財) **申(父/世)** 戌(官)

뇌화풍괘 육오 坎水宮(감수궁) **五世(오세) 戊申(무신) 金(금)**
택화혁괘 구오 坎水宮(감수궁) 四世(사세) **丁酉(정유) 金(금)**
金之金(금지금)이니 **兄神(형신)** 입궁

"name" : "풍지이(豊之離) 상육(上六)"

"content" : "삼 년을 살펴도 그 안에 사람은 없고 궁궐 같은 집은 거듭 호화로워지니 그 안에 어둡고 흉한 연고(緣故)가 감추어져 있기 때문이라. 왕이 출정(出征)을 명하여 그 머리를 베고 나머지 무리를 모두 포획하니 허물이 없으리라."

卯(孫) 丑(官) 亥(兄) 午(財) 申(父/世) 戌(官)

뇌화풍괘 상육 坎水宮(감수궁) 五世(오세) **庚戌(경술) 土(토)**
중리화괘 상구 離火宮(이화궁) 六世(육세) **己巳(기사) 火(화)**
火生土(화생토)이니 **父母神(부모신)** 입궁

56. 화산려괘(火山旅卦)

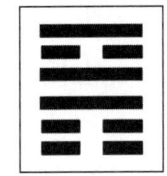

"旅(려)는 小亨(소형)하니 旅貞(려정)하면 吉(길)하니라."
- 떠도는 나그네이니 조금 형통하고 旅途(여도)에 바르게 하면 길하니라.

"name" : "여지리(旅之離) 초육(初六)"

"content" : "태양이 구름과 산과 바다를 경계로 뒤섞이며 떠오르나 아직 자리를 잡지 못한 때라. 그 빛을 찾는 나그네가 되어야 하리라. 만일 그를 공경하지 못하고 세상의 자질구레한 일에 매여 작은 마음을 버리지 못하면 재앙이 되리라."

辰(孫/世) 午(兄) 申(財) 酉(財) 未(孫) 巳(兄)
*父爻/官爻 隱伏

화산려괘 초육 - 離火宮(이화궁) **初世(초세) 丙辰(병진) 土(토)**
중화리괘 초구 - 離火宮(이화궁) **六世(육세) 乙卯(을묘) 木(목)**
木克土(목극토)이니 白虎(백호) **官爻(관효) 입궁**

"name" : "여지정(旅之鼎) 육이(六二)"

"content" : "신령한 솥을 받치는 다리는 셋인데, 각기 맡은 바 중임(重任)으로 인하여 움직일 수 없음이라. 하나가 중병(重病)에 걸렸으므로 가서 돕지 못함을 한탄하였는데, 그 짝이 위기를 직관(直觀)하여 솥 안의 보배를 잘 품고 지켜내며, 그 따르는 사람들의 바른 도리까지 잘 지켜내었다 하니라. 이처럼 비록 이역(異域)에 흩어져 있어도 서로 일심(一心)으로 화통(和通)하여야 위기를 만난다 해도 천하의 공의(公義)가 무탈하리라."

辰(孫/世) 午(兄) 申(財) 酉(財) 未(孫) 巳(兄)
*父爻/官爻 隱伏

화산려괘 육이 離火宮(이화궁) 初世(주세) 丙午(병오) 火(화)
화풍정괘 구이 離火宮(이화궁) 二世(이세) 辛亥(신해) 水(수)
水克火(수극화)이니 官爻(관효) 입궁

"name" : "여지진(旅之晉) 구삼(九三)"

"content" : "제후(諸侯)가 영지(領地)에 부임하여 임의로 기존의 행정(行政) 질서를 무너뜨리면 그 따르는 동복(童僕)들이 바른 도의를 상실하므로 위태로운 결과를 초래하리라. 그러나 만일 그것이 대중(大衆)의 동의와 신뢰(信賴)를 근거로 행한 것이라면 후회는 없으리라."

辰(孫/世) 午(兄) 申(財) 酉(財) 未(孫) 巳(兄)
*父爻/官爻 隱伏

화산려괘 구삼 離火宮(이화궁) 初世(초세) 丙申(병신) 金(금)
화지진괘 육삼 乾金宮(건금궁) 四世(사세) 乙卯(을묘) 木(목)
金克木(금극목)이니 妻神(처신) 財神(재신) 입궁

"name" : "여지간(旅之艮) 구사(九四)"

"content" : "낯선 곳에 이르러 여행을 그치며 정착에 필요한 자부(資斧)나 그 도구들을 얻었으나 객지(客地)에서 살 생각을 하니 그 마음이 불쾌하리라.

그러나 떠돌던 그 몸을 쉬게 하여 허물을 면해야 할 때라."

辰(孫/世) 午(兄) 申(財) **酉(財)** 未(孫) 巳(兄)
***父爻/官爻 隱伏**

화산려괘 구사 離火宮(이화궁) 初世(초세) **己酉(기유) 金(금)**
중간산괘 육사 艮土宮(간토궁) 六世(육세) **丙戌(병술) 土(토)**
土生金(토생금)이니 **父母神(부모신)** 입궁

"name" : "여지둔(旅之遯) 육오(六五)"

"content" : "기쁘게 물러나 긴 여정(旅程)에 오를 사람으로서 오색(五色)이 빛나는 꿩의 자태에 취하여 화살 하나를 보내지만, 얻지 못하고 잃기만 하리라. 때가 되거든 다만 기꺼이 물러남이 좋고 바르게 하면 길하리라."

辰(孫/世) 午(兄) 申(財) 酉(財) **未(孫)** 巳(兄)
***父爻/官爻 隱伏**

화산려괘 육오 離火宮(이화궁) 初世(초세) **己未(기미) 土(토)**
천산둔괘 구오 乾金宮(건금궁) 二世(이세) **壬申(임신) 金(금)**
土生金(토생금)이니 **孫神(손신)** 입궁

"name" : "여지소과(旅之小過) 상구(上九)"

"content" : "천지의 근본(根本)에서 완전히 이탈한 비조(飛鳥)가 생존의 근원인 둥지를 불사르고 떠나며 먼저 웃다가 뒤에 절규하게 되리라. 이는 시변(時變)의 역(易)에서 그 몸을 잃기 때문이요 이보다 흉한 일은 없으리라. 시변(時變)의 때에 그 구원의 피난처인 둥지를 만나지 못하고 조금 지나친 채 비조(飛鳥)가 되어 멀어지면 흉(凶)하리니 이것을 재앙이라 하느니라."

辰(孫/世) 午(兄) 申(財) 酉(財) 未(孫) 巳(兄)
*父爻/官爻 隱伏

화산려괘 상구 離火宮(이화궁) 初世(초세) 己巳(기사) 火(화)
뇌산소과괘 상육 兌金宮(태금궁) 四世(사세) 庚戌(경술) 土(토)
火生土(화생토)이니 子孫(자손) 입궁

57. 중풍손괘(重風巽卦)

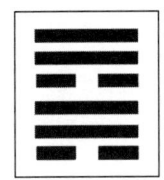

"巽(손)은 小亨(소형)하고 利有攸往(이유유왕)하며 利見大人(이견대인)이니라."
  - 바람이 불어 만물을 가지런하게 함에 조금 형통하고 갈 바가 있으면 이로우며 대인을 만남이 이로우니라.

"name" : "손지소축(巽之小畜) 초육(初六)"

"content" : "바람이 길을 재촉하거나 서두르지 않아도 수월하게 먼 길에 도달하는 것처럼 나아가거나 물러나기로 이미 길을 정했거든 다시 놀아서거나 망설이지 말고, 무인(武人)이 장도(長途)에 오른 것처럼 굳건하고 면면하게 노력해야 하리라. 저절로 그 복(福)이 차곡히 쌓이니 장차 무슨 허물이 있겠는가?"

丑(財) 亥(孫) 酉(官) 未(財) 巳(孫) 卯(兄/世)
*父爻 隱伏

중풍손괘 초육 巽木宮(손목궁) 六世(육세) **辛丑(신축) 土(토)**
풍천소축괘 초구 巽木宮(손목궁) 初世(초세) **甲子(갑자) 水(수)**
土克水(토극수)이니 妻神(처신) **財神(재신)** 입궁

"name" : "손지점(巽之漸) 구이(九二)"

"content" : "바람이 시류(時流)를 타고 이 산을 넘어 나아가면 새 보금자리

를 얻을 수 있음에도, 바로 한고비 아래 머물러 있는 형세(形勢)라. 이와 같이 마음이 막히고 어지러워 분란(紛亂)스러울 때는, 사관(史官)이 난세(亂世)를 어떻게 보았으며, 무격(巫覡)이 중생에게 맺힌 바를 어떻게 잘 진단하고 풀어내어, 그 한때의 위기를 넘겼는지 헤아리면, 길하고 허물이 없으리라. 큰 기러기가 산(山)과 바다의 장막을 무릅쓰며 바람을 타고 날아가 넓고 단단한 너럭바위에 이르고 보면, 장차 음식이 풍족하여 길하리라."

丑(財) 亥(孫) 酉(官) 未(財) 巳(孫) 卯(兄/世)
*父爻 隱伏

중풍손괘 구이 巽木宮(손목궁) 六世(육세) 辛亥(신해) 水(수)
풍산점괘 육이 艮土宮(간토궁) 三世(삼세) 丙午(병오) 火(화)
水克火(수극화)이니 **財神(재신) 입궁**

"name" : "손지환(巽之渙) 구삼(九三)"

"content" : "태풍(颱風)이 강력하게 일어나 일정하지 못하므로 환란(渙亂)을 일으키듯 하리라. 그러나 그 몸에 큰 후회를 남기지는 않으리라. 바람이 거세어 안정되지 못하고 또 오락가락하니 일시(一時)에 그 몸을 둘 곳이 마땅치 못하여 다만 한스러울 따름이라."

丑(財) 亥(孫) **酉(官)** 未(財) 巳(孫) 卯(兄/世)
*父爻 隱伏

중풍손괘 구삼 巽木宮(손목궁) 六世(육세) **辛酉(신유) 金(금)**
風水渙卦(풍수환괘) 離火宮(이화궁) 五世(오세) **戊午(무오) 火(화)**
火克金(화극금)이니 **白虎(백호) 官爻(관효) 입궁**

"name" : "손지구(巽之姤) 육사(六四)"

"content" : "치열하게 승부(勝負)를 다투는 데 바람을 얻으니 기세를 타고 혹독하게 나아가면 사냥에 임하여 삼등(三等) 정도는 하리라. 저편의 저항이 굳건하면 그 자루에 감춘 물고기가 무엇인지 잘 가늠해야 대응이 수월하리라. 만일 자루에 물고기가 없음에도 일어나면 흉하리라."

丑(財) 亥(孫) 酉(官) **未(財)** 巳(孫) 卯(兄/世)
***父爻 隱伏**

중풍손괘 육사 巽木宮(손목궁) 六世(육세) **辛未(신미) 土(토)**
천풍구괘 구사 乾金宮(건금궁) 初世(초세) **壬午(임오) 火(화)**
火生土(화생토)이니 **父母神(부모신) 입궁**

"name" : "손지고(巽之蠱) 구오(九五)"

"content" : "천시(天時)에 바람을 얻어 힘차게 나아가듯, 그 중요한 때에 맞추어 아비의 허물을 닦는 데 전력(全力)을 다하니, 바르게 하면 길하며 후회가 없으리라. 오래전부터 유래한 허물의 처음은 그 단서를 정하기 어려우나, 마침에 이르러 보면 남아 있거나 없음이 길흉(吉凶)으로 분명해지게 되리니 이것이 무초유종(无初有終)이라. 천지가 결실을 맺는 경일(庚日)보다 앞선 삼일이나 그 후의 삼일이 이 일에 길(吉)한 때가 되리라."

丑(財) 亥(孫) 酉(官) 未(財) **巳(孫)** 卯(兄/世)
***父爻 隱伏**

중풍손괘 구오 巽木宮(손목궁) 六世(육세) **辛巳(신사) 火(화)**
산풍고괘 육오 巽木宮(손목궁) 三世(삼세) **丙子(병자) 水(수)**

水克火(수극화)이니 白虎(백호) 官爻(관효) 입궁

"name" : "손지정(巽之井) 상구(上九)"

"content" : "바람을 얻어 힘차게 나아감과 같이 큰 우물을 얻으려는 군자라면 일생(一生)의 공(功)으로 수고하여야 하리라. 그렇지 않고 만일 예전의 큰 우물 난간 아래 머물러 그 벽을 넘지 않으며, 다만 세월을 소진(消盡)하면, 늘그막에 이르러 자부(資斧)에 녹이 나고 결국에는 쓸모없게 되리라. 한 생을 바르게 살았다 해도 흉(凶)하리라. 한 군자가 높고 오랜 벽을 넘어 큰 수고를 다 한 끝에 천하의 우물을 얻게 되리니, 찾아오는 나그네를 막지 않으며, 미더움이 있게 하므로 크게 길하리라."

丑(財) 亥(孫) 酉(官) 未(財) 巳(孫) 卯(兄/世)
*父爻 隱伏

중풍손괘 상구 巽木宮(손목궁) 六世(육세) 辛卯(신묘) 木(목)
수풍정괘 상육 震木宮(진목궁) 五世(오세) 戊子(무자) 水(수)
水生木(수생목)이니 父母神(부모신) 입궁

58. 중택태괘(重澤兌卦)

"兌(태)는 亨(형)하니 利貞(이정)하니라."
- 기뻐함으로 형통하니 바르게 함이 이로우니라.

"name" : "태지곤(兌之困) 초구(初九)"

"content" : "곤경 속에서 인연(因緣)이 있어 화합하면 길하리라. 구천지(舊天地) 고목(古木)의 밑동이 잘려나간 자리에 걸터앉아 일심(一心)으로 새싹을 돋우어야 하는 일이니 심산유곡(深山幽谷)에 가려져 삼 년을 고전해야 하리라. 이 일로 인하여 한동안 세상을 볼 수 없으리라."

巳(官) 卯(財) 丑(父) 亥(孫) 酉(兄) 未(父/世)

중택태괘 초구 兌金宮(태금궁) 六世(육세) **丁巳(정사) 火(화)**
택수곤괘 초육 兌金宮(태금궁) 初世(초세) **戊寅(무인) 木(목)**
木生火(목생화)이니 **父母神(부모신) 입궁**

"name" : "태지수(兌之隨) 구이(九二)"

"content" : "사람을 따르는 데 미더움과 기쁨이 더해지면 길하며 후회가 사라지리라. 미더움 없이 기쁨에 취하여 소자(小子)에게 매이면 장부를 잃게 되는 법이라."

巳(官) 卯(財) 丑(父) 亥(孫) 酉(兄) 未(父/世)

중택태괘 구이 兌金宮(태금궁) 六世(육세) 丁卯(정묘) 木(목)
택뢰수괘 육이 震木宮(진목궁) 三世(삼세) 庚寅(경인) 木(목)
木之木(목지목)이니 **兄神(형신) 입궁**

"name" : "대지괘(兌之夬) 육삼(六三)"

"content" : "중덕(中德)을 벗어난 언로(言路)를 유의해야 하리니, 입은 때로 재앙이 출입(出入)하는 문호(門戶)와 같아 자칫 화(禍)를 부르리라. 만일 결단(決斷)해야 하는 일이 있어 울부짖고자 한다면 성냄이 그 광대뼈에서 드러나지 않도록 할 것이며, 빗줄기 속에서 홀로 적시며 울부짖듯이 한다면 화(禍)를 면하리라."

巳(官) 卯(財) **丑(父)** 亥(孫) 酉(兄) 未(父/世)

중태택괘 육삼 兌金宮(태금궁) 六世(육세) 丁丑(정축) 土(토)
택천쾌괘 구삼 坤土宮(곤토궁) 五世(오세) 甲辰(갑진) 土(토)
土之土(토지토)이니 **兄神(형신) 입궁**

"name" : "태지절(兌之節) 구사(九四)"

"content" : "삶이 유영(遊泳)해야 하는 사회적 테두리 안에는 기쁨이라는 생명소가 항상 머물러 숨을 쉬도록 해야 하리라. 그렇게 하려거든 그 담장과 울타리가 안정(安定)되고 편안해야 형통함이 있으리라. 연못의 제방에 흠결이 생겨 불안이 커져가는 점은 없는지 잘 헤아려 미리 막아두어야 기쁨이 있으리라."

巳(官) 卯(財) 丑(父) **亥(孫)** 酉(兄) 未(父/世)

중택태괘 구사 兌金宮(태금궁) 六世(육세) **丁亥(정해) 水(수)**
수택절괘 육사 坎水宮(감수궁) 初世(초세) **戊申(무신) 金(금)**
金生水(금생수)이니 **父母神(부모신)** 입궁

"name" : "태지귀매(兌之歸妹) 구오(九五)"

"content" : "결혼은 경사(慶事)인데, 지나치게 그 신분이 높은 쪽과 맺어지면 위태로움이 있으니 높은 쪽에서 먼저 그 처지를 잘 다듬고 낮추어야 미더움이 상(傷)하지 않으리라. 옛날에 제을 임금이 공주를 평민에게 시집보낼 때 공주 부군(夫君)의 옷소매가 그 부인의 손 아래 여인의 옷소매보다 짧았다가, 달이 거의 보름이 되어서야 길하게 되었다 하였느니라."

巳(官) 卯(財) 丑(父) 亥(孫) **酉(兄)** 未(父/世)

중택태괘 구오 兌金宮(태금궁) 六世(육세) **丁酉(정유) 金(금)**
뇌택귀매괘 육오 兌金宮(태금궁) 三世(삼세) **庚申(경신) 金(금)**
金之金(금지금)이니 **兄神(형신)** 입궁

"name" : "태지리(兌之履) 상육(上六)"

"content" : "이미 성공한 사례는 예전에도 있었고 현재에도 있으리니 이것을 잘 인도(引導)하여 받아들이는 것은 상서롭고 길한 일이라. 인문(人文)이 지나온 그간의 과거를 잘 상고(詳考)하여 새로운 환경에서도 다시 운전(運轉)이 원활해지도록 한다면 매우 크게 길하리라."

巳(官) 卯(財) 丑(父) 亥(孫) 酉(兄) 未(父/世)

중택태괘 상육 兌金宮(태금궁) **六世(육세) 丁未(정미) 土(토)**
천택리괘 상구 艮土宮(간토궁) 五世(오세) **壬戌(임술) 土(토)**
土之土(토지토)이니 **兄神(형신) 입궁**

59. 풍수환괘(風水渙卦)

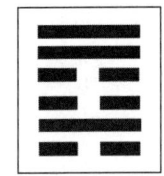

"渙(환)은 亨(형)하니 王假有廟(왕격유묘)에 利涉大川(이섭대천)하고 利貞(이정)하니라."
- 바람이 물을 흩뜨리듯이 흩어지는 환란의 때라도 형통함이 있으니, 왕이 廟堂(묘당)에 이르러 있어 큰 내를 건너면 이롭고, 바르게 하면 이로우리라.

"name" : "환지중부(渙之中孚) 초육(初六)"

"content" : "환란(渙亂)이 오면 구원에 들일 말이 씩씩하고 미더워야 하리라. 말은 내가 의존하여 환란의 험지(險地)를 함께 벗어나야 할 동행(同行)이니 그 한 걸음 한 걸음을 미더움으로써 헤아린 뒤에 의탁해야 길하고, 미더움이 없는 어떤 다른 이유에 마음을 빼앗겨 자신의 운명을 함께하면 결코 편치 못하게 되리라."

寅(父) 辰(孫) 午(兄) 未(孫) 巳(兄/世) 卯(父)
*官爻/財爻 隱伏

풍수환괘 초육 - 離火宮(이화궁) 五世(오세) **戊寅(무인) 木(목)**
풍택중부괘 초구 - 艮土宮(간토궁) 四世(사세) **丁巳(정사) 火(화)**
木生火(목생화)이니 **孫神(손신) 입궁**

"name" : "환지관(渙之觀) 구이(九二)"

"content" : "군자(君子)가 환란에 살길을 구(求)하려거든 그 신묘(神廟)의 궤(机)가 있는 곳으로 달려가야 후회가 없으리라. 혜안(慧眼)을 들어 깊이 생각하고 그 이치(理致)를 꿰뚫지 않으면 살길을 얻기 어려울 것이요 헤아림이 있은 뒤에는 반드시 여인의 바른 도리로 따라야 이로우리라."

寅(父) 辰(孫) 午(兄) 未(孫) 巳(兄/世) 卯(父)
*官爻/財爻 隱伏

풍수환괘 구이 離火宮(이화궁) 五世(오세) 戊辰(무진) 土(토)
풍지관괘 육이 乾金宮(건금궁) 四世(사세) 乙巳(을사) 土(토)
土之土(토지토)이니 兄神(형신) 입궁

　　"name" : "환지손(渙之巽) 육삼(六三)"

　　"content" : "환란의 때가 오리라. 쉬지 않고 바람이 불어오듯 거듭 닥쳐오리니 부디 그 몸을 보전하기에 오직 힘써서 후회가 없도록 해야 하리라. 안팎의 모든 상황이 한스럽기만 하리라."

寅(父) 辰(孫) 午(兄) 未(孫) 巳(兄/世) 卯(父)
*官爻/財爻 隱伏

風水渙卦(풍수환괘) 離火宮(이화궁) 五世(오세) 戊午(무오) 火(화)
중손풍괘 구삼 巽木宮(손목궁) 六世(육세) 辛酉(신유) 金(금)
火克金(화극금)이니 妻神(처신) 財神(재신) 입궁

　　"name" : "환지송(渙之訟) 육사(六四)"

　　"content" : "환란에 의지할 언덕이 있으니 그 무리가 크게 길하리라. 이것은 결코 평이하게 생각할 일이 아니니 다툴 일이 있다 해도 이기지 못할 것이요 다툼 이전으로 돌이켜 명(命)을 받고 태도를 달리해야 하리라. 환란에 무리가 모두 그 몸을 보전하며 바른 도리 가운데 안정(安定)할 수 있도록 하는 것이 길한 선택이니라."

寅(父) 辰(孫) 午(兄) **未(孫)** 巳(兄/世) 卯(父)
*官爻/財爻 隱伏

풍수환괘 육사 離火宮(이화궁) 五世(오세) **辛未(신미) 土(토)**
천수송괘 구사 離火宮(이화궁) 四世(사세) **壬午(임오) 火(화)**
火生土(화생토)이니 **父母神(부모신)** 입궁

"name" : "환지몽(渙之蒙) 구오(九五)"

"content" : "바람이 몰아치며 거세게 만물을 흩뿌려버리는데, 이는 천시(天時)가 크게 변동하기 때문이라. 중생이 대개 그 이치를 알지 못하니 왕이 구원의 뱃머리에 서서 피땀을 흘리며 철부지 아이에게 소리를 치듯 하리라. 환란의 때에 왕이 머무는 자리라야 재앙을 면하리라. 때가 묻지 않은 어린아이처럼 바보같이 순박히어 그 사람의 귀가 이 소리를 들을 수 있고 따를 수 있으면 길하리라."

寅(父) 辰(孫) 午(兄) 未(孫) **巳(兄/世)** 卯(父)
***官爻**/財爻 **隱伏**

풍수환괘 구오 離火宮(이화궁) **五世(오세) 辛巳(신사) 火(화)**
산수몽괘 육오 離火宮(이화궁) 四世(사세) **丙子(병자) 水(수)**
水克火(수극화)이니 **白虎(백호) 官爻(관효)** 입궁

"name" : "환지감(渙之坎) 상구(上九)"

"content" : "환란이 깊어져 구덩이 가운데로 빠지게 되리니, 피를 보지 않으려거든 아득히 멀리 달아날 수 있어야 재앙을 면하리라. 그 구덩이에 빠지면 오도 가도 못하기를 마치 포승줄에 묶인 듯하고, 자리하고 있는 곳은 마치 가시덤불 속과 같으리라. 삼 년이 다 지난다 해도 구원을 얻지 못하리니 흉하리라."

寅(父) 辰(孫) 午(兄) 木(孫) 巳(兄/世) 卯(父)
*官爻/財爻 隱伏

풍수환괘 상구 離火宮(이화궁) 五世(오세) **辛卯(신묘) 木(목)**
중감수괘 상육 坎水宮(감수궁) 六世(육세) **戊子(무자) 水(수)**
水生木(수생목)이니 **父母神(부모신)** 입궁

60. 수택절괘(水澤節卦)

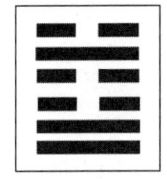

"節(절)은 亨(형)하니 苦節(고절)은 不可貞(불가정)이니라."
- 막고 統制(통제)함으로써 형통함을 구하는 것이나 고통으로써 함은 바른 도리라 할 수 없느니라.

"name" : "절지감(節之坎) 초구(初九)"

"content" : "담장과 문호를 돌아보며 빈틈을 찾아 침투하려는 외세(外勢)의 險毒(험독)이 있으니 나라든 집안이든 잘 살펴야 하리라. 막아서 감히 안으로 들지 못하게 하고 잘 지키면 허물이 없으리라. 밖으로부터의 그 재앙은 침투(浸透)에 반복성이 있어서 빈틈이 나면 무조건 그 구멍으로 들어오리니 만일 들어오면 凶(흉)하리라."

巳(財/世) 卯(孫) 丑(官) 申(父) 戌(官) 子(兄)

수택절괘 초구 - 坎水宮(감수궁) **初世(초세) 丁巳(정사) 火(화)**
중감수괘 초육 - 坎水宮(감수궁) 六世(육세) **戊寅(무인) 木(목)**
木生火(목생화)이니 **父母神(부모신)** 입궁

"name" : "절지준(節之屯) 구이(九二)"

"content" : "그 머무는 문정(門庭) 밖에서 역사의 초석(楚石)이 나고 동량목(棟樑木)이 서는데 난세(亂世)에 몸을 움츠리고 앉아 나서지 않으면 흉하리라. 동량목(棟樑木)으로 쓰일 만한 군자가 징표를 건네받고도 선각(先覺)과 선구(先驅)의 길을 주저하며 반신반의(半信半疑)하더니 혼인을 구해야 할 짝을 등진 채 여인이 고집부리듯 하며 십 년을 허송(虛送)한 뒤에 허락하나라."

巳(財/世) **卯(孫)** 丑(官) 申(父) 戌(官) 子(兄)

수택절괘괘 구이 坎水宮(감수궁) 初世(초세) 丁卯(정묘) 木(목)
수뢰순괘육이 坎水宮(감수궁) 二世(이세) 庚寅(경인) 木(목)
木之木(목지목)이니 **兄神(형신)** 입궁

"name" : "절지수(節之需) 육삼(六三)"

"content" : "도적(盜賊)이 담장에 기웃거리다가 그 울타리나 경계(境界)가 불명(不明)하면 구렁이가 담을 넘듯이 스르르 침투하여 안으로 들어오리니 불명(不明)하고 혼탁한 것은 도둑을 이르게 하는 길이라. 살피며 둘러보고 경계를 잃지 않아야 하리라."

巳(財/世) 卯(孫) **丑(官)** 申(父) 戌(官) 子(兄)

수택절괘 육삼 坎水宮(감수궁) 初世(초세) 丁丑(정축) 土(토)
수천수괘 구삼 坤土宮(곤토궁) 四世(사세) 甲辰(갑진) 土(토)
土之土(토지토)이니 **兄神(형신)** 입궁

"name" : "절지태(節之兌) 육사(六四)"

"content" : "기틀을 확고하게 하여 두루 안정되도록 함이 기쁨과 형통함을 구하는 길이라. 바늘구멍이 방치되었다가 이것이 점차 자라나면 장차 역내(域內)에 큰 허점과 위기를 불러오게 되리니 비록 작은 문제라 해도 잘 헤아려 빈틈을 찾아내어 방치되지 않도록 처리함이 옳으리라."

巳(財/世) 卯(孫) 丑(官) 申(父) 戌(官) 子(兄)

수택절괘 육사 坎水宮(감수궁) 初世(초세) 戊申(무신) 金(금)
중태택괘 구사 兌金宮(태금궁) 六世(육세) 丁亥(정해) 水(수)
金生水(금생수)이니 孫神(손신) 입궁

"name" : "절지림(節之臨) 구오(九五)"

"content" : "상서로운 일을 잘 제도(制度)하여 단맛이 오래도록 이어지게 하면 길하리라. 이 일은 계속 나아가 숭상해야 할 일이라. 나라에 상서로운 일을 잘 헤아려 지혜롭게 제도하는 일은 대군의 마땅한 도리이니 그로써 길하리라."

巳(財/世) 卯(孫) 丑(官) 申(父) 戌(官) 子(兄)

수택절괘 구오 坎水宮(감수궁) 初世(초세) 戊戌(무술) 土(토)
지택림괘 육오 坤土宮(곤토궁) 二世(이세) 癸亥(계해) 水(수)
土克水(토극수)이니 妻神(처신) 財神(재신) 입궁

"name" : "절지중부(節之中孚) 상육(上六)"

"content" : "고도화(高度化)된 수법으로 지능을 부려 미더움을 막고 폐(閉)함은 그 공동체(共同體)의 원활한 생존(生存)을 파괴하는 인류 최악(最惡)의 범죄와 같은 것이니 이것이 고절(苦節)이라. 행정(行政)을 고도화하여 사람과 사람 사이를 의심과 불순(不純)함으로 막고 통제(統制)하며 미더움을 사라지게 하니 그 수법이 바르다 해도 흉하리라. 닭이 울며 천시(天時)를 묻고 하늘로 사라지리니 해맑은 아침은 돌아오지 않으리라."

巳(財/世) 卯(孫) 丑(官) 申(父) 戌(官) 子(兄)

수택절괘 상육 坎水宮(감수궁) 初世(초세) **戊子(무자) 水(수)**
풍택중부괘 상구 艮土宮(간토궁) 四世(사세) **辛卯(신묘) 木(목)**
水生木(수생목)이니 **孫神(손신) 입궁**

61. 풍택중부괘(風澤中孚卦)

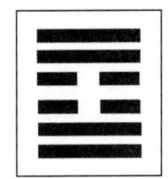

"中孚(중부)는 豚魚(돈어)면 吉(길)하고 利涉大川(이섭대천)이니 利貞(이정)하니라."
- 미덥게 하기를 돼지와 물고기에 이르면 길하고 큰 내를 건너면 이로우며 바르게 하면 이로우리라.

"name" : "중부지환(中孚之渙) 초구(初九)"

"content" : "환란이 오는데, 믿고 의지하려는 그 구원의 길이 얼마나 미더운지를 헤아림이 吉(길)하리라. 神明(신명)과 인간이 미더움으로 하나 되는 법이니 그것이 아닌 다른 代案(대안)에 의탁한다면 편치 못하리라. 구원에 쓰고자 하면 그 말이 씩씩해야 길하리라."

巳(父) 卯(官) 丑(兄) 未(兄/世) 巳(父) 卯(官)
*財爻/孫爻 隱伏

풍택중부괘 초구 - 艮土宮(간토궁) 四世(사세) 丁巳(정사) 火(화)
풍수환괘 초육 - 離火宮(이화궁) 五世(오세) 戊寅(무인) 木(목)
木生火(목생화)이니 父母神(부모신) 입궁

"name" : "중부지익(中孚之益) 구이(九二)"

"content" : "冥冥之中(명명지중)의 하늘은 아득하고, 그 어느 천공(天空)에서 부모 鶴(학)이 소리 없이 우는데 아무도 화답(和答)하지 못하였다가,

문득 그 아들이 드디어 和答(화답)하리라. 이에 성지(聖旨)가 내려오기를 '내게 좋은 술잔이 있어 너와 하나로 連累(연루)되고자 하노라.' 하니라. 그 아들이 聖杯(성배)로써 하늘에 盟約(맹약)을 드리고 天下(천하)의 大事(대사)에 임하니 그 미더운 무리의 數爻(수효)가 거듭 늘어나더라. 이 일은 天下事(천하사)요 거북점을 쳐서 여쭈어도 하늘을 어기는 바가 없으리니 영원히 바르게 하면 길하리라. 왕이 上帝(상제)께 祭享(제향)을 올린 뒤에 이 법을 쓰리니 길하리라."

巳(父) 卯(官) 丑(兄) 未(兄/世) 巳(父) 卯(官)
*財爻/孫爻 隱伏

풍택중부괘 구이 艮土宮(간토궁) 四世(사세) 丁卯(정묘) 木(목)
풍뢰익괘 육이 巽木宮(손목궁) 三世(삼세) 庚寅(경인) 木(목)
木之木(목지목)이니 兄神(형신) 입궁

"name" : "중부지소축(中孚之小畜) 육삼(六三)"

"content" : "불신(不信)이 다시 불신을 낳아 이것이 거듭 쌓이리라. 미더움으로 만나야 할 사이가 원수를 얻음과 같이 변하고, 북을 울리듯 고성이 오가며, 등져서 침묵하며, 신세를 한탄하여 울며, 혹은 노래를 부르니 그 수레가 나아가지 못하리라."

巳(父) 卯(官) 丑(兄) 未(兄/世) 巳(父) 卯(官)
*財爻/孫爻 隱伏

풍택중부 육삼 艮土宮(간토궁) 四世(사세) 丁丑(정축) 土(토)
풍천소축괘 구삼 巽木宮(손목궁) 初世(초세) 甲辰(갑진) 土(토)
土之土(토지토)이니 兄神(형신) 입궁

"name" : "중부지이(中孚之履) 육사(六四)"

"content" : "근신(近臣)의 명줄은 오직 미더움이라. 가까이에서 신령스러운 호랑이를 따라 함께 가는 길이니 좋지 못한 짝의 꾀임을 방임하거나 그 행동에 마음이 동조한다면 큰 화액(禍厄)을 얻게 되리라. 동(動)한 사실이 있으면 반드시 참회하고 뉘우쳐야 하리라. 또 그 위험한 말(馬)을 찾아 반드시 화근(禍根)을 없애야 무탈하리라."

巳(父) 卯(官) 丑(兄) **未(兄/世)** 巳(父) 卯(官)
*財爻/孫爻 隱伏

풍택중부괘 육사 艮土宮(간토궁) **四世(사세) 辛未(신미) 土(토)**
천택리괘 구사 艮土宮(간토궁) 五世(오세) **壬午(임오) 火(화)**
火生土(화생토)이니 **父母神(부모신)** 입궁

"name" : "중부지손(中孚之損) 구오(九五)"

"content" : "함께 있으면 서로 희생하며 도우려 하니 진정 미덥고 미더운 관계라 결코 허물이 없으리라. 내가 덜어 그를 보태면 다시 그가 덜어 나를 보태리라. 더해지고 보태지며 그 무리의 수효가 증대하리니 거북점을 쳐봐도 어기는 바가 없어 실로 크게 길하다 하리라."

巳(父) 卯(官) 丑(兄) 未(兄/世) **巳(父)** 卯(官)
*財爻/孫爻 隱伏

풍택중부괘 구오 艮土宮(간토궁) 四世(사세) **辛巳(신사) 火(화)**
산택손괘 육오 艮土宮(간토궁) 三世(삼세) **丙子(병자) 水(수)**
水克火(수극화)이니 **官爻(관효)** 입궁

"name" : "중부지절(中孚之節) 상구(上九)"

"content" : "인문(人文)이 아무리 고도(高度)의 문명을 쌓아 올려 스스로 존귀(尊貴)해진다고 해도 기계적으로 미더움을 차단하고 또 버린다면 사람과 함께 천시(天時)를 나누던 닭이 울음소리만 남긴 채 다시 하늘로 돌아가리라. 바르다 해도 흉(凶)하리라. 미더움을 버린 문명의 제도적 굴레는 장차 괴로운 가시 울타리가 되어 사람에게 다시 놓아오리라. 인문이 제도를 정하고 법을 정할 때 이것을 깊이 상고(詳考)하여야 후회가 없으리라."

巳(父) 卯(官) 丑(兄) 未(兄/世) 巳(父) 卯(官)
*財爻/孫爻 隱伏

풍택중부괘 상구 艮土宮(간토궁) 四世(사세) **辛卯(신묘) 木(목)**
수택절괘 상육 坎水宮(감수궁) 初世(초세) **戊子(무자) 水(수)**
水生木(수생목)이니 **父母神(부모신) 입궁**

62. 뇌산소과괘(雷山小過卦)

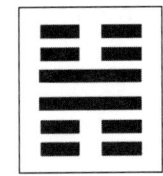

"小過(소과)는 亨(형)하니 可小事(가소사)요 不可大事(불가대사)라. 飛鳥遺之音(비조유지음)에 不宜上(불의상)이요 宜下(의하)면 大吉(대길)이니라."
- 조금 지나쳐 형통함이니 작은 일은 家(가)하나 큰일은 不可(불가)하리라. 나는 새가 소리를 남김에 위로 향함은 마땅치 않고, 아래로 향하면 크게 길하리라.

"name" : "소과지풍(小過之豊) 초육(初六)"

"content" : "인생이 화려하게 빛난다 해도 생명의 근원(根源)을 돌이켜 공경해야 하리니 그 둥지를 버리고 홀로 나는 비조(飛鳥)가 되지 않아야 하리라. 정(定)해진 천시(天時)가 있어 큰 변동(變動)이 찾아올 때 흉(凶)하리라. 둥지는 생명의 근본이니 네 짝의 주인[9]을 만나 큰 유소(有巢)의 둥지에 들면 숭상할 바를 얻게 되리니 그 일이 10년을 넘긴다 해도 반드시 찾아서 만나야 하리라."

辰(父) 午(官) 申(兄) 午(官) 申(兄) 戌(父)
*孫爻/財爻 隱伏

뇌산소과괘 초육 - 兌金宮(태금궁) 四世(사세) **丙辰(병진) 土(토)**
뇌화풍괘 초구 坎水宮(감수궁) 五世(오세) **己卯(기묘) 木(목)**

[9] 풍괘 초구의 짝은 구사. 구사가 시변(時變)에 암주(暗主)의 문정(門庭)을 벗어나 새로운 둥지를 짓고 있는 이주(夷主)를 만나는 일에 대하여 초구가 알게 되고, 이때 초구가 그 둥지의 주인을 만나는데 10년이 걸린다 해도 반드시 찾아서 만나야 한다는 것이다.

木克土(목극토)이니 白虎(백호) **官爻(관효)** 입궁

"name" : "소과지항(小過之恒) 육이(六二)"

"content" : "중심이 조금 틀어져 있으니 본래의 그 주인을 조금 지나치거나 미치지 못하는 곳에 해결할 비책(祕策)이 있으리라. 집안에서는 할아버지를 지나쳐 할머니가 되고 나라에서는 임금에 미치지 못하므로 신하가 되리니 만나면 허물을 면하는 길을 얻으리라. 이렇게 조금 지나쳐 기울어져 있다 해도 크게 잘못될 바는 아니니라."

辰(父) **午(官)** 申(兄) 午(官/世) 申(兄) 戌(父)
*孫爻/**財爻 隱伏**

뇌산소과괘 육이 - 兌金宮(태금궁) 四世(사세) **丙午(병오) 火(화)**
뇌풍항괘 구이 - 震木宮(진목궁) 三世(삼세) **辛亥(신해) 水(수)**
水克火(수극화)이니 白虎(백호) **官爻(관효)** 입궁

"name" : "소과지예(小過之豫) 구삼(九三)"

"content" : "제후가 출정(出征)함에 행군이 지나치지 않도록 막지 못하면 혹 상해(傷害)가 따라 들어 흉하리라. 일시에 군대가 과(過)하게 움직여 지나치면 곧 후회에 이를 것이며 뉘우치고 멈춘다 해도 역시 후회가 되리라."

辰(父) 午(官) **申(兄)** 午(官/世) 申(兄) 戌(父)
*孫爻/**財爻 隱伏**

뇌산소과 구삼 兌金宮(태금궁) 四世(사세) **丙申(병신) 金(금)**
뇌지예괘 육삼 震木宮(진목궁) 初世(초세) **乙卯(을묘) 木(목)**

金克木(금극목)이니 妻神(처신) **財神(재신) 입궁**

"name" : "소과지겸(小過之謙) 구사(九四)"

"content" : "지나칠 정도로 겸손하여 나가지 않아야 하리라. 만일 나아가 만난다면 위태로우리라. 이 일을 반드시 경계할 것이니 그러기 위한 행위가 바르지 않은 태도라 해도 그것은 어쩔 수 없는 일이라. 난세의 위기에 처하여 겸손함을 지극히 드날림이니 그로써 이롭지 않음이 없으리라."

辰(父) 午(官) 申(兄) **午(官/世)** 申(兄) 戌(父)
*孫爻/財爻 隱伏

雷뇌산소과괘 구사 兌金宮(태금궁) **四世(사세) 庚午(경오) 火(화)**
지산겸괘 육사 兌金宮(태금궁) **五世(오세) 癸丑(계축) 土(토)**
火生土(화생토)이니 **孫神(손신) 입궁**

"name" : "소과지함(小過之咸) 육오(六五)"

"content" : "구름이 조금 지나칠 정도로 조밀하게 모였음은 해갈(解渴)을 위한 단비를 기다리는 마음이 매우 두텁고 간절하기 때문이라. 이때 내가 서쪽 교외로부터 비를 짓기 시작하면 다 같이 비를 지으리니 특히 공(公)이 나아가 저 구멍 속에 있는 대상까지 취할 수 있게 되리라. 이렇듯 마음 깊이 사무치기를 등심에 맺힘과 같이 조금 지나칠 정도로 두텁게 하여 두면[10] 그 교감(交感)의 도에 후회가 없으리라."

---

10) 진리(眞理)에 대한 깨우침이 깊고 두터우면 결정적인 동기(動機)에 확연(確然)함을 얻듯이, 구름이 조밀하고 두텁게 몰려있다가 한줄기 진정한 비구름을 만나면 곧 합하여 크게 일어나 천하를 적시는 법이니 이것이 함괘(咸卦) 교감(交感)의 도리이다. 이는 천하사(天下事)가 성취되는 법이다.

辰(父) 午(官) 申(兄) 午(官/世) **申(兄)** 戌(父)
*孫爻/財爻 隱伏

뇌산소과괘 육오 - 兌金宮(태금궁) 四世(사세) **庚申(경신) 金(금)**
택산함괘 구오 - 兌金宮(태금궁) 三世(삼세) **丁酉(정유) 金(금)**
金之金(금지금)이니 **兄神(형신)** 입궁

"name" : "소과지려(小過之旅) 상육(上六)"

"content" : "비조(飛鳥)가 생명의 근원인 둥지를 지나치며 또 이것을 떠나 뿌리를 잊은 나그네가 되어 다시 돌아오지 못하면 흉(凶)하리라. 돌아갈 둥지가 없어지면 이것을 재앙(災殃)이라 하느니라. 어떤 비조(飛鳥)의 나그네가 조금 지나치게 행동하기를, 떠나며 자신의 둥지를 불사르며 웃었다 하니, 장차 시변(時變)의 역(易)에서 돌아오지 못하고 그 몸을 잃게 되어 흉(凶)하게 되리라."

辰(父) 午(官) 申(兄) 午(官/世) 申(兄) **戌(父)**
*孫爻/財爻 隱伏

뇌산소과괘 상육 兌金宮(태금궁) 四世(사세) **庚戌(경술) 土(토)**
화산려괘 상구 離火宮(이화궁) 初世(초세) **己巳(기사) 火(화)**
火生土(화생토)이니 **父母神(부모신)** 입궁

63. 수화기제괘(水火旣濟卦)

"旣濟(기제)는 亨小(형소)하고 利貞(이정)하니 初吉(초길)하고 終亂(종란)이니라."

- 이미 강을 건넜으니 형통함이 적고 바른 도리가 이로우며, 처음에는 길하고 마침에는 어지러우리라.

"name" : "기제지건(旣濟之蹇) 초구(初九)"

"content" : "재겁(災劫)에 빠진 가운데 그 구난(救難)의 책임을 맡아 고전하겠으나 결국은 기제(旣濟)하여 건너리니 허물이 없으리라. 구난(救難)의 손길을 기다리는 사람은 스스로 헤쳐나갈 수 없으므로 그가 올 수 있도록 수고를 더하여 덜어주면 영예(榮譽)로우리라."

卯(孫) 丑(官) 亥(兄/世) 申(父) 戌(官) 子(兄)
*財爻 隱伏

수화기제괘 초구 - 坎水宮(감수궁) 三世(삼세) **乙卯(을묘) 木**(목)
수산건괘 초육 - 兌金宮(태금궁) 四世(사세) **丙辰(병진) 土**(토)
木克土(목극토)이니 妻神(처신) **財神(재신)** 입궁

"name" : "기제지수(旣濟之需) 육이(六二)"

"content" : "이미 건넜으니 돌아가 다시 구하지 못하리라. 나아가면 그 수레의 휘장(徽章)이 바람결 따라 사라지리라. 여행을 멈추고 정숙(靜肅)함을 지

킨다면 다시 돌아오는 세월에 잃어버린 만큼 얻게 되리라. 모래 펄에서 누각(樓閣)을 세우려 하면 구설이 있으리니 항상 중행(中行)의 도리(道理)에 따라야 마침내 길하리라."

卯(孫) 丑(官) 亥(兄/世) 申(父) 戌(官) 子(兄)
*財爻 隱伏

수화기제괘 육이 坎水宮(감수궁) 三世(삼세) **己丑(기축) 土(토)**
수천수괘 구이 坤土宮(곤토궁) 四世(사세) **甲寅(갑인) 木(목)**
木克土(목극토)이니 **官爻(관효) 입궁**

"name" : "기제지준(旣濟之屯) 구삼(九三)"

"content" : "고종(高宗)이 천하 기제(旣濟)의 때를 얻었으니 아직 평정(平正)하지 못한 천하를 모두 정벌하리라. 천하를 어지럽히며 준동하는 귀방(鬼方)의 무리를 정벌하리니 그 싸움이 삼 년 동안 치열할 것이요 이 중차대한 대업(大業)의 길에 소인을 쓰지 못하리라. 이러한 때에 감히 머리를 들고 나아감은 몰이꾼 없이 사슴을 쫓아 홀로 깊은 산속에 들어가 길을 잃는 격과 같으리라. 군자라면 천하의 큰 기미(幾微)를 헤아려 그만둘 일이요 그렇지 않고 나아가면 돌아오지 못하여 한이 되리라."

卯(孫) 丑(官) **亥(兄/世)** 申(父) 戌(官) 子(兄)
*財爻 隱伏

수화기제 구삼 감수궁 **삼세(三世) 己亥(기해) 水(수)**
수뢰준괘 육삼 감수궁 이세(二世) **庚辰(경진) 土(토)**
土克水(토극수)이니 白虎(백호) **官爻(관효) 입궁**

"name" : "기제지혁(旣濟之革) 육사(六四)"

"content" : "그 누더기 옷을 벗지 말아라. 혁명(革命)에 성공하였다 하기에는 아직 정정(政情)이 안정되지 못하였으므로 종일토록 그 경계를 풀지 않아야 후회가 없으리라. 천하에 미더움이 쌓인 뒤에 개명(改命)을 하고 국정을 쇄신하면 비로소 길하리라."

卯(孫) 丑(官) 亥(兄/世) **申(父)** 戌(官) 子(兄)
*財爻 隱伏

수화기제괘 육사 坎水宮(감수궁) 三世(삼세) **丙申(병신) 金(금)**
택화혁괘 구사 坎水宮(감수궁) 四世(사세) **丁亥(정해) 水(수)**
金生水(금생수)이니 **孫神(손신) 입궁**

"name" : "기제지명이(旣濟之明夷) 구오(九五)"

"content" : "西神(서신)이 命(명)을 맡아 그 福祿(복록)을 다시 내리니 동쪽 이웃이 소를 잡아 祭享(제향)에 임해도 서쪽 이웃의 소박한 禴祭(약제)보다 실로 그 福祿(복록)을 받음이 미치지 못하리라. 동쪽 이웃의 聖人(성인)이었던 箕子(기자)가 弘範(홍범)의 文明(문명)을 이루고도 어둠 속으로부터 벗어나지 못했으니 바르게 함이 이로우리라."

卯(孫) 丑(官) 亥(兄/世) 申(父) **戌(官)** 子(兄)
*財爻 隱伏

수화기제괘 구오 坎水宮(감수궁) 三世(삼세) **戊戌(무술) 土(토)**
지화명이괘 육오 坎水宮(감수궁) 四世(사세) **癸亥(계해) 水(수)**
土克水(토극수)이니 妻神(처신) **財神(재신) 입궁**

"name" : "기제지가인(既濟之家人) 상육(上六)"

"content" : "가장(家長)이 온전하여야 하고 그 이어서 가솔(家率)들이 정연(整然)해짐은 가도(家道)의 순서이니 만일 머리를 적시며 어지러워지면 위태로워지리라. 기제(既濟)의 강을 건넌 뒤에는 가장(家長)으로서 미더움과 위엄을 잃지 않아야 오래도록 길하리라."

卯(孫) 丑(官) 亥(兄/世) 申(父) 戌(官) 子(兄)
*財爻 隱伏

수화기제괘 상육 坎水宮(감수궁) 三世(삼세) **戊子(무자) 水(수)**
풍화가인 상구 巽木宮(손목궁) 二世(이세) **辛卯(신묘) 木(목)**
水生木(수생목)이니 **孫神(손신) 입궁**

64. 화수미제괘(火水未濟卦)

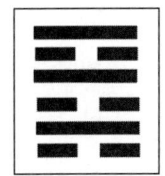

"未濟(미제)는 亨(형)하니 小狐汔濟(소호흘제)에 濡其尾(유기미)니 无攸利(무유리)하니라."
- 未濟(미제)는 건너지 않음이 형통하니 작은 여우가 거의 건넜다가 그 꼬리를 적셔 유리할 바가 없느니라.

"name" : "미제지규(未濟之睽) 초육(初六)"

"content" : "여우가 강을 건너 멀리 달아나려 하지만, 그 꼬리만 적신 채 되돌아와 한탄하기에 그치리라. 잃어버린 말을 쫓지 않아도 돌아오리니 그 말이 마구간을 떠나 국경지대를 배회하지만 넘지 못하고 다시 집으로 되돌아오기 때문이라. 제자리로 돌아오면 후회가 없으리라. 나아가 악인(惡人)을 만나게 되지만 재앙은 되지 않으리라."

寅(父) 辰(孫) 午(兄/世) 酉(財) 未(孫) 巳(兄)
*관효(官爻) 은복(隱伏)

화수미제괘 초육 - 離火宮(이화궁) 三世(삼세) **戊寅(무인) 木(목)**
화택규괘 초구 - 艮土宮(간토궁) 四世(사세) **丁巳(정사) 火(화)**
木生火(목생화)이니 **子孫(자손) 입궁**

"name" : "미제지진(未濟之晉) 구이(九二)"

"content" : "이 책임은 제후가 천자로부터 나누어 받은 것이니 반(班)이요 다른 사람과 공유할 수 없는 것이라. 한눈을 팔지 말아야 할 것이며 아무리 고된 수레라도 홀로 끌고 가야 하리라. 마음을 굳게 먹을 것이며, 바르게 처신해야 길하리라. 그 수레에 등불을 걸고 홀로 길을 찾아 가며, 달빛을 보고 수시로 깊은 근심에 잠기리라. 그러나 그 끝이 길하리니, 왕모(王母)로부터 불멸(不滅)의 큰 복을 받으리라."

寅(父) 辰(孫) 午(兄/世) 酉(財) 未(孫) 巳(兄)
*관효(官爻) 은복(隱伏)

화수미제괘 구이 離火宮(이화궁) 三世(삼세) 戊辰(무진) 土(토)
화지진괘 육이 乾金宮(건금궁) 四世(사세) 乙巳(을사) 火(화)
火生土(화생토)이니 父母神(부모신) 입궁

"name" : "미제지정(未濟之鼎) 육삼(六三)"

"content" : "신령한 솥에 두 고리가 있는데, 하나는 동쪽에서 왔고 다른 하나는 서쪽에서 온지라 그 키가 고르지 못하여 다시 크게 바꾸어 고쳐야 하리니, 이 일은 정복하듯이 성급하게 나설 일이 아니리라. 공들이며 애를 쓰고 인내(忍耐)해야 함이 마치 큰 내를 건너는 것과 같이 위태로워 그 일이 답답하고 더뎌서 기름져 보이는 꿩고기를 먹지 못하리라. 그러나 바야흐로 비가 내리고 후회가 이지러지면 마침내는 길하게 되리라."

寅(父) 辰(孫) 午(兄/世) 酉(財) 未(孫) 巳(兄)
*관효(官爻) 은복(隱伏)

화수미제괘 육삼 離火宮(이화궁) 三世(삼세) 무오(戊午) 화(火)
화풍정괘 구삼 離火宮(이화궁) 二世(이세) 辛酉(신유) 金(금)
金生水(금생수)이니 재신(財神) 입궁

"name" : "미제지몽(未濟之蒙) 구사(九四)"

"content" : "귀방(鬼方)[11]의 지옥도(地獄道)에 떨어져 고통스런 나날을 보내며 날마다 눈물로 하소연하지만 그 탈출이 요원하리라. 전생의 사연을 알 길이 없으나 참회를 거듭하고 바른 도리를 고집하며 이것을 잃지 않으면 후회가 사라지리라. 우레가 일어나 귀방(鬼方)의 지옥도(地獄道)를 정벌하리니 삼 년 간의 고전(苦戰)을 치른 뒤에 포상(褒賞)이 있으리라."

寅(父) 辰(孫) 午(兄/世) **酉(財)** 未(孫) 巳(兄)
*官爻 隱伏

화수미제괘 구사 離火宮(이화궁) 三世(삼세) **기유(己酉) 금(金)**
산수몽괘 육사 離火宮(이화궁) 四世(사세) **丙戌(병술) 土(토)**
火生土(화생토)이니 **부효 입궁 - 文書(문서)/賞(상)**

"name" : "미제지송(未濟之訟) 육오(六五)"

"content" : "다툼과 소송은 문제 해결의 비답(秘答)이 될 수 없음을 군자가 헤아리니 바른 도리를 고집하여 우회할 수 있으면 길하여 후회를 남기지 않으리라. 군자의 지혜가 빛을 발할 때이니 그 방책(方策)에 미더움이 있으면 길하리라."

寅(父) 辰(孫) 午(兄/世) 酉(財) **未(孫)** 巳(兄)
*관효(官爻) 은복(隱伏)

화수미제 육오 離火宮(이화궁) 三世(삼세) **己未(기미) 土(토)**

---

11) 금수(禽獸)와 같은 영역으로 도리(道理)가 무참히 버려진 세상을 말한다.

천수송괘 구오 離火宮(이화궁)四世(사세) **壬申(임신) 金(금)**
土生金(토생금)이니 **손신(孫神)** 입궁

"name" : "미제지해(未濟之解) 상구(上九)"

"content" : "막혀 있던 거대한 경계가 풀리며 건널 수 없었던 경계를 넘나들 게 되리니, 서로 술을 나누어 마셔도 미더움이 있고 허물이 없으리라. 그러나 자신을 망각할 만큼 그 머리를 적시면 미더움이 있다 해도 이것을 잃게 되리라. 공(公)이 양측(兩側) 사이의 높은 경계 위에 숨어 있던 새금을 활로 쏘아 잡으니, 이롭지 않음이 없으리라."

寅(父) 辰(孫) 午(兄/世) 酉(財) 未(孫) 巳(兄)
*관효(官爻) 은복(隱伏)

화수미제괘 상구 離火宮(이화궁) 三世(삼세) **己巳(기사) 火(화)**
뇌수해괘 상육 震木宮(진목궁) 二世(이세) **庚戌(경술) 土(토)**
火生土(화생토)이니 **子孫(자손)** 입궁

[부록]

1. 팔괘(八卦)의 납갑(納甲)

팔괘	初爻	二爻	三爻	四爻	五爻	上爻
건금궁(乾金宮)	甲子	甲寅	甲辰	壬午	壬申	壬戌
진목궁(震木宮)	庚子	庚寅	庚辰	庚午	庚申	庚戌
감수궁(坎水宮)	戊寅	戊辰	戊午	戊申	戊戌	戊子
간토궁(艮土宮)	丙辰	丙午	丙申	丙戌	丙子	丙寅
태금궁(兌金宮)	丁巳	丁卯	丁丑	丁亥	丁酉	丁未
이화궁(離火宮)	己卯	己丑	己亥	己酉	己未	己巳
손목궁(巽木宮)	辛丑	辛亥	辛酉	辛未	辛巳	辛卯
곤토궁(坤土宮)	乙未	乙巳	乙卯	癸丑	癸亥	癸酉

2. 64괘(卦)의 세효(世爻)

팔괘속궁(八卦屬宮)	초세(初世)	이세(二世)	삼세(三世)	사세(四世)	오세(五世)	육세(六世)
乾金宮	天風姤卦	天山遯卦	天地否卦	風地觀卦	山地剝卦	重天乾卦
			火天大有	火地晉卦		
坎水宮	水澤節卦	水雷屯卦	水火旣濟卦	澤火革卦	雷火豐卦	重水坎卦
			地水師卦	地火明夷卦		
艮土宮	山火賁卦	山天大畜	山澤損卦	火澤睽卦	天澤履卦	重山艮卦
			風山漸卦	風澤中孚卦		

팔괘속궁 (八卦屬宮)	초세 (初世)	이세 (二世)	삼세 (三世)	사세 (四世)	오세 (五世)	육세 (六世)
兌金宮	澤水困卦	澤地萃卦	澤山咸卦	水山蹇卦	地山謙卦	重澤兌卦
			雷澤歸妹卦	雷山小過卦		
離火宮	火山旅卦	火風鼎卦	火水未濟	山水蒙卦	風水渙卦	重火離卦
			天火同人卦	天水訟卦		
巽木宮	風天小畜	風火家人	風雷益卦	天雷无妄	火雷噬嗑	重風巽卦
			山風蠱卦	山雷頤卦		
震木宮	雷地豫卦	雷水解卦	雷風恒卦	地風升卦	水風井卦	重雷震卦
			澤雷隨卦	澤風大過卦		
坤土宮	地雷復卦	地澤臨卦	地天泰卦	雷天大壯	澤天夬卦	重地坤卦
			水地比卦	水天需卦		

3. 효(爻)는 태극의 가지이다.

- 태극은 일기(一氣)로서의 주장(主張)이며, 음양은 이기(二氣)이며 태극의 동정(動靜)에서 유래한다. 태극이 동(動)함에는 강효(剛爻 ━)가 나타나고, 정(靜)함에는 유효(柔爻 ╴╴)가 나타나며 그 두 가지 변화의 사이에는 이미 중허(中虛)가 음양의 저울이 되어 나타나니 이를 중위(中位)의 황극이라 한다. 내괘(內卦)에서는 이효(二爻)가 중위(中位)하고 외괘(外卦)에서는 오효(五爻)가 중위하니 만물의 변화는 음양중(陰陽中)이라는 세 가지 범주에 그친다. 육효(六爻)는 음양의 이기(二氣)가 삼재(三才)의 도리에 따라 나타났다 사라지며 소식(消息)하는 것이니 태극(太極)에서 유래하여 자라난 가지들이다.

- 일기(一氣)는 태극이며 만유(萬有)의 주장(主張)이 되고, 이기(二氣)는 강유(剛柔)이며 음양이 되고, 음과 양은 선천에 미제(未濟)하고 후천에 기제(旣濟)한다.

삼기(三氣)는 음양중(陰陽中)이니 중(中)으로써 음양이 상통(相通)하는데, 음도(陰道)와 양도(陽道)의 길이 다르나 결국 음양이 기제(既濟)의 일가(一家)를 이루어 서로 만나게 됨은 이 중통(中通)을 얻기 때문이다. 오기(五氣)는 오행을 말하니 수화목금토(水火木金土)이다. 오행은 미제(未濟)로써 성장하고 기제(既濟)로써 일가문명(一家文明)을 성취한다.

4. 세효(世爻)와 응효(應爻)

- 육효(六爻)의 신살(神殺)에 관한 학문에 대해서는 별도의 학습이 필요하니 책을 따로 구해 볼 것을 권고한다. 다만 이곳에서는 간단하게만 약술한다.
- 신도(神道)에 고(告)한 뒤에 성괘(成卦)를 하고 보면 팔궁(八宮)이 어느 오행 소속임을 알 수 있다.
- 성괘(成卦)를 하고 납갑을 붙이면 세효(世爻)와 응효(應爻)를 얻는데, 세(世)가 초효(初爻)에 있으면 사효(四爻)는 응효(應爻)가 되고, 이효(二爻)에 있으면 오효(五爻)가 응효이며. 삼효에 있으면 육효가 응효이다.
- 세(世)는 해당 성괘(成卦)의 운을 주관한다. 천지의 원기(元氣)인 태극의 뿌리로부터 여덟 줄기가 올라와 팔궁(八宮)을 이루고, 오행의 이치가 그 가운데 드니 세(世)는 그 변화와 작동의 주요 맥점(脈點)이 된다. 예컨대, 건금궁(乾金宮)의 초효(初爻)가 동(動)하면 천풍구괘(天風姤卦)가 되는데, 여기서 초효(初爻)를 세(世)로 삼고 초효(初爻)는 천풍구괘의 중요한 맥동점이 되는 것이라 할 수 있다. 기본 팔괘(八卦)는 모두 그 세(世)가 상효(上爻)에 있다. 기본 팔괘의 팔궁에서 최초로 뻗은 가지는 초세(初世)가 되고, 두 번째 뻗은 가지는 이세(二世)가 되고, 점차 나아가 3, 4, 5, 4, 3에 이른다.
- 세(世)는 해당 괘(卦)의 주요 동맥이니 주장(主張)이 되고, 응효(應爻)는 외(外)나 객(客)이 되고, 상대가 된다.
- 세(世)가 형효(兄爻)이면 맥점이 어지러워 갈등과 쟁패로 괴로운 국면이 지속되며, 관(官)이면 나라의 직위에 올라 있거나 그렇지 못하면 상해(傷害)이며, 부효

(父爻)이면 부모 조상이며 학인(學人)이거나 글문이거나 문서(文書)이며, 재효(財爻)이면 처(妻)이며 사업이나 재물이며, 손효(孫爻)이면 자식이니 생산(生産)이며, 따르는 사람이거나 번창하는 국면이다.
- 응효(應爻)가 세효와 상생이면 해당 국면이 더욱 강해지며 반대로 극(克)하면 그 운이 꺾여 펼치기가 녹록하지 않다.

5. 동효(動爻)와 변효(變爻)

- 성괘(成卦)를 하고 납갑을 하며 세효(世爻)를 얻은 뒤에 변효(變爻)를 구하니 변효가 일어나는 자리의 효(爻)를 동효(動爻)'라 하고 그 바뀐 괘를 따라 얻게 되는 효를 변효(變爻)라 한다.
- 동효와 변효가 부딪히면 극(克)이니 막히거나 해(害)가 되어 낭패가 되고 도와주는 관계이면 생(生)이 된다.
- 세효(世爻)가 동(動)하면 그 국면이 매우 강하게 전개된다. 이때 동효(動爻)가 변효(變爻)를 만나 생부(生扶)를 얻으면 해당 국면이 왕성해진다. 퇴신(退神)되면 꺾여서 불리해지고 반대로 진신(進神)하면 발전한다.

6. 신(身)과 명(命)

- 신(身)은 내 몸이며 명(命)은 그 몸이 가는 길이다.
- 신명점(身命占)은 건강이나 질병 그리고 수명에 관해 살필 수 있다.
- 생(生)하는 효가 있으면 약(藥)을 얻고 극(克)하는 효가 있으면 독(毒)을 얻는다.
- 신효(身爻)나 명효(命爻)가 발동하면 특히 유의하여 살핀다.

世爻	子午	丑未	寅申	卯酉	辰戌	巳亥
身	초효	2효	3효	4효	5효	6효
命	4효	5효	6효	초효	2효	3효

7. 용효(用爻)

- 용효(用爻)는 점을 치는 대상이다. 나는 세(世)가 되고, 벗이나 동료, 내가 처한 환경, 남, 거래 상대, 분쟁 상대 등은 응효(應爻)가 되고, 형제, 라이벌이나 동료 등은 형효(兄爻)가 되고, 부모 스승 등 웃어른들, 땅과 자동차 그 문서 등은 부효(父爻)가 되고, 자식이나 아랫 사람들, 나쁜 것을 물리치는 사람(소방관, 경찰, 의사 등), 생산(生産) 등은 손효(孫爻)가 되고, 아내나 재물점(투자대상이 되는 것) 등은 재효(財爻)가 되고 남편이나 상관(上官) 혹은 자신을 구속하거나 해(害)하는 사람, 합격이나 승진, 국가 관청 관련 등은 관효(官爻)가 된다.
- 용효가 발동하면 나에 대한 극생(克生)의 기세가 큰 것이다.

8. 사주(四柱)

- 점을 칠 때는 '점치는 시간의 사주(四柱)'를 세워 신도(神道)의 정사(政事)가 어떻게 성괘(成卦)에 반영되는지 살핀다.
- 사주(四柱) 가운데 일월(日月)의 운기가 중요하나 연시(年時)도 중요하다.
- 성괘(成卦)한 후에는 사주(四柱)와 육친(六親)의 생극(生剋) 관계를 살펴 신도(神道)의 의지가 어떤 방향으로 정해져 있는지 확인하며 그로써 앞으로 전개될 사태의 정황과 결말을 추론해 들어간다. 이를 잘 살피면 점이 맞거나 틀리는 바를 떠나서 장차 시변(時變)의 중요한 흐름을 얻을 수 있다.

9. 육신(六神)

- 갑을(甲乙) 청룡(靑龍), 병정(丙丁) 주작(朱雀), 무(戊) 구진(九陳), 기(己) 등사(螣蛇), 경신(庚辛) 백호(白虎) 임계(壬癸) 현무(玄武)이다.

- 점치는 일간(日干)이 갑을(甲乙)이면 초효(初爻)에 청룡(靑龍)이 들고, 이효(二爻)에 주작(朱雀), 삼효(三爻)에 구진(九陳), 사효(四爻)에 등사(螣蛇), 오효(五爻)에 백호(白虎), 육효(六爻)에 현무(玄武)가 든다.
- 점치는 일간이 병정(丙丁)이면, 초효(初爻)에 주작(朱雀), 이효(二爻)에 구진(九陳), 삼효(三爻)에 등사(螣蛇), 사효(四爻)에 백호(白虎), 오효(五爻)에 현무(玄武), 육효(六爻)에 청룡(靑龍)이 든다.
- 점치는 일간(日干)이 무(戊)이면, 초효에 구진(九陳), 이효(二爻)에 등사(螣蛇), 삼효(三爻)에 백호(白虎), 사효(四爻)에 현무(玄武), 오효(五爻)에 청룡(靑龍), 육효(六爻)에 주작(朱雀)이 든다.
- 점치는 일간(日干)이 기(己)이면, 초효에 등사(螣蛇), 이효(二爻)에 백호(白虎), 삼효(三爻)에 현무, 사효에 청룡, 오효에 주작, 육효에 구진이 든다.
- 점치는 일간(日干)이 경신(庚辛)이면, 초효에 백호, 이효에 현무, 삼효에 청룡, 사효에 주작, 오효에 구진, 육효에 등사가 든다.
- 점치는 일간이 임계(壬癸)이면 초효에 현무, 이효에 청룡, 삼효에 주작, 사효에 구진, 오효에 등사 육효에 백호가 든다.
- 육신(六神) 혹은 육수(六獸)는 그 힘과 기세가 매우 실효적(實效的)이다. 청룡(靑龍)이 동(動)하면 그 운(運)이 널리 상서롭고, 주작(朱雀)이 동하면 그 일이 널리 번성하고, 구진(九陳)이 동(動)하면 그 일이 속에서만 꿈틀거리며, 등사(螣蛇)가 동(動)하면 용사지간(龍蛇之間)이니 위험하고, 백호(白虎)가 동(動)하면 상해(傷害)의 위험이 있고, 현무(玄武)가 동(動)하면 어둠 속에 행(行)이 있으니 도둑이 든 것과 같아 위험하다.
- 육수(六獸)가 기다리는 운로(運路)에 생극(生剋)을 살펴 상서로움이 있으면 나아가고 그 반대라면 빌고 조심하여 나아가지 않는다.

9. 회두극(回頭克)

- 동효(動爻)는 모든 효에 영향을 주는 반면, 변효(變爻)는 동효(動爻)에만 영향을 주고 받는데, 변효가 동효를 극(克)하면 회두극이라 하여 좋지 않다.

10. 괘신(卦身)

- 괘신(卦身)은 괘(卦)가 기세(氣勢)를 얻는 자리를 말한다.
- 성괘(成卦)를 했는데 괘신(卦身)이 없으면 무관(武官)이 검을 잃은 격이며, 책임자가 그 보직(補職)이 없이 백의(白衣)로써 종사하는 격이니 그 일의 형세가 쉽지 않다.

세효(世爻)의 위치	초효	이효	삼효	사효	오효	육효
양효(陽爻)	자	축	인	묘	진	사
음효(陰爻)	오	미	신	유	술	해

- 예컨대, 세효(世爻)가 삼효(三爻)에 있고, 해당 효(爻)가 양효(陽爻)이면, 괘신(卦身)은 '인(寅)'이 되는데, 성괘(成卦) 하고 납갑(納甲) 후 신살(神殺)에 '인(寅)'이 나타나지 않으면 신도(神道)의 음호(陰護)가 없는 것이다. 만일 변효(變爻)에서라도 인(寅)이 나타나면 희신(喜神)이 든 것이다.

11. 간효(間爻)와 방효(傍爻)

- 세효(世爻)와 응효(應爻)의 사이에 있는 효를 간효(間爻)라 하고 그 밖을 방효(傍爻)라 한다.
- 간효(間爻)는 나의 주관 안에 있는 것이므로 서로 힘과 영향이 미치기 쉽고 방효(傍爻)는 그 밖에 있는 것이라 미치기 어렵다.

12. 삼합(三合)

- 인오술(寅午戌), 사유축(巳酉丑), 신자진(申子辰), 해묘미(亥卯未)는 삼합(三合)의 국면으로 매우 형통하다.

13. 공망(空亡)

- 10천간(天干)에 12지지(地支)가 갑(甲)에서 계(癸)에 이르기까지 붙는데, 그 안에 들지 못하는 두 개의 지지를 공망(空亡)이라 한다.

- 갑자순중(甲子旬中) 술해(戌亥)공망
갑자 을축 병인 정묘 무진 기사 경오 신미 임신 계유

- 갑술순중(甲戌旬中) 신유(申酉)공망
갑술 을해 병자 정축 무인 기묘 경진 신사 임오 계미

- 갑신순중(甲申旬中) 오미(午未)공망
갑신 을유 병술 정해 무자 기축 경인 신묘 임진 계사

- 갑오순중(甲午旬中) 진사(辰巳)공망
갑오 을미 병신 정유 무술 기해 경자 신축 임인 계묘

- 갑진순중(甲辰旬中) 인묘(寅卯)공망
갑진 을사 병오 정미 무신 기유 경술 신해 임자 계축

- 갑인순중(甲寅旬中) 자축(子丑) 공망
갑인 을묘 병진 정사 무오 기미 경신 신유 임술 계해

- 공망(空亡)이 되면 일진(日辰)의 생부(生扶)나 극해(克害)가 없으니 다른 요인이 작동되는 것을 살핀다.

14. 원신(原神), 기신(忌神)

- 용신(用神)을 돕는 효(爻)가 있고, 싫어하여 극(克)하는 효가 있다.
- 용신을 돕는 효(爻)는 원신(原神)이라 하고 싫어하는 효(爻)는 기신(忌神)이라 하는데, 만일 나아가 다시 원신이나 기신을 돕는 효(爻)가 있으면 길흉(吉凶)에 큰 영향을 준다.

15. 은복(隱伏)-복신(伏神)

- 성괘(成卦)를 했는데, 오행(五行)이 다 들지 않고 나타나지 않는 것을 두고 은복(隱伏)이라 한다.
- 예컨대, 화수미제괘(火水未濟卦)를 얻고 납갑을 하면 다음과 같다.

- 화수미제괘는 이화궁(離火宮) 삼세(三世)이다.

  寅(父)-木 辰(孫)-土 午(兄/世)-火 酉(財)-金 未(孫)-土 巳(兄)-火

- 이상과 같이 목, 토, 화, 금이 있으나 水가 없음을 알 수 있다.
- 수(水)가 화(火)를 극(克)하니 이화궁(離火宮)에게 수(水)는 관(官)이 되어 관효(官爻)가 은복(隱伏)되었음을 알 수 있다.
- 이화궁(離火宮)은 '내가(我)' 되고, 나에게 해로운 것이 은복되면 좋고 이로운 것이 은복되면 좋지 않다.
- 변효(變爻)가 나타나 은복된 효(爻)를 대신하면 길한 것은 좋고 흉한 것은 좋지 않다.

16. 형충파해(刑衝破害) 등은 명리(命理)의 일반론을 참조한다.

- 탕화살(湯火殺) - 끓는 물이나 극약 물질 등에 의한 상해(傷害)

 인(寅) 일진(日辰)에 인사신(寅巳申), 오(午) 일진(日辰)에 진오축(辰午丑), 축(丑) 일진(日辰)에 술오미(戌午未)

- 양인살(陽刃殺) - 결단의 검기(劍氣)가 드는 것

 갑(甲) 일간(日干)에 묘(卯), 병(丙) 일간에 오(午), 무(戊)일간에 오(午), 경(庚) 일간에 유(酉), 임(壬) 일간에 자(子)

- 귀문관살(鬼門官殺) - 귀신(鬼神)이 들어와 흉살(凶殺)이 발생

일진 (日辰)	자	축	인	묘	진	사	오	미	신	유	술	해
	유	오	미	신	해	술	축	인	묘	자	사	진

- 뇌공관살(雷公關殺) - 벼락을 맞는 등의 급작스런 돌발 사고

태세 (太歲)	갑	을	병정 (丙丁)	무기 (戊己)	경신 (庚辛)	임	계
	축(丑)	오(午)	자(子)	술(戌)	인(寅)	유(酉)	해(亥)

- 수양살(水陽殺) - 수살재액(水殺災厄)

월건 (月建)	자오(子午)	축미(丑未)	인신(寅申)	묘유(卯酉)	진술(辰戌)	사해(巳亥)
	인(寅)	자(子)	술(戌)	신(申)	오(午)	진(辰)

- 상문(喪門) - 죽은 기운(喪家)이나 살(殺)을 받는 것
- 조객(弔客) - 일가(一家)에 상(喪)이 있어 문상객을 받는 것

태세/地支	자	축	인	묘	진	사	오	미	신	유	술	해
喪門	인	묘	진	사	오	미	신	유	술	해	자	축
弔客	술	해	자	축	인	묘	진	사	오	미	신	유

- 천을귀인(天乙貴人) - 최고 신(神)의 음호를 받는 것

일간(日干)	갑	을	병	정	무	기	경	신	임	계
	未丑	申子	亥酉	亥酉	未丑	申子	丑未	寅午	卯巳	卯巳

- 정록(正錄) - 재록(財錄)이 풍족하고 삶이 안정적이다.

일간(日干)	갑	을	병	정	무	기	경	신	임	계
	인	묘	사	오	사	오	신	유	해	자

- 복성귀인(福星貴人) - 오복(五福)이 내려 남부러울 게 없는 것

일간 (日干)	갑	을	병	정	무	기	경	신	임	계
	寅	亥丑	戌子	酉	申	未	午	巳	辰	卯

17. 월파(月波) 일파(日破)

- 길한 것을 치면 흉이 되고, 흉한 것을 치면 길이 된다.

18. 인신사해(寅申巳亥)

- 사시토왕(四時土旺)이니 토기(土氣)는 사시(四時)마다 풍족한데, 만일 성괘(成卦)하고 납갑(納甲)한 뒤에 인신사해(寅申巳亥)의 네 가지 오행이 나타나면 구비마다 생지(生地)를 얻는 격이라 대길(大吉)하다.

19. 중효법(中爻法)은 독발(獨發)이다.

- 전통적인 방법으로 책수(策數)를 나누어 세는 산(算) 가지 방식에 의해 점을 치면 변효가 여러 개 나오기도 하지만 중효법은 언제나 단 하나의 효(爻)만 변동(變動)된다. 이는 필자의 중효법이 기제(旣濟)의 법에 따르기 때문이다. 이미 지괘(之卦)가 고정되어 정해져 있는 방식이다. 이에 산(算)가지를 재구성해서 사용하는데, 필자가 사용하는 방식은 36개의 산가지에 음양의 효를 각기 열여덟 개씩

기표하여 두었다가, 사용할 때 신도(神道)에 고(告)하여 잘 섞이게 한 뒤에 초효부터 상효까지 순서대로 뽑는 방식이다. 그로써 성괘(成卦)를 마치면 뒤이어 변효를 구하는데, 1부터 6까지 기표가 된 산가지를 3배수로 준비하여 두었다가 쓸 때에 또한 심고(心告)하여 잘 섞이게 한 뒤에 단 하나를 택(擇)함으로써 성괘(成卦)를 다 마친다.

- 하나의 효(爻)가 농히여 변효(變爻)를 하나만 얻는 것이 독발(獨發)이다.

20. 하지장(何知章) 요약

- 하지(何知)는 어떤 상황에 대해 어떻게 알 수 있는가 하는 뜻이다.

- 부모의 질병
백호(白虎)가 부효(父爻)에 임하고 형극(刑克)을 받는다.

- 부모의 재앙
재효(財爻)가 동(動)하더니 부효(父爻)를 급살(急煞)한다.

- 형제의 죽음
형효에 공망(空亡)이 들고 백호(白虎)가 임한다.

- 처의 재앙
형효(兄爻)에 백호가 들더니 발동하여 재효(財爻)를 극(克)한다.

- 처의 임신
재효(財爻)에 청룡이 임했는데 희신(喜神)이 든다.

- 처첩
  내괘와 외괘에 재효(財爻)가 있고 모두 왕성(旺盛)하다.

- 처의 사망
  재효(財爻)가 공망(空亡)이고 흉신(凶神)이 임한다.

- 자손
  자손에 청룡이 있다.

- 자손이 없을 때
  괘중에 손효(孫爻)가 없다.

- 자식의 재앙
  백호가 손효에 임하고 있다.

- 자식의 질병
  부효(父爻)가 발동(發動)해 손효(孫爻)를 극상(克傷)한다.

- 아이의 죽음
  손효(孫爻)에 공망이 들고 백호가 임한다.

- 송사(訟事) 발생 여부
  관효(官爻)가 지세(持世)하고 백호(白虎)가 임한다.

- 송사(訟事) 종결 여부
  관효(官爻)가 공망(空亡)이며 휴수(休囚)된다.

- 가족의 안부

  육친(六親)이 유기(有氣)하고 길신(吉神)이 임한다.

- 가족이 번창하는 것

  청룡이 해자수(亥子水)에 임한다.

- 부자(富者)인 것

  재효지세(財爻持世)하고 왕상(旺相)하다.

- 금전 수입

  외괘(外卦)의 재효(財爻)에 청룡이 임하고 발동하여 자손(子孫)이 된다.

- 사업 번창

  청룡이 재효(財爻)에 임하고 왕상(旺相)하다.

- 논밭이 늘어나는 것

  토(土)에 구진(九陳)과 자손(子孫)이 임한다.

- 좋은 일 좋은 소식

  청룡이 임한 자손(子孫)이 삼효나 사효에 있다.

- 장차 부자가 되는 것

  재효(財爻)가 왕상(旺相)하고 자손(子孫)에 청룡이 임한다.

- 가난해지는 것

  - 재효(財爻)가 연(年)으로부터 충(冲)을 받고 일월(日月)에 휴수(休囚)된다.

- 외로워지는 것

  괘중(卦中)에 복덕(福德)이 공망(空亡)이다.

- 새집을 얻는 것

  부효(父爻)에 청룡이 임하고 왕상(旺相)하다.

- 집을 잃는 것

  부효(父爻)에 백호가 임하고 휴수(休囚) 충파(沖波)된다.

- 부엌이 파손되는 것

  이효에 관효(官爻)가 들고 현무(玄武)가 임한다.

- 무덤에 물이 고인 것

  해자수(亥子水)에 백호가 임하고 공망이나.

- 묘에 산바람 드는 것

  진사(辰巳)가 백호를 띠고 공망(空亡)이다.

- 제사를 지내지 않음

  괘중(卦中)에 수(水)가 없다.

- 기도를 게을리하는 것

  - 신유금(申酉金)이 관효를 띠고 공망이다.

- 부엌에 아궁이가 둘인 것

  괘중에 화(火)가 둘이다.

- **한집에 두 세대가 사는 것**

  괘중(卦中)에 부효(父爻)가 둘이다.

- **성(姓)이 다른 사람이 함께 사는 것**

  괘중(卦中)에 두 개의 관효(官爻)가 모두 왕성하다.

- **닭이 유난히 시끄러운 것**

  등사(螣蛇)가 유(酉)에 임한다.

- **개가 유별나게 짖는 것**

  등사가 술(戌)에 임하고 관효(官爻)를 만난다.

- **구설**

  관효지세(官爻持世)하고 주작(朱雀)이 임한다.

- **분쟁과 다툼**

  형효지세(兄爻持世)하고 주작(朱雀)이 임한다.

- **병으로 일찍 죽는 것**

  용신(用神)이 무기(無氣)하고 입묘(入墓)된다.

- **헛꿈을 많이 꾸는 것**

  관효지세(官爻持世)하고 등사(螣蛇)가 임한다.

- **상복(喪服)을 입는 것**

  관효(官爻)에 백호가 임하고 발동하여 진신(進神)이 된다.

- 물에 빠져 사망(수살귀(水殺鬼))
 현무(玄武) 수(水)에 관효(官爻)가 임하거나 귀살이 든다.

- 목귀(鬼)- 나무에 매여죽은 귀
 등사(螣蛇)가 목기(木氣)에 있는데 관효(官爻)가 지세(持世)한다.

- 도난 사건
 현무(玄武)가 재효(財爻)에 임한다.

- 손님이 안오는 것
 세(世)와 응(應)이 모두 공망(空亡)이다.

- 사업이 어려운 것
 형효지세(兄爻持世)인데 발동(發動)한다.

- 냄비나 솥에 물이 새는 것(유실(流失))
 현무(玄武)가 해자수(亥子水)에 임하고 관효(官爻)가 있다.

- 구설
 괘중(卦中)에 주작(朱雀)이 인묘(寅卯)에 올라 있다.

- 소인이 생(生)하는 것
 현무(玄武)가 관효(官爻)에 잇고 신(身)이 임하여 발동한다.

- 도둑이 드는 것
 현무가 재효(財爻)에 임하고 관(官)이 왕(旺)하다.

[부록]

- 재앙이 있는 것

관효(官爻)가 응효(應爻)에 있고 세효(世爻)를 극(克)한다.

- 전염병(마마, 홍역, 종기 등)

관효(官爻)가 사오화(巳午火)에 있고 등사(螣蛇)가 임한다.

- 괴이한 일이 발생하는 것

백호나 등사가 삼사효에 임한다.

- 의복 도난

구진이나 현무가 재효에 임한다.

- 소(큰 재산)를 잃어버림

오효(五爻)에 관(官)이 들고 공망(空亡)이다.

- 닭(작은 재산)을 잃어버리는 것

초효 관효에 현무가 임한다.

- 소, 돼지(실속)가 없는 것

축(丑) 해(亥)가 공망이다.

원문을 통해 점괘 내용을 보다 심도 있게 공부하고 싶은 분들은 근간(近刊)의 『증통인의진경』을 구입해서 보실 것을 권한다.

저자 상담 이메일 entkalfyd@naver.com